DE HELE WERELD
H*O*U*D*T V*A*N
KIPPENSOEP

Eveneens verschenen bij BZZTôH:

Penelope Casas *Tapas*
ISBN 90 5501 156 8

Diana Kennedy *Tortillas*
ISBN 90 5501 296 3

Ann & Franco Taruschio *Bruschetta, Crostoni & Crostini*
ISBN 90 5501 326 9

Nobuko Tsuda *Sushi*
ISBN 90 5501 314 5

MIMI SHERATON

DE HELE WERELD

H*O*U*D*T V*A*N

KIPPENSOEP

Meer dan 100 verrukkelijke recepten voor lichaam en geest

Uitgeverij BZZTôH
's-Gravenhage, 1996

Ik dank de volgende personen en instellingen voor hun toestemming citaten, recepten of bewerkingen van recepten en al dan niet gepubliceerde informatie over te nemen:

Sekou Diabate voor de beschrijvingen die de basis vormden voor de *Pepersoep*, *Aardappelsoep* en *Gumbosoep* uit Ivoorkust; Bobby Flay en de Mesa Grill voor het recept *Kippensoep met groene pepers en maïs*; Alan King voor zijn herinnering op bladzijde 55; Christer Larsson en restaurant Christer's voor het recept *Christers kippensoep met savooienkool*; Ismail Merchant voor zijn recept voor *Kippensoep met gember*; Giancarlo Quadalti en het voormalige restaurant Amarcord voor het recept *Passatelli of Passetini*; Charles Ritzberg, auteur van *Caribfrikan Portfolio* en *Classic Afrikan Cuisines* voor citaten en de recepten waarop de *Pittige Caribische kippensoep* is gebaseerd; Douglas Rodriguez en restaurant Patria voor het recept *Ajiaco Colombiano*; Theo Schoenegger en restaurant San Domenico voor de recepten voor *Ristretto di Cappone*, *Tortellini* en *Wijnsoep*; Arraya Selassie en restaurant The Blue Nile voor zijn versie van *Pittige kippensoep*; Michael Tong van de restaurants Shun Lee en Shun Lee Palace voor de recepten *Banket- of lekkerste soep* en *Soep van zwarte kip of 'silkie chicken'*, *Chinese basiskippensoep* en *Scherpzure soep*; dr. Douglas Torre voor het gedichtje 'Kippensoep'; Anne Tyler voor haar recept *Ezra Tulls maagjessoep* uit *Dinner at the Homesick Restaurant* (New York: Alfred A. Knopf, 1982) en dr. Jay F. Rosenberg voor het oorspronkelijke recept van deze soep uit *The Impoverished Students' Book of Cookery, Drinkery & Housekeepery* (Portland, Oregon: Reed College Alumni Association, 1965); Jean-Georges Vongerichten en restaurant Vong voor het recept *Kippensoep met galangal en kokosmelk*; Gene Young en Juliana Koo voor het recept *Gestoomde kippencrèmesoep*.

Oorspronkelijke titel: *The whole world loves chicken soup*
Copyright © 1995 Mimi Sheraton
© Copyright Nederlandse vertaling 1996, Uitgeverij BZZTôH, 's-Gravenhage
Vertaling: Jeske Nelissen
Illustraties: Yvonne Buchanan
Ontwerp omslag: Kathleen Herlihy-Paoli, Inkstone Design en Julie Bergen
Zetwerk: No lo sé prod.
Drukwerk: Krips Repro, Meppel
Bindwerk: Stronkhorst/Van der Esch, Groningen

ISBN 90 5501 345 5

Dit boek is opgedragen aan alle moeders van de hele wereld die hun kippensoep kruiden met liefde

Woord van dank

✻ ✹ ✻

Geen boek met een omvang als dit kan het werk zijn van een enkele persoon. Zonder hulp en advies van bereidwillige koks, restaurateurs, wetenschappers en vrienden die in de tekst worden genoemd, en de waardevolle bijdrage die zij leverden met op de wetenschap of op overlevering gestoelde feiten, familieherinneringen en recepten, zou het schrijven van dit boek flink in de soep zijn gelopen. Al deze mensen dank ik hartelijk voor hun verleidelijke bijdragen.

Daarnaast verleenden verschillende anderen medewerking en steun van onschatbare waarde. In de eerste plaats dank ik mijn lieve en behulpzame echtgenoot Richard Falcone, niet alleen voor zijn morele steun maar ook voor zijn medewerking bij de research voor dit boek, de vertaling van onbekende antieke Italiaanse kookboeken, zijn hulp bij het boodschappen doen en het feit dat hij altijd (nou ja, bijna altijd) bereid was bij de lunch of het diner alweer kippensoep te eten. Het meest bewonderenswaardig was waarschijnlijk dat hij mijn eindeloze tirades en observaties over kippensoep verdroeg, vooral tijdens de sneeuwstormen van 1994, toen we ingesneeuwd raakten en ik maar bleef roepen dat ik kippen nodig had.

In zekere zin ligt de bakermat van dit boek bij Michael's, het Newyorkse restaurant waar veel uitgevers komen. Toen ik daar samen met Pamela Bernstein, die toen mijn agente was bij William Morris, de lunch gebruikte, stelde zij mij voor aan Laurence J. Kirshbaum, directeur van Warner Books. Gekscherend zei deze dat hij alles zou aankopen wat wij op dat moment bespraken (geen boek overigens), waarna zij mij uitdaagde met een idee te komen. Ik dacht al langer na over een fantastisch maar krankzinnig project: een complete, uitputtende en werelomvattende encyclopedie van kippensoepen, en zo kreeg dit boek vorm. Ik dank Pam en Larry voor het moedige vertrouwen dat zij in mijn ideeën hadden. Bovendien dank ik Owen Laster, die mijn zaken ging behartigen toen Pamela haar eigen agentschap opzette, en zijn assistente Helen Breitwieser.

Ik ben oneindig veel dank verschuldigd aan Olivia B. Blumer van Warner Books, die geduldig, nauwgezet en systematisch de redactie van dit boek op zich nam en in de loop van de tijd een dierbare vriendin werd, wat van grote waarde kan zijn in de relatie tussen redacteur en auteur. Door haar vlijtige werk wist zij de vinger te leggen op een heleboel onduidelijkheden, omslachtige aanwijzingen of simpelweg fouten.

Anderen bij Warner die ervoor zorgden dat dit boek er uiteindelijk kwam, waren de geduldige en efficiënte Caryn Karmatz, de stipte en systematische hoofdredacteur Harvey-Jane Kowal en Carole Berglie, die nauwgezet de eindredactie op zich nam. Door de samenwerking van artdirector Diane Luger, Kathleen Herlihy-Paoli van Inkstone Design, die het boek vormgaf, en Yvonne Buchanan, die het illustreerde, ontstond een schitterend werk.

Ik dank Nadine Brozan, schrijfster van de Chronicle-column in de *New York*

Times dat zij mij wees op informatie over de lievelingskippensoep van Yasser Arafat. Ook dank ik Richard Z. Chesnoff van *U.S News & World Report* die deze soep bij de PLO-voorzitter at en haar in detail aan mij beschreef.

Een van de beste redacteuren met wie ik in het verleden samenwerkte, Byron Dobell, maakte mij bewust van het feit dat ik de titel van dit boek al in mijn hoofd had zonder dat ik er zelf erg in had.

Jessica B. Harris gaf mij niet alleen heel veel informatie over Afrikaanse producten en kooktechnieken, zij verschafte mij ook inspiratie met haar boeken *Iron Pots and Wooden Spoons*, *Tasting Brazil* en haar nieuwste boek *The Welcome Table*.

Meryle Evans, een bevriend schrijfster en gedreven voedselhistorica, gaf mij enkele recepten van Noord-Afrikaanse, met name Tunesische kippensoepen.

Nuttige gegevens over de voedingswaarde van kippensoep kreeg ik van dr. Marion Nestle, hoogleraar en voorzitter van de afdeling Voedingsleer, Levensmiddelen en Hotelbeheer van de Universiteit van New York.

Geoffrey Beene, een lieve vriend die goed voor mij zorgt, bracht me in contact met dokter Torre, van wie een leuk gedichtje is opgenomen op bladzijde 17.

Ook dank ik dokter Stuart I. Springer, eveneens een goede vriend en een fabelachtig knap orthopedisch chirurg, die mij hielp bij mijn zoektocht naar soepen van Afrikaanse oorsprong.

Richard Sheppard, vroeger een dierbare collega bij de *New York Times* en specialist op het gebied van taal en Newyorkse folklore, zorgde dat ik de beschikking kreeg over bronnen die termen verklaarden die betrekking hebben op joodse kippensoep.

Nach Waxman, wiens kookboekhandel Kitchen Arts and Letters een Mekka is voor schrijvers en onderzoekers op het terrein van voeding, dank ik voor zijn waardevolle hulp bij het bestuderen van kookboeken uit vele landen.

Ik heb bijna alle recepten zelf uitgeprobeerd, maar Sandy Gluck hielp mij bij de bereiding van knoedels en pasta, een karwei dat zij handig, opgewekt en zorgvuldig volbracht.

Op allen die hier en in de tekst van dit boek worden genoemd breng ik een dronk uit, niet zomaar met champagne, maar met de puurste goudkleurige kippensoep. Opdat we niet vergeten hoe vertroostend en geurig kippensoep kan zijn.

✻ ✻ ✻

INHOUD

Inleiding 11
Odes aan kippensoep . . 17

Hoofdstuk 1
Is het echt penicilline? 19

Hoofdstuk 2
In de soep 23

Hoofdstuk 3
Hoofdzaken van het soepmanschap 37

Hoofdstuk 4
De moeder van alle kippensoepen 53

Hoofdstuk 5
Verenigde Staten 63

Hoofdstuk 6
Latijns-Amerika & Caribisch gebied 77

*Aruba, Brazilië, Chili, Colombia, Cuba, Ecuador,
Mexico, Venezuela*

Hoofdstuk 7

Europa 91

België, Denemarken, Duitsland, Engeland, Frankrijk, Italië, Noorwegen, Oostenrijk, Portugal, Schotland, Spanje, Zweden, Zwitserland

Hoofdstuk 8

Oost-Europa & Rusland 153

Georgië, Hongarije, Joegoslavië, Moldavië, Oekraïne, Polen, Roemenië, Rusland, Tsjechië

Hoofdstuk 9

Midden-Oosten, Noord-Afrika & culinair verwante gebieden 173

Albanië, Armenië, Bulgarije, Egypte, Golfstaten, Griekenland, Iran, Irak, Jemen, Jordanië, Koeweit, Libanon, Libië, Marokko, Saoedi-Arabië, Syrië, Tunesië, Turkije

Hoofdstuk 10

Afrika ten zuiden van de Sahara 187

Ethiopië, Ghana, Ivoorkust, Nigeria, Senegal, Sierra Leone

Hoofdstuk 11

Azië 201

China, India, Indonesië, Japan, Korea, Singapore en Maleisië, Thailand, Vietnam

Bibliografie 231
Index 236

INLEIDING

'Het is mijn lievelingsgerecht! Ik eet het elke dag. Kippensoep!'

* * *

Als Yitzhak Rabin dit had gezegd zou vrijwel niemand ervan hebben opgekeken. Joden staan er tenslotte om bekend een voorliefde te hebben voor kippensoep, dus waarom de Israëlische premier ook niet? Maar omdat PLO-voorzitter Yasser Arafat deze uitspraak deed was ze een vermelding waard in de column 'Chronicle' van de *New York Times*.

Toen Richard Z. Chesnoff, vooraanstaand correspondent van *U.S. News & World Report*, bij een lunch bij Arafat in Tunis kippensoep kreeg geserveerd, vroeg hij zijn gastheer of deze wist dat kippensoep wel 'joodse penicilline' wordt genoemd omdat ze zo geliefd is bij joden. Glimlachend antwoordde Arafat dat hij dit nog nooit had gehoord, waarmee hij waarschijnlijk de enige persoon ter wereld was bij wie dat het geval was. Maar hij lachte, wat aangeeft dat hij de ironie wel kon waarderen: twee bittere vijanden die het tot kort daarvoor over vrijwel niets eens konden worden waren allebei dol op kippensoep. Als president Clinton op de hoogte was geweest van deze gemeenschappelijke voorkeur, dan had hij de historische handdruk van september 1993 misschien wel laten volgen door een lunch met goudgele bouillon, waarbij deze wellicht was opgeschept uit één grote terrine, om het akkoord te bezegelen. En misschien had de kok van het Witte Huis in de geest van het bereikte compromis de soep dan wel gegarneerd met de stukjes kip, rijst en peterselie (zie bladzijde 174) waar Arafat zo van houdt, en met matseballen ter ere van Rabin.

In zekere zin maakt deze anekdote over Arafat duidelijk waarom ik dit boek heb geschreven. Je hoeft echt niet joods te zijn om van kippensoep te houden en dat is het mooie ervan. De zachte heldere glans, het hartverwarmende aroma en de talloze verrukkelijke garneringen van kippensoep, in welke variant dan ook, hebben een bijna wereldwijde aantrekkingskracht. En dan is er nog het verfijnde, maar onmiskenbaar vlezige aroma wanneer de soep zachtjes staat te trekken – 'glimlachend', op de zachte sudderstand die de ware kenners als de juiste beschouwen – dat verkwikking in het vooruitzicht stelt, zowel van lichaam als van geest.

Ik kan me niet meer herinneren wanneer mijn liefde voor kippensoep begon. Ik ben opgegroeid in een joodse familie van Oost-Europese origine en heb haar waarschijnlijk met de moedermelk meegekregen. Kippensoep vormde ongetwijfeld de smeerolie van ons gezin en was

> **glimlach:** *(glimlax)* zn. Het vrolijke gepruttel van kippensoep dat ware kenners als de juiste kookstand beschouwen.

de grootste culinaire trots van mijn moeder. Als wij geen oog hadden voor de zaken waar het op aankwam, maakte zij ons er zelf wel op attent hoe helder, goudkleurig en rijk van smaak de kippensoep van die week zou worden, en een dag later wees ze ons erop hoe mooi de overgebleven soep was gegeleerd, net zo goed een teken van kwaliteit, omdat het aangaf dat water, kip en botten in de juiste verhoudingen waren gebruikt.

Mijn moeder had ook de neiging vrouwen te beoordelen op hun soep. Wanneer zij zei: 'Ze kan nog niet eens behoorlijke kippensoep maken,' hoefde je niet meer te vragen of de ongelukkige vrouw misschien kwaliteiten had op andere terreinen. Bij ons thuis vormde kippensoep de oplossing voor allerlei situaties, hoe uiteenlopend van aard ook. Ze werd gegeten als er iets te vieren was en bracht vertroosting bij verdriet. We kregen kippensoep als we in blakende gezondheid verkeerden en als we ziek waren, en toch was de soep ook bijzonder genoeg om bruidsdiners mee op te luisteren.

Soms als ik kippensoep maak, lijkt het wel alsof ik mijn moeder hoor praten als ik mezelf haar litanie van felicitaties hoor herhalen. Maar wat mij verraste toen ik begon te reizen en andere keukens ontdekte was dat wat ik voor een joodse passie hield werd gedeeld door een groot deel van de wereldbevolking. Er lijkt een bijna universele overeenstemming te bestaan over de gastronomische en medicinale kwaliteiten van kippensoep. Zelfs de chique Four Seasons-hotelketen maakt reclame met de belofte dat je in hun hotels behalve allerlei luxueuze zaken om middernacht zelfbereide kippensoep kunt krijgen.

Dat kippensoep zo algemeen geliefd is heeft ten minste voor een deel te maken met de hoge status die men in het algemeen toekent aan witte voedingsmiddelen zoals kip. Zoals de voedingsantropologe Margaret Visser uitlegt in *Much depends on dinner* wordt wit voedsel in verband gebracht met mildheid en geruststellende onschuld en 'beschouwt men het vaak als bij uitstek geschikt voor zieken, kinderen en vrouwen.' Dezelfde nergens op gebaseerde maar hardnekkige misvatting bepaalt de houding van veel mensen ten opzichte van wittebrood en suiker, en de duurste Amerikaanse honing staat bekend als *water-white*. Witte dranken – wodka, rum, gin en wijn – zijn tegenwoordig erg in zwang, hoewel ze geen van alle minder calorieën of alcohol bevatten dan hun meer kleurige tegenhangers. In haar latere boek *The rituals of dinner* stelt Visser dat kip al heel lang wordt beschouwd als een voedingsmiddel voor feesten, ook bij de Chinezen.

De oude Romeinen hielden er vergelijkbare opvattingen op na. Alexis Soyer, de Franse kok die in het Londen van de negentiende eeuw tot grote roem kwam, schrijft in zijn voedselgeschiedenis *The Pantropheon* dat 'volgens geleerde artsen het vlees van dit gevogelte gezond is voor zwakke en herstellende personen.' Soyer haalt ook Aristoteles aan, die van mening was dat gevogelte hoger gewaardeerd dient te worden dan viervoetige dieren, omdat lucht minder dicht is dan aarde. De eerste christenen, zo vervolgt Soyer, gingen er algemeen van uit dat gevogelte mocht worden gegeten op de heiligste vastendagen, aangezien in *Genesis* wordt gezegd dat vogels en vissen op de vijfde dag werden geschapen en viervoetige dieren op de zesde. Het vlees van deze laatkomers is kennelijk minder verheven.

Dat geldt allemaal voor kip, maar hoe staat het met soep? In *The rituals of dinner* noemt Margaret Visser soep een symbool van liefde. Claude Lévi-Strauss is het daar in zijn opstel 'Le cru et le cuit' (dat onder de Engelse titel 'The roast

> Tot de verrassendste boeketten die verschillende Newyorkse bloemisten naar zieken sturen horen boeketten met pakjes Campbell-kippensoep in gedroogde vorm.

and the boiled' verscheen in *The anthropologists' cookbook*) mee eens en wijst er bovendien op dat koken in water de meer dagelijkse, op het gezin georiënteerde manier van voedselbereiding is, die bovendien dateert van latere datum, omdat er een kookpot voor nodig is, een cultureel object dat getuigt van beschaving. Hij wijst erop dat de kookpot van de onsterfelijkheid een terugkerend element vormt in de volksliteratuur waar het nooit gaat over het spit van de onsterfelijkheid. Gooi dit maar allemaal in uw soeppan en kijk eens wat een krachtige bouillon dit oplevert.

Hoe kan iemand dan bestand zijn tegen de combinatie van liefde, kracht, gezondheid en feestelijkheid, die allemaal handig bij elkaar zitten in één enkele kop soep? Geen wonder dat kippensoep in uiteenlopende landen als Denemarken, Ethiopië, Italië en China wordt beschouwd als het beste middel om aan te sterken voor jonge moeders!

Volgens mij ontleent kippensoep haar aantrekkingskracht niet alleen aan de lichte kleur die symbool staat voor zuiverheid, maar ook aan de gouden gloed die vanouds in vele gerechten wordt gewaardeerd vanwege zijn associaties met overvloed en welvaart. Een deel van deze mystiek is misschien wel psychologisch zo niet regelrecht metafysisch van aard. In de sombere grijze winters van gebieden als Oost-Europa roepen de glinsterende bolletjes vet op de soep misschien wel herinneringen op aan het zonlicht dat zo lang ontbreekt in de loodgrijze lucht. In sommige culturen versterkt men de gouden kleur van kippensoep nog door er wortels of zoete aardappels, saffraan of het goedkopere anattozaad aan toe te voegen, of door de uien met schil bruin te laten worden alvorens ze in de soep te doen.

Er zijn ook praktische redenen waarom kippensoep over vrijwel de hele wereld wordt gegeten. Of kip in een bepaalde cultuur nu wel of niet een luxeproduct vormt, de kip die men vanouds voor het maken van soep gebruikt is goedkoop, omdat ze niet geschikt is voor andere bereidingen en het zonde zou zijn eiwitten te verspillen. Oude hanen die geen functie meer hebben op het erf of die in het hanengevecht het onderspit hebben gedolven en hennen wier legperiode voorbij is, worden pas eetbaar door ze lang en langzaam in vloeistof te sudderen, zodat het vlees smeuïg blijft terwijl het aroma en de voedingsstoffen eraan worden onttrokken. Kleine kippen zijn goed te gebruiken in stoofschotels zoals *coq au vin*, waarin het vlees sappig blijft en er een geconcentreerde, aromatische saus ontstaat, maar taaier, ouder gevogelte kan het beste worden getrokken in een soeppan, waarbij de sappen langzaam vrijkomen en het water verandert in een goudkleurig elixir, een proces dat je misschien wel zou kunnen vergelijken met het wonder van Kana, als je tenminste net zo houdt van soep als van wijn.

Gelukkig bestaat er over de hele wereld een grote verscheidenheid aan kippensoepen. Sommige zijn haast net zo helder als bronwater, zij het met een zonnige glans, andere rijk en ondoorzichtig, gebonden met room en eierdooiers, of dik en gevuld met okra's of andere groenten, balletjes, tortilla's, pasta, rijst of gort. Kippensoepen kunnen verfijnd zijn of rustiek, koud of heet, mild gekruid met een beetje selderie, wortel of ui, pittig en heet met gember, Spaanse pepertjes, koriander en citroengras, of stevig en vertroostend met aardse wortel- en knolgroenten zoals pastinaak, peterseliewortel, knolselderie, raap en zelfs de scherp smakende mierikswortel.

De recepten in dit boek zijn afkomstig uit vele bronnen. De meeste bedacht ik zelf door elementen van recepten uit een groot aantal oude en nieuwe volkskookboeken te combineren. Andere verzamelde ik tijdens jarenlange reizen en gesprekken met koks. Ik heb ook een paar soepen aangepast die traditioneel niet met kip maar met groenten (Groene minestrone met kip en pesto, bladzijde 139) of andere soorten vlees (Goulashsoep, bladzijde 156) worden bereid, maar altijd in de geest van het origineel. Sommige van deze soepen, zoals Bouillabaisse van kip (bladzijde 116) en Bourride van kip (bladzijde 112), worden van oorsprong gemaakt met vis, maar zijn door nouvelle-cuisinekoks in een nieuw jasje gestoken en behoren nu al tot de moderne klassiekers. Ten slotte, en deze soepen behoren beslist tot de lekkerste in dit boek, geef ik een paar recepten van talentvolle koks en restaurateurs in New York.

De soepen in dit boek zijn voor het merendeel geografisch gegroepeerd. Omdat de culinaire geografie doorgaans echter geen rekening houdt met politieke, historische en religieuze factoren, staan sommige landen misschien niet waar u ze zou verwachten. Voorbeelden zijn Griekenland en Turkije die geografisch gezien beide deel uitmaken van Europa; Albanië, Roemenië en Bulgarije, die je zou kunnen indelen bij Europa, het Nabije Oosten of de Balkan; en Armenië. Deze landen staan in hoofdstuk 9 over het Midden-Oosten en Noord-Afrika. Allemaal hebben ze een gelijksoortige keuken die globaal valt te kenschetsen als Midden-Oosters en waarin pilafs, kebabs, yoghurt en gevulde druivenbladeren een grote rol spelen, evenals met eieren en citroen verrijkte kippensoepen, om bij ons onderwerp te blijven. Israël, een land dat echt in het Midden-Oosten ligt, wordt niet in dat hoofdstuk behandeld, omdat de kippensoepen die er worden geserveerd ofwel van Oost-Europees-joodse oorsprong zijn, zoals de soepen uit hoofdstuk 4, ofwel stammen uit andere landen vanwaaruit joden naar Israël emigreerden en dus elders in dit boek worden behandeld. Tenzij anders aangegeven zijn alle hoeveelheden gebaseerd op een portie als eerste gang.

Hoewel het heel gewoon is de een of andere kippensoep als voor- of hoofdgerecht te serveren, is het vreemd een diner voorgezet te krijgen dat geheel uit kippensoepen bestaat. In haar verrukkelijke kookboek *With bold knife and fork* beschrijft de beroemde Amerikaanse voedselautoriteit wijlen M.F.K. Fisher 'een kippensoepsouper'. Zij begon met het maken van een rijke kippenbouillon en serveerde deze in hete kannetjes. De gasten goten de bouillon in kommetjes en bedienden zichzelf van een buffet dat bestond uit schalen met stukjes kippenvlees, warme rijst en kasja van boekweit, gehakte peterselie, bieslook en sjalot, room die eventueel gemengd kon worden met kerriepoeder, hardgekookte eieren, gesmoorde paddestoelen en gehakte pecannoten en amandelen. Dit alles kon naar eigen smaak worden gecombineerd. Geïntrigeerd als ik was door de grote variatie aan soepen met een etnische achtergrond stelde ik een diner samen waarin elke gang bestond uit kippensoep. Bij elk van de zes soepen gebruikte ik het bord of de kom en de lepel die mij beste leken te passen bij de kracht en rijkheid van de betreffende soep.

We begonnen de maaltijd met een drankje en voorafje in de huiskamer. De kippenlevers die ik toch over had verwerkte ik in een milde, zachte, met cognac geparfumeerde paté. Om een beetje vis toe te voegen, een smaakelement dat in de rest van de maaltijd niet meer voorkwam, maakte ik bovendien canapés van Deens pumpernickelbrood, besmeerd met boter en belegd met wat gerookte zalm en rode zalmkaviaar met een accent van dille en citroen.

De eerste soep was Gebakken kippencrèmesoep, een koud, dik, ivoorblank mengsel van krachtige bouillon, room en eierdooiers dat werd gekookt en vervolgens afgekoeld tot een dikke crème. Dit gerecht serveerde ik in kleine vuurvaste bakjes met kleine, antieke zilveren lepeltjes met verguld eetgedeelte. Dat laatste wees erop dat ze oorspronkelijk misschien wel bedoeld waren geweest voor zachtgekookte eieren.

De Gestoomde kippensoep uit Yunnan, een verkwikkende soep gearomatiseerd met gember, sjalot en rijstwijn, was ook geschikt om in kleine porties te worden geserveerd; en omdat het een heldere soep was, presenteerde ik haar in kleine kopjes waaruit ze gedronken kon worden zonder gebruik van lepels.

Drankjes en voorafjes

◆

Gebakken kippencrèmesoep (bladzijde 111)

◆

Gestoomde kippensoep uit Yunnan (bladzijde 217)

◆

Ezra Tulls maagjessoep (bladzijde 68)

◆

Sopa de Fideos (bladzijde 80)

◆

Poltavaborsjt (bladzijde 166)

◆

Filé gumbo van gebakken kip en andouille (bladzijde 71)

◆

Verschillende soorten brood

◆

Appeltaart

◆

Wijn: dolcetto d'Alba

Met een variatie van licht naar zwaar, zowel qua textuur als qua smaak, vervolgden we de maaltijd met Ezra Tulls maagjessoep, de Hongaarse soep die in de gedenkwaardige roman van Anne Tyler *Dinner at the homesick restaurant* (in het Nederlands *Het heimweerestaurant*) een literaire reis maakt naar Baltimore. Voor deze soep gebruikte ik kleine, ondiepe kommetjes en theelepels, omdat ik me realiseerde dat het doordringende knoflookaroma en de wetenschap dat maagjes de basis van de soep vormden de gasten wat huiverig zou maken. Enkelen stopten met eten zodra ze van de soep geproefd hadden en zeiden beleefd dat ze het rustig aan wilden doen; anderen verslonden de soep tot de laatste druppel.

Vervolgens kwam de Sopa de Fideos, een dunne, maar pikante Mexicaanse kippensoep die was verlevendigd met tomaat, groene pepertjes, knoflook, avocado, koriander en kantachtige goudbruine *fideos*, de deegwaren die net zo fijn zijn als de draden waaraan ze hun naam ontlenen. Ik serveerde deze soep in kleine Japanse lotuskommetjes met Chinese lepels van wit porselein, hetgeen een praktische vermenging van culturen bleek te zijn.

Gewone soepkommen en -lepels vormden het juiste eetgerei voor de Poltavaborsjt, een rustieke Oekraïnse combinatie van kip, bieten, kool en andere groenten waardoorheen dille en zure room werden geroerd en die wat steviger werd gemaakt met knoedels.

> *Zegt het woord 'kippensoep' iets over een ander woord – zoals in 'kippensoep-filosofie', 'kippensoep-behandeling' of zelfs 'kippensoep-kuur' – dan gebruikt u het als samengesteld attributief zelfstandig naamwoord, en moet u een koppelteken gebruiken (en een goed-ontlede pastinaak zou ook geen kwaad kunnen).*
>
> – William Safire, columnist en taalcriticus van de *New York Times*

De laatste gang, die ik serveerde in grote, brede soepborden met grote lepels, bestond uit Filé gumbo met gebakken kip en andouille, een charmante, krachtige en smakelijke cajun-soep, met een bergje gestoomde witte rijst als tegenwicht tegen de scherpe kruiden en specerijen.

Om tussen de verschillende gangen door het gehemelte te reinigen waren er broodstengels met sesam, gedraaide cheddarbroodjes, Franse stokbroden, tacochips van blauwe maïs en gebakken Chinese mie.

Het dessert bestond uit een friszoete, lichte appeltaart zonder korst. De wijn vormde een probleem, aangezien mijn echtgenoot, die hierover gaat, het simpel wilde houden en maar één soort wijn wilde serveren. Hij bleek een uitstekende oplossing te hebben gevonden. Aangezien er bij de voorafjes drankjes werden geserveerd en de eerste twee soepen klein en pittig waren, besloot hij daarbij helemaal geen wijn te serveren. Vervolgens schonk hij een dolcetto d'Alba, een droge, levendige Italiaanse rode wijn uit Piëmonte die de juiste combinatie vormde met de uiteenlopende en uitgesproken smaken van de laatste vier soepen en daar goed tegen opkon. Een cabernet uit Californië zou ook geschikt zijn of, wanneer u Franse wijn kiest, een beaune of côtes du Rhône.

Ik geef toe, dit is een heleboel kippensoep voor één avond, maar er zijn dan ook een heleboel verrukkelijke kippensoepen in de wereld en maar een beperkte tijd waarin u daarvan kunt genieten. Hopelijk zult u dat doen.

ODES AAN KIPPENSOEP

* * *

Kippensoep brengt velen tot poëtische ontboezemingen, onder wie professionele schrijvers als Allen Ginsberg (bladzijde 54) en Maurice Sendak, de schrijver-tekenaar die in zijn kleine Nutshell Library kinderen veel plezier verschaft met het boekje *Chicken soup and rice*. Kippensoep vormt ook een inspiratiebron voor amateurs als dokter Douglas Torre uit New Orleans, wiens moeder gumbo van kip als specialiteit had, zoals de soepen op bladzijden 69 en 71. In New York, waar hij een praktijk heeft als huidarts, kwam dokter Torre echter onder de indruk van de joodse mystiek rondom kippensoep en hierover maakte hij het volgende gedicht.

Kippensoep

Mama kende het geheime recept
Voor het medicijn waarmee ik werd opgepept.
Geen antibiotica kreeg je van haar,
Zij maakte kippensoep voor je klaar.
Als je in de put zat en je voelde je rot,
Dan was haar kippensoep een waar genot.
Ook bij een pas gebroken hart
Verlichtte kippensoep je liefdessmart
En als je eens het bed moest houden
Met koorts of pijn, of snipverkouden
Of je had trek, bij dag of nacht,
Met kippensoep kreeg je nieuwe kracht.
Wil kippensoep echter werken als medicament
Dan moet liefde zijn het hoofdingrediënt.

– Douglas Torre

IS HET ECHT PENICILLINE?

◆

Kippensoep: al dan niet een geneesmiddel – Het verschil tussen gevoel en wetenschap – Moeders mythen en medische experimenten in Miami Beach

Voor het onwaarschijnlijke geval dat uw moeder het u nooit heeft verteld: kippensoep is goed voor zowat alle kwalen. Kan een opvatting die zo wijd verbreid is onjuist zijn? Geloofden de mensen ooit dat de aarde plat was of dat de zon om de aarde draaide?

Dat men er algemeen van uitgaat dat kippensoep gezond is, is nog mysterieuzer dan dat kippensoep over de hele wereld lekker wordt gevonden. Tenslotte zijn veel voedingsmiddelen en smaakcombinaties, waaronder chocolade, zoete toetjes, rijst met bonen of kip en deegwaren uit allerlei landen, geliefd in zeer uiteenlopende culturen. Maar geen daarvan heeft de reputatie van kippensoep als middel om aan te sterken en verkoudheden en griep te genezen. Misschien hebben alleen bittere voedingsmiddelen zoals bepaalde blad- en wortelgroenten en uien eenzelfde universele faam als middelen ter reiniging van het gestel, en misschien is die bitterheid wel de reden dat men er medicinale eigenschappen aan toeschrijft. Zelfs Mozes Maimonides, filosoof en natuurkundige uit de twaalfde eeuw, schreef dat kippensoep zowel lekker als gezond was. Maar hij was uiteraard joods.

De vraag of kippensoep nu werkelijk goed voor de gezondheid is wordt op verschillende manieren beantwoord, en we kunnen maar het beste beginnen met het slechte nieuws. Gezien de huidige angst voor cholesterol, vet en natrium is het geen wonder dat sommige voedingsdeskundigen en artsen kippensoep in de afgelopen jaren zijn gaan beschouwen als een duivelsbrouwsel, ook al bevat ze veel minder vet dan soepen van rund- of andere soorten rood vlees. Het vet kan grotendeels of zelfs volledig verwijderd worden (zie Vetarme kippensoep, bladzijde 41), maar door alle vet en natrium uit te bannen zou je een resultaat krijgen dat net zo onsmakelijk is als ongezouten heet water waarin je kort groenten en kip hebt ondergedompeld.

Het is onmogelijk de exacte voedingswaarde te berekenen van zelfgemaakte kippensoep. Niet alleen zou je dan steeds precies hetzelfde recept moeten gebruiken, maar bovendien varieert het vet- en natriumgehalte van de gebruikte kip en groenten. Daarnaast zou je rekening moeten houden met het natriumgehalte van het water en met het verdampen en daarmee met de concentratie van bestanddelen in de uiteindelijke soep. In dit opzicht zijn de gegevens over de voedingswaarde van soep uit blik of pak inderdaad consequenter, omdat deze, daar ga je tenminste van uit, overeenkomen met de analyse op de verpakking.

Laten we daarom maar toegeven dat de kippensoep die we kennen en lekker vinden niet helemaal zo is als de dokter haar het liefste zou zien. Ook ben ik erachter gekomen dat kippensoep niet het beste middel is als je maag van streek is, al heb ik gemerkt dat ze de derde stap vormt op weg naar genezing, na een warme Coca-Cola (Classic, alsjeblieft) en een droog beschuitje met slappe, lichtgezoete thee. Maar daarna kun je toch het beste een kopje heldere, krachtige kippensoep drinken, gevolgd door een kom kippensoep met rijst of pastina, dunne pasta in de vorm van sterretjes. Het verrukkelijke eindstadium van een complete behandeling bestaat voor mij uit kippensoep met niet alleen pastina maar ook een

---

Als reclameactie bood de Empire Poultry Company, een Amerikaanse leverancier van gevogelte, iedereen die een dekseltje van hoestpastilles of een ander middel tegen verkoudheid opstuurde een kippensoep-

> In een advertentie met de kop: 'Een paar dingen waar wij het meest van houden,' noemde Barneys, een vooraanstaand modebedrijf uit New York, niet alleen twee van zijn eigen artikelen, maar bovendien een 'opbeurend schouderklopje', een 'opbeurend complimentje' en een 'opbeurende kippensoep'.

geklopt ei en zacht smeltende geraspte parmezaanse kaas.

Wat het goede nieuws betreft, allereerst zijn er de simpele, praktische voordelen van iets warms wanneer je het koud hebt. Bovendien stimuleren de geur en de smaak van kippensoep de eetlust en als je de bouillon aanvult met wat vaste bestanddelen – stukjes kip, groenten, pasta of rijst – is het een waardevol voedingsmiddel. Omdat je van soep gewoonlijk dorst krijgt ga je water drinken, een ander hulpmiddel bij het herstellen van griep of verkoudheid. En dan is er nog de psychologische opkikker die je krijgt als je een lekker warme, goudkleurige en huiselijke bouillon drinkt, vooral als dat je lievelingssoep is die is verrijkt met allerlei verhalen en gevoelens en je doet denken aan thuis, je moeder, een zorgzame echtgeno(o)t(e), of – tegenwoordig – een aardige jongen die de bestellingen van de Chinees bezorgt. Dat alleen al bevordert je gevoel van welbevinden en stimuleert zo de positieve gedachten die ertoe leiden dat je je 'beter' voelt.

Drie wetenschappers in het Mount Sinai Hospital in Miami Beach die zich afvroegen of de beweringen over de heilzame werking van kippensoep klopten, voerden een experiment uit en deden verslag van hun bevindingen in een vaktijdschrift voor specialisten van de ademhalingsorganen. De resultaten bewezen dat, zoals u misschien al zou vermoeden, kippensoep het beste was, direct daarna gevolgd door heet water. Dertig minuten na de behandeling raakten de neusholten echter weer verstopt.

Andere studies hebben aangetoond dat de resultaten van het drinken van hete thee overeenkomen met die van soep, en alle onderzoeken geven aan dat het effect groter is als de kop of kom niet wordt afgedekt (zoals het geval was in experimenten waarin met rietjes werd gedronken), zodat de dampen in de neusholten kunnen opstijgen. Hetgeen ons leert dat je kippensoep niet door een rietje moet drinken, vooral niet als er matseballen inzitten.

Ik vroeg dr. Marvin A. Sackner, een van de onderzoekers in het Mount Sinai Hospital, waarom kippensoep beter werkte dan heet water en of het vet in de soep soms werkt als extra smeermiddel. Volgens hem was de doorslaggevende factor eerder het aroma. Helaas trok zijn team geen vergelijking tussen runderbouillon en kippenbouillon en testte Sackner ook niet een van de favoriete verkoudheidsmiddeltjes van mijn moeder: een mengsel van cognac, kruidnagels, boter en hete thee, eveneens een aromatisch en vet bevattend middel.

Bij ernstige verkoudheid krijg ik extra verlichting van een mok kippenbouillon met een scheut verwarmde wodka, een à twee kneepjes citroensap, of een half-om-halfmengsel van soep en heet schaaldierensap. Mijn betrouwbaarste kippensoep-remedie bij een hardnekkig verstopt hoofd is Chinese scherpzure soep (bladzijde 214). Door de hete peper en scherpe azijn in dit verleidelijke brouwsel loopt het water uit je neus en ogen, waardoor je holten opengaan en je echt kunt genieten van de geur en smaak van de vertroostende sesamolie, geurige gember en de aardse gedroogde paddestoelen. Vervolgens kikker je helemaal op van de eiwitten van de tofu, het ei en de kip. U kunt er zonder meer van uitgaan dat dit verkoudheidsmiddel echt helpt.

IN DE SOEP

*De keuze van de juiste kip en de bereiding ervan –
Basisingrediënten en aanwijzingen voor het koken,
afmaken, bewaren en serveren*

Er zit iets magisch aan het maken van soep, aangezien elk ingrediënt zijn wezen afstaat ten dienste van een nieuw en harmonieus geheel en het water daarbij verandert in een voedzaam elixir. Tijdens het trekken ontwikkelen zich smaak, kleur en textuur, terwijl de kok de smaak bepaalt door de geleidelijke toevoeging van zout, kruiden en specerijen – geleidelijk omdat de smaak krachtiger wordt door het verdampen van de vloeistof en voorzichtigheid daarom van meet af aan de beste raadgever is. Ik heb een heilig ontzag voor kippensoep die staat te trekken, vanwege de verwachtingsvolle aroma's en geruststellende geuren die opstijgen uit een bouillon zo flonkerend helder als een gele diamant.

Zoals alles wat eenvoudig lijkt vereist de bereiding van kippensoep grote aandacht voor details. Er hoeft maar weinig fout te gaan. De meest elementaire benodigdheden voor kippensoep zijn een kip, water, een pan, brandstof en zout. Soep zonder zout vind ik nog erger dan een ei zonder zout, ook al zul je dit moeten kunnen verdragen als de dokter het heeft voorgeschreven. (Mijn oplossing voor die beproeving zou zijn een andere dokter te zoeken die wat soepeler is.)

En dan zijn er nog de volgende overwegingen.

In den beginne is er kip

Ik gebruik het liefst een kip, of soepkip (de termen kunnen door elkaar worden gebruikt) voor soep. Onder ideale omstandigheden zou dat een scharrelkip zijn van ongeveer 3 kilo. De kip zou bovendien eigenlijk versgeslacht moeten zijn, ofwel afkomstig van een markt waar levend gevogelte te koop is, ofwel van een boerderij. Idealiter zou het een jonge hen moeten zijn die nog niet aan de leg is. Strikt genomen is een 'scharrelkip' een kip die over het erf heeft gelopen en wormen, insecten en andere zaligheden heeft kunnen eten in plaats van haar hele leven volgepropt te worden met kunstmatig

---

Kippenpoten, zeer gewaardeerd omdat ze de soep veel smaak en geven en haar lekker dik maken, zult u alleen maar kunnen krijgen als u versgeslachte kippen koopt, omdat ze niet los verkocht worden. Kook ze circa 5 minuten uit in kokend water en spoel ze vervolgens af in koud water. De buitenste, schubbige huid laat dan los en kan samen met de nagels worden verwijderd. Ook de maag van een versgeslachte kip moet worden uitgekookt. Snijd de maag open en gooi de maaginhoud weg. Kook het maagje 5 minuten, spoel het af onder koud water en trek het gelige, rimpelige vlies aan de binnenkant weg.

opgekrikt voedsel. Tegenwoordig betekent 'scharrelkip' vaak dat de kip weliswaar een beetje meer ruimte heeft gekregen maar net zo goed gevoed is met speciaal al dan niet biologisch voedsel. Volgens mijn onderzoekingen met vogels van allerlei formaat levert ze op die manier zo weinig extra smaak op voor de soep, dat ze haar extra prijs nauwelijks waard is.

Om praktische redenen zou ik bij een kwaliteitspoelier of -supermarkt kiezen voor een *soepkip*. Een kip van ongeveer 3 kilo is een ideaal formaat, omdat de vogel dan voldoende is gegroeid om smaak te hebben ontwikkeld en je hem in voldoende water (gewoonlijk circa 3 liter) kunt koken om een royale hoeveelheid rijke soep te krijgen. Het vlees blijft lekker sappig en kan worden geserveerd in de soep, in een salade met een dressing op basis van olie zoals een mayonaise of vinaigrette, in een kippenpastei of op een sandwich met sla en boter of een dressing.

EEN SOEPKIP – een ouder, groter exemplaar kip met gerimpeld vel en een ongelijkmatig gevormde borstkas met harde botten die aan het einde van haar legtijd is; geeft goede soep, maar het vlees is droog en draderig. Dit soort vogel is echter bruikbaar als het vooral gaat om de soep of bouillon.

EEN HAAN (zoals die bijvoorbeeld gebruikt hoort te worden in Cock-a-Leekie, bladzijde 98) is een vergelijkbare vogel van circa 3 kilo, zij het dat een haan van dit gewicht zelden verkrijgbaar is. Het vlees is niet echt smakelijk, maar de soep is uitstekend.

EEN POULARDE is een kip van 1 à 2 kg, die gewoonlijk als braadkip verkocht wordt maar die ook wel gebruikt kan worden voor soep als het vooral gaat om het vlees.

BRAADKUIKENS van rond 1 kg zijn te gebruiken voor soep. Neem dan bij voorkeur grote slachtkuikens, anders zijn ze te jong en hebben ze geen smaak. Bij gebruik van braadkuikens in plaats van soepkip is het goed om 25 procent meer kip of minder water te gebruiken en een extra kalfsbot toe te voegen voor meer smaak.

KAPOENEN zijn gecastreerde hanen van 2,5 à 4 kg, die een rijke maar delicate soep opleveren die zeer geliefd is in Italië (zie Bouillon van kapoen, blz. 132). Officieel bestaan er echter geen kapoenen meer en u zult zich dus moeten behelpen met een soepkip.

LEVEND GEVOGELTE KOPEN EN SCHOONMAKEN

◆

*I*n het buitenland wordt op de markt nog wel levend gevogelte aangeboden en is bij een boer nog weleens een verse kip verkrijgbaar. U kunt daar dan meestal de kip laten slachten door het doorsnijden van de halsader, zodat alle bloed kan wegvloeien. Let er bij het uitzoeken van een levende kip op dat het dier een soepel borstbeen heeft en een lichtgeel gekleurd laagje vet onder de gladde huid, dat je ziet als je de veren wegblaast. Versgeslachte kippen moeten grondig worden schoongemaakt, leeggehaald en vervolgens aan binnen- en buitenkant licht worden gezouten of besprenkeld met citroensap. Wikkel de kip in keukenfolie en bewaar haar 24 à 48 uur in de koelkast; als de rigor mortis niet optreedt is het vlees taai. Zeng de kip niet langer dan 5 à 6 uur voor bereiding (zie bladzijde 27).

DIEPVRIESKIP is niet geschikt om soep van te trekken, maar heeft u geen andere keus, neem dan anderhalf keer de benodigde hoeveelheid kip en voeg wat goede kippenbouillon uit blik of pot (zie bladzijde 40) aan het kookwater toe voor extra pit. Vries ontdooid gevogelte nooit opnieuw in. Dat kan gevaarlijk zijn en het vlees wordt er draderig en smakeloos van.

Slachtafval

Rauwe karkassen (in Azië zeer geliefd voor soep; zie Aziatische basiskippensoep, bladzijde 202), nekjes, ruggen, vleugels en alle ingewanden met uitzondering van levertjes kunnen aan kip worden toegevoegd of op zichzelf worden gebruikt voor het maken van een bouillon of soep waarin geen kippenvlees nodig is. Zorg dat het gewicht gelijk is aan de hoeveelheid kip die in het recept wordt voorgeschreven, maar bedenk dat de smaak wat minder krachtig zal zijn. In theorie is het heel voordelig om slachtafval voor soep te gebruiken, maar de verkrijgbaarheid kan tegenwoordig een probleem zijn, nu zoveel kip in delen wordt aangeboden. Vleugels en drumsticks zijn meestal wel verkrijgbaar en je kunt er heel goed soep van maken. Vul ze eventueel aan met slachtafval, als u het kunt krijgen. Controleer het echter wel nauwkeurig op versheid, zoals hieronder wordt beschreven.

> *Het haantje en het hennetje die gingen flink tekeer,*
>
> *De hen sloeg het haantje op beide ogen zeer,*
>
> *Oké, zei het haantje als enig verweer,*
>
> *Tot morgen in de soep, dan zie ik je wel weer.*
>
> – 'Het haantje en het hennetje', een oud kinderrijmpje uit Louisiana

Kip kopen, schoonmaken en bewaren

Controleer kip bij aankoop altijd op versheid, zelfs al moet u daarvoor de plastic verpakking optillen of er een gaatje in maken. De kip mag helemaal niet naar ammonia of chemische toevoegingen, zuur of oud ruiken – alleen naar vers vlees. Vermijd verpakte kip waarin veel roze vloeistof zit, of kip met vel of vlees dat er beschadigd, donker of droog uitziet of bloedvlekken vertoont. Het vel moet stevig en niet glibberig aanvoelen en op kipdelen mag geen bruin gestold bloed zitten.

In de supermarkt kunt u beter een hele kip kopen dan kipdelen, zelfs al wilt u de kip in delen bereiden. Bij de poelier kunt u de kip in stukken laten verdelen. Een hele kip blijft beter vers en sappig.

Haal de kip thuis direct uit de verpakking, of het nu gaat om kip van de poelier of om verpakte kip uit de supermarkt. Spoel de kip af onder koud stromend water en verwijder overtollig vet, met name rond de buikholte en nek, en eventuele stukjes ader, rafelige ingewanden en overtollig vel, zoals de krop en de leverachtige klompjes langs de ruggengraat in de kip, die bitter worden tijdens het koken. Dep de kip droog. Om een te sterke kipgeur te verwijderen (de Chinezen doen dat door de kip te blancheren – zie Aziatische basiskippensoep, bladzijde 202) besprenkelt u de kip aan de buiten- en binnenkant met (liefst grof) zout, citroensap of een beetje cognac, afhankelijk van het gerecht dat u wilt gaan bereiden. Wikkel de kip dan losjes in keukenfolie en bewaar haar tot bereiding in het koudste deel van de koelkast. Spoel de kip voor bereiding af. Spoel de kip in elk geval na 24 uur opnieuw af en begin met de bereiding of verpak haar opnieuw en bewaar haar op zijn hoogst nog twee dagen in de koelkast.

Een kip zengen

Kant-en-klaar gekochte kippen bevatten meestal geen veren meer, maar controleer de kip toch, vooral als u een soepkip of een échte scharrelkip of versgeslachte kip koopt. Verwijder met uw vingers of een pincet eventuele resten van veren of veerstoppels en controleer de kip vooral rondom de vleugels, drumsticks en de rug op fijne haartjes die gezengd (weggeschroeid) moeten worden. Houd een kip voor het zengen boven een niet te hoge vlam of brander en draai de kip rond. Laat de vleugels en poten zo nodig iets lager hangen. Het is niet verstandig een kip langer dan 5 à 6 uur voor de bereiding te zengen. Door de hitte smelt het vet in de huid en wanneer het vet is afgebroken bederft het vlees sneller. Een kip die meer dan 5 à 6 uur moet worden bewaard of wordt ingevroren, moet vlak voor het bereiden worden gezengd.

Hoewel de verkiezingsbelofte van 'een kip in elke pan' gewoonlijk wordt toegeschreven aan de Amerikaanse president Herbert Hoover, heeft hij deze volgens de New Political Dictionary *van William Safire nooit uitgesproken. De uitspraak is eerder te herleiden tot de Franse koning Hendrik IV (1553-1610) die verklaarde: 'Ik wil dat geen boer in mijn land zo arm is dat hij niet elke zondag kip in de pot kan hebben.' (Zie bladzijde 120 voor Hendriks favoriete gerecht Poule-au-pot.)*

KIP KLAARMAKEN VOOR DE SOEP: SNIJDEN OF NIET SNIJDEN

Een hele kip geeft een helderder, krachtiger soep omdat ze langer moet koken dan een kip die in stukken is verdeeld. Er is echter ook meer water nodig om de kip onder te zetten. Als ik een kip voor soep in stukken deel, snijd ik bij voorkeur niet al te veel botten door, omdat dan een bloederig soort merg vrijkomt dat de soep troebel kan maken. (In veel oude kookboeken schrijven kippensoeprecepten voor zieken voor de botten kapot te breken als extra bron van voedingsmiddelen.) Ik snijd de kip bij de gewrichten door, in plaats van haar in vier gelijke delen te verdelen. Snijd daarvoor het vel rond de achterbouten los en trek de bout uit de kom. Snijd met een mes het vel en vlees los van de ruggengraat. Breek het onderste deel van de ruggengraat af. De hele borst met vleugels en de bovenkant van de ruggengraat vormen één geheel en in totaal krijgt u vier stukken. Er is niet meer water nodig om de kip onder te zetten en het borstvlees blijft smeuïger en smakelijker.

Sommige recepten schrijven voor de kip op te binden voordat ze in de soep gaat. Het effect hiervan is volgens mij minder groot op de soep dan op de kip, omdat deze gelijkmatiger gaar wordt.

Botten

Botten geven kippensoep een rijke, geleiachtige consistentie en extra voedingsstoffen en smaak. Ze zorgen er ook voor dat de soep bij het afkoelen opstijft, een voordeel bij het maken van Gegeleerde consommé (bladzijde 94), hoewel poedergelatine hetzelfde resultaat geeft.

Voor het geleren is een kalfspootje de smakelijkste toevoeging en bij de meeste slagers kun u dit bestellen, eventueel uit diepvries. Laat de slager het pootje voor u splijten. Het hoeft niet per se te ontdooien voordat u het aan de soep toevoegt.

Kalfsbotten of lange rundermergpijpen zijn makkelijker verkrijgbaar en ideaal voor meer smaak, maar voor een echt gelerende soep heeft u er nogal wat nodig. Ze maken de soep ook wat vetter maar leveren een heerlijk extraatje op voor degenen die houden van gepocheerd merg, ofwel op toost ofwel in blokjes gesneden en teruggedaan in de soep. Botten voegen ook mineralen toe aan de soep, met name calcium, dat het beste onttrokken wordt als u de botten vooraf circa 20 minuten in een beetje azijn of citroensap laat weken. Dep de botten daarna droog en voeg ze toe aan de soep; door het zuur komt het calcium beter vrij. Dat was tenminste het advies van Adelle Davis, autoriteit op het gebied van gezondheidsvoeding in de jaren vijftig, hetgeen werd bevestigd door Harold McGee, de auteur van *On food and cooking: the science and lore of the kitchen* (Nederlandse vertaling: *Over eten en koken: wetenschap en overlevering in de keuken*).

Soepgroenten en -kruiden

Soepgroenten – wortel, selderie, ui, prei, verschillende knolgroenten en peterselie – die als smaakmaker aan de soep worden toegevoegd moeten vers zijn. Laat diepvriesmaïs en andere groenten die kunnen dienen als garnering – erwten en limabonen bijvoorbeeld – ontdooien en voeg ze de laatste 10 à 15 minuten van de kook- of opwarmtijd aan de soep toe.

Vaak wordt geadviseerd kruiden zoals peterselie, tijm en laurier aan de soep toe te voegen in de vorm van een bouquet garni – samengebonden met een stukje keukentouw – zodat ze er later makkelijker uit kunnen worden gehaald. Volgens mij is deze stap doorgaans overbodig, omdat de kruiden tijdens het koken slap worden en dan uit het bundeltje glijden. Bovendien worden alle soepen op de een of andere manier gezeefd waarbij de groenten en kruiden makkelijk te verwijderen zijn.

Water

In de meeste gevallen is koud (nooit warm) leidingwater uitstekend om soep van te maken. Is het leidingwater echter zwaar gechloreerd of heeft het anderszins vreemde smaakjes, dan wordt uw soep erdoor aangetast, evenals uw koffie. Als u dat storend vindt, kunt u het beste soep bereiden met goedkoop bronwater zonder koolzuur dat in grote plastic flessen te koop is bij de supermarkt. Het is een nodeloze verspilling duur buitenlands bronwater te gebruiken.

Zout

Zeezout is heerlijk mild van smaak voor gebruik aan tafel, maar onnodig kostbaar voor in de soep. Ik gebruik bij het koken echter geen jodiumhoudend zout, omdat ik vind dat het de soep een chemisch smaakje geeft. Ik geef bij het koken de voorkeur aan grof zout en gebruik aan tafel het liefst zeezout.

Een kip in elke pan, maar welke pan?

Als u kijkt naar de vorm van de hier afgebeelde pannen zult u zien dat ze allemaal hoger zijn dan breed, tamelijk smal en recht. Sommige lopen bovenaan taps toe. Die vorm maakt het mogelijk de kip en andere vaste bestanddelen met een minimum aan water te bedekken, als u tenminste een pan van de juiste maat gebruikt. Bij een taps toelopende soeppan is bovendien het vet en schuim gemakkelijk af te scheppen.

Ook het materiaal van de pan is belangrijk. Ik geef de voorkeur aan geëmailleerde gietijzeren soeppannen, omdat deze goed isoleren en omdat het oppervlak vrijwel geen chemische reacties aangaat – tenzij het email beschadigd is en het ijzer vrij kan komen. Geëmailleerd staal vormt een minder kostbare en minder zware tweede keus, maar isoleert veel minder goed, waardoor de vloeistof sneller verdampt als de soep langer moet koken. Bovendien gaat het email sneller stuk, waardoor de pan voorzichtig gehanteerd dient te worden. Mijn derde keus zou zijn een roestvrijstalen pan met een (met aluminium of roodkoper) gevoerde bodem om de hitte gelijkmatig te verdelen. Ik maak niet graag soep in aluminium, want zoals Harold McGee opmerkt krijgt niet-geanodeerd aluminium gemakkelijk een oxidatielaagje als het in contact komt met zuren of basen of zwavelhoudende produkten zoals eieren, waardoor de inhoud grijs of zwart verkleurt, een nadeel bij een lichtgekleurd gerecht als kippensoep. McGee wijst er ook op dat aluminium de lucht van kool versterkt. In veel van de soepen in dit boek wordt kool gebruikt en volgens mij gebeurt hetzelfde bij raapjes en andere knolgroenten met een sterke smaak. Soep die in een aluminium pan is bereid, moet worden bewaard in glas of aardewerk of een ander materiaal dat geen reactie met het voedsel aangaat.

> *Een lekkere zelfgemaakte kippensoep is verrijkt met zelfvertrouwen: een unieke smaakmaker waarvoor geen vervanging bestaat.*

Al deze overwegingen zijn van gastronomische of praktische aard, maar er bestaat bovendien nog onzekerheid over de gezondheidsrisico's van aluminium. Volgens McGee is aluminium niet giftig voor mensen en is de angst dat het de ziekte van Alzheimer zou veroorzaken grotendeels ongegrond. Het effect van aluminium op voedingsmiddelen lijkt echter nog niet geheel duidelijk. Lichtgewicht geanodiseerd aluminium gebruik ik alleen voor produkten die korte tijd in ruim water gekookt moeten worden (pasta, kreeft, garnalen, maïskolven), omdat je dan grote pannen nodig hebt en andere materialen kostbaar en moeilijk te hanteren zijn.

Klassieke Franse koperen, met tin gevoerde soeppannen of marmites zijn fantastisch zolang het tin glad en onbeschadigd is, maar als je het koper door de tinlaag heen ziet moeten ze opnieuw vertind worden. Ook met roestvrij staal gevoerd koper dat nooit opnieuw bekleed hoeft te worden is uitstekend. Grote koperen pannen zijn echter uitermate zwaar en moeilijk te hanteren en bovendien heel duur.

Soep koken

Als de kwaliteit van de kip na bereiding belangrijker is dan de bouillon moet u de kip toevoegen aan kokend water. De sappen worden dan verzegeld maar de bouillon wordt nét iets minder lekker. Bent u uit op de soep, en dat is in dit boek beslist het geval, zet de kip, het slachtafval en de botten dan op met koud water. Doe het deksel op de pan, breng het water aan de kook, zet het vuur laag en schep het schuim dat naar de oppervlakte komt af met een grote eetlepel of andere metalen lepel zonder gaten erin. Dit is de geijkte procedure om een soep zonder zwevende deeltjes te krijgen, maar in veel oude volkskookboeken wordt het afschuimen ontraden vanwege de extra voedingsstoffen in het schuim. De smaak ervan lijkt wel wat op die van merg.

Wanneer de soep afgeschuimd en helder is en zachtjes staat te trekken, voeg dan pas de groenten en smaakmakers toe zoals wordt beschreven in het recept voor Basiskippensoep (bladzijde 38). Let op dat de soep gelijkmatig kookt, idealiter op zo laag mogelijk vuur, 'glimlachend' zoals koks wel zeggen: met een soort trillende, bevende, zachte rimpeling net onder het oppervlak. Van te snel koken wordt soep troebel en het kippenvlees taai, zoals alle eiwit dat op hoog vuur wordt gekookt.

Volgens de achttiende-eeuwse Franse literaire gastronoom Jean Anthelme Brillat-Savarin is dit nauwelijks waarneembare kookproces de juiste manier om soep of bouillon te bereiden. In zijn klassieke werk *La pshysologie du goût* (in het Nederlands uitgegeven onder de titel *Het wezen van de smaak*) stelt hij dat dit de enige manier is van omgaan met het bestanddeel van vlees dat hij osmazome noemt. Het laatste beschrijft hij als 'het bij uitstek sappige deel van vlees dat oplosbaar is in koud water en dat geheel verschilt van de extractieve stoffen van het vlees, die alleen in kokend water oplossen.' Soepen ontlenen volgens hem hun waarde aan het osmazome dat alleen maar voorkomt in echt rood vlees (niet in lams- of varkensvlees bijvoorbeeld) en het donkere vlees van gevogelte. Een soep van alleen maar wit kippenvlees zou daarom geen krachtige smaak hebben.

In verband met deze osmazome-theorie merkt Harold McGee in zijn onschatbare boek over de wetenschap van het koken op dat we tegenwoordig weten dat het vraagstuk van de smaak veel ingewikkelder ligt. Brillat-Savarin en zijn confrères zaten er echter niet helemaal naast. Bij te snelle verhitting, zo vertelde McGee mij, verstijft het vlees en geeft het niet efficiënt genoeg smaakmoleculen af voor het maken van soep – technisch gesproken immers een extract, zo niet een aftreksel.

❋ ❋ ❋

SOEP AFMAKEN

In de recepten in dit boek wordt aangegeven wanneer u de kip en vaste bestanddelen uit de soep moet verwijderen en wat u er verder mee moet doen. Alle heldere kippensoepen worden gezeefd om zwevende vaste deeltjes, stukjes bot, enzovoort achter te houden. Tenzij het gaat om een zeer verfijnde soep gebruik ik daarvoor een gewone keukenzeef op een kom of, als ik heel veel haast heb en alle vaste bestanddelen tegelijk wil verwijderen, een Chinese zeef: een grote, ronde, enigszins holle zeef van draad aan een lang bamboe handvat dat lang genoeg is om tot op de bodem van grote soeppannen te komen. Gebruik voor een bijzonder heldere soep een *chinois*, een fijnmazige conische zeef. Gebruik voor de allerhelderste, meest verfijnde soepen een gewone zeef of chinois bekleed met een dubbele laag nieuw, vochtig neteldoek.

Soep ontvetten

Met een roestvrijstalen lepel kunt u op verschillende momenten vet van de soep scheppen. Een deel van het vet kan tijdens het kookproces worden afgeschept. U kunt het eventueel ook achteraf doen. Vet afscheppen gaat makkelijker als u een paar ijsblokjes in de hete soep laat vallen. Schep het vet eerst af met een lepel, waarbij u de pan schuin houdt om zoveel mogelijk vet te kunnen verwijderen. Leg daarna stukjes schoon, droog keukenpapier op de soep om het resterende vet op te zuigen; trek deze voorzichtig met één tegelijk over het oppervlak van de soep. Haal het met vet volgezogen papier er voorzichtig uit en leg een nieuw vel op de soep.

Hoe koeler de soep, hoe makkelijker het ontvetten. Bij koude soep stijgt het gestolde vet letterlijk naar de oppervlakte. Wilt u soep een paar dagen in de koelkast bewaren, dan kunt u het vet het beste pas vlak voor het opwarmen verwijderen, omdat het een beschermend laagje vormt dat de bouillon afschermt van lucht. Bewaart u kippensoep in de diepvries, schraap het vet er dan vóór het ontdooien af, omdat het nooit helemaal bevriest en de soep een muf smaakje kan geven. Het is niet mogelijk en ook niet wenselijk kippensoep volledig te ontvetten. Maak u daarover geen zorgen; het vet geeft de soep immers smaak.

Soep inkoken

Consommé is ingekookte, geklaarde bouillon van vlees of gevogelte. Een consommé kan worden gegarneerd met verschillende vaste ingrediënten (zie Gegarneerde consommé, bladzijde 110). Het vochtgehalte van soep kan aanzienlijk worden teruggebracht door de soep langzaam en zacht te koken – pakweg 3 à 4 uur voor een soep van oorspronkelijk 3 à 3,5 liter – met het deksel schuin op de pan en alle kip en groenten er nog in, hoewel deze onderhand nauwelijks meer eetbaar zullen zijn. (Over het algemeen gebeurt dit vaker bij soepen van vlees en botten dan bij kippensoep.) Wilt u de kip serveren, haal ze er dan samen met alle andere vaste bestanddelen uit wanneer ze gaar is, na circa anderhalf uur. Kook de soep daarna langzaam in door haar zachtjes zonder deksel te laten sudderen tot u de gewenste hoeveelheid overhoudt. Consommé double wil zeggen dat de gekookte bouillon voor de helft is ingekookt en consommé triple dat hij is ingekookt tot een derde van de oorspronkelijke hoeveelheid. De bouillon is donker van kleur en krachtig van smaak.

Klaren

> Chicken Soup for the Soul (Kippensoep voor de geest) *was de voor de hand liggende titel die de Amerikaanse auteurs Jack Canfield en Mark Victor Hansen kozen voor hun goed verkopende verzameling van '101 verhalen om het hart te verwarmen en het humeur op te vrolijken'.*

Ik vind het alleen nodig soep die door neteldoek is gezeefd te klaren als ik haar koud ga serveren. Gestolde bolletjes vet zijn immers onaangenaam. Door soep te klaren wordt de smaak echter minder krachtig. Verwijder voor het klaren van kippenbouillon alle vaste bestanddelen, zeef de soep, laat haar afkoelen en schep het vet van het oppervlak. Bekleed een zeef met een driedubbele laag nieuw, vochtig neteldoek en zet deze op een kom die groot genoeg is voor de soep. Verkruimel voor 2 liter heldere soep de ongekookte schalen van twee rauwe eieren en voeg deze toe aan de koude bouillon, samen met de licht geklopte eiwitten. Blijf voorzichtig roeren totdat de bouillon zachtjes kookt en houd dan op met roeren. Zet het vuur zo laag dat de soep nauwelijks merkbaar kookt en wacht 5 à 8 minuten totdat zich een dikke, stevige laag wit schuim heeft gevormd. Laat 10 minuten afkoelen en giet de soep voorzichtig door de beklede zeef. Zorg dat het schuim niet kapot gaat; laat het schuim 7 à 8 minuten in de zeef uitlekken. Het eiwit moet alle vaste bestanddelen hebben verzameld. Voeg bij het verhitten van de geklaarde soep zout naar smaak toe.

KIPPENSOEP BEWAREN

In dit boek staan vele dikke soepen die lekkerder worden als ze een dag of twee gekoeld worden weggezet, en uiteraard kan ook kippensoep die helder geserveerd wordt maximaal drie dagen afgedekt in het koudste gedeelte van de koelkast worden bewaard. Wilt u de soep daarna nog langer bewaren, warm haar dan 15 minuten zachtjes op, laat afkoelen en bewaar haar nog een dag of twee afgedekt in de koelkast. Heldere kippensoep is volgens mij vers echter het lekkerste. Door de soep langer te bewaren en vaker op te warmen gaat de smaak er alleen maar op achteruit. Dat geldt ook voor het kippenvlees zelf, dat los van de soep verpakt in keukenfolie in de koelkast bewaard moet worden. Vriest u restjes soep echter in, doe de kip dan bij de soep.

Soep moet *zonder deksel* grondig afkoelen voordat ze afgedekt in de koelkast of vriezer wordt bewaard. Door warme soep af te dekken kan ze gaan gisten. Het is het veiligste de soep snel te laten afkoelen, ofwel door een paar ijsblokjes in de soep te doen ofwel door de pan met soep in een met koud water gevulde gootsteen te zetten en verschillende malen om te roeren.

Kippensoep blijft in ingevroren vorm een maand of drie goed, hoewel om redenen van smaak twee maanden volgens mij een betere limiet is.

Kruid kippensoep niet als ze koud is, want dan doet u er beslist te veel zout bij. Breng de soep pas ná het opwarmen op smaak. U loopt ook de kans te veel zout toe te voegen als u met een houten lepel proeft. Gebruik een gewone roestvrijstalen lepel of wanneer u van apart keukengerei houdt een porseleinen proeflepel. Een zilveren of verzilverde lepel is niet geschikt voor proeven en vet afscheppen omdat zilver aanslaat.

❋ ❋ ❋

Soep serveren

Koude soepen moeten heel koud worden geserveerd, hete soepen dampend heet. Soepkommen moeten van porselein of aardewerk zijn; reserveer glas alleen voor koude soepen. Serveer koude soepen in gekoelde kommen. Warm de kommen voor hete soepen even voor in de oven of giet er kokend water in en droog ze vlak voordat u de soep erin schept af. Een groot aantal soepkommen kunt u ook opwarmen in de vaatwasser; zet deze dan op de droogstand. De borden die u onder de soepkommen zet hoeven niet te worden opgewarmd of gekoeld, aangezien ze het tafelblad moeten beschermen tegen extreme temperaturen.

Gezien de normale beperkingen qua ruimte en budget is het onpraktisch een hele kast vol soepkommen en -lepels in allerlei vormen en maten te hebben. Toch zijn er allerlei heel mooie, niet al te dure, stevige basiskommen die soep eten nóg leuker maken.

> *Bij mijn grootmoeder in Chicago aten wij op zondagavond altijd kippensoep. De soep werd bereid door oma's Zweedse kokkin Anna en was dik en geel, omdat Anna er een dikke, vette soepkip voor gebruikte. Er dreven zachte knoedels in en reepjes kippenborstvlees, en de soep werd opgeschept uit een grote, witte slakom van aardewerk. Het was de maaltijd waar wij als kinderen het meeste naar uitkeken.*
>
> – John Loring, directeur ontwerp Tiffany & Co.

Doorgaans zult u kleinere kommen met bijpassende lepels nodig hebben voor zeer rijke of krachtige soepen en roomsoepen. Zogenaamde crèmesoepkommen, van oudsher met twee oortjes en een bijpassend bord, zijn heel mooi voor consommé en dikke soepen als *chowders*, wanneer deze worden geserveerd als eerste gang. Dessertkommetjes zijn een goede vervanging. Crèmesoepkommen zijn groot genoeg voor 3 à 4 dl soep. Een voor crèmesoep geschikte lepel heeft een rond lepelblad, maar een ovale middelgrote eetlepel of een dessertlepel is ook goed. Deze lijkt op een ronde bouillonlepel, maar is wat kleiner.

Maaltijdsoepen met vlees en groenten die je soms behalve met een lepel ook eet met een vork en zelfs een mes, moeten worden opgediend in grote soepborden. Omdat dergelijke soepen worden geserveerd in grote hoeveelheden, kun je er het beste grote, ovale eetlepels bij geven waarmee je de soep wat vlotter kunt eten dan met een klein lepeltje.

Meestal wordt soep dus geserveerd in soepkommen of diepe borden, maar voor kleine porties heldere consommé en crèmesoep, vooral als deze geen vaste bestanddelen bevatten en dus gedronken kunnen worden, zijn gewone thee- of koffiekoppen ook geschikt, tenminste als ze rond en wijd zijn in plaats van diep en met een rechte zijkant.

Voordelige leuke kleine Aziatische soepkommen met een dekseltje zijn ook fijn om te gebruiken, vooral in combinatie met traditionele porseleinen lepels. Deze kommen en lepels zijn er ook wel van lakwerk, maar deze kunnen niet in de vaatwasmachine en zijn eigenlijk alleen maar te gebruiken voor de lichtste, helderste Japanse bouillons (zie bladzijde 221).

Voor suggesties om soep en kom op elkaar af te stemmen, zie mijn beschrijving van een kippensoepdineetje, bladzijde 14-16.

Een soepterrine kan een spectaculair tafelaccessoire zijn, als ze tenminste groot genoeg is voor het benodigde aantal porties en niet hoeft te worden bijgevuld. Gebruik een terrine alleen als u er soep uit kunt serveren zonder een knoeiboel te maken. Warm de terrine op voor hete soep en koel haar voor koude soep.

Als u een dikke soep netjes uit de pan wilt serveren, kunt u het beste met een schuimspaan gelijke porties aan vaste bestanddelen uit de soep scheppen. Leg deze in de soepkommen en giet er met een soeplepel vloeistof over.

HOOFDZAKEN VAN HET SOEPMANSCHAP

◆

Recepten voor basissoepen, zelfgemaakt of kant-en-klaar gekocht, en voor deegwaren, knoedels, garneringen met ei, flensjes en andere klassieke garnituren

Er zijn een paar basisrecepten voor kippensoepen en garneringen die je onder verschillende benamingen terugvindt over de hele wereld, Azië uitgezonderd. (De meeste Aziatische soepen en garnituren zijn heel anders en worden beschreven bij de recepten van deze landen.) Ik geef deze algemene recepten in dit hoofdstuk zodat u ze makkelijk kunt opzoeken.

VERKLARING VAN TERMEN

Soep, bouillon, consommé en fond betekenen allemaal iets anders. In dit boek gebruik ik de termen soep en bouillon door elkaar heen, omdat helderere soep of bouillon voor de meeste bereidingen de basis vormt en ik het saai vond om steeds hetzelfde woord te gebruiken. Maar om helemaal precies te zijn volgt hier de betekenis van de verschillende termen.

SOEP is het uiteindelijke gerecht dat bestaat uit zowel vloeistof als vaste bestanddelen, zoals in Cock-a-Leekie, Engelse boerensoep uit de oven of Chinese Romige kippensoep met maïs. Maar ik gebruik het ook voor de vloeistof op zich – bijvoorbeeld: 'Ontvet en zeef de soep voordat u de matseballen toevoegt.'

BOUILLON is het heldere vocht waaraan vaste bestanddelen kunnen worden toegevoegd.

FOND, een term die ik in dit boek zelden gebruik, is een milde bouillon die wordt gebruikt als basis voor andere soepen (of in het algemeen andere gerechten zoals sauzen en stoofschotels). Een echte fond moet nog worden afgemaakt om een soep te worden.

CONSOMMÉ is een vaak misbruikt, deftig eufemisme voor bouillon. In de klassieke betekenis is het een ingekookte en

---

BASISKIPPENSOEP

Deze soep bevat de gebruikelijke soepgroenten, plus kruiden die naar eigen keus kunnen worden toegevoegd.

VOOR DE SOEP
Een soepkip van 2,5-3 kg, of 3,5-4 kg poulardes, met de nek en
   alle ingewanden behalve de lever
2,5-3 liter water, zoveel als nodig is
2 middelgrote wortels, geschrapt en in vieren gesneden
2-3 stengels bleekselderie met blad, heel of gehalveerd
1 middelgrote witte ui, heel of gehalveerd, al dan niet gepeld
3 takjes peterselie, bij voorkeur bladpeterselie
8-10 zwarte peperkorrels
2-3 flinke theelepels grof zout, of 1-2 flinke theelepels tafelzout,
   of naar smaak

VOOR DE GARNERING NAAR KEUZE
Versgehakte peterselie en/of dille

*Nederlandse:
zout / peper / foelie / sheliwortel
kleine prei*

Maak de kip schoon, snijd eventueel vet weg en zeng de kip zoals beschreven staat op bladzijde 27. Verdeel de kip zo nodig in vieren; zie bladzijde 27. Leg een in vieren gedeelde kip in een goed passende soeppan van 5 liter. Een hele kip moet passen in een pan van 6 à 7 liter. Voeg als u poulardes gebruikt 2,5 liter water toe en bij een soepkip 3 liter. De kip moet onderstaan. Doe het deksel op de pan en breng aan de kook. Zet het vuur heel laag en schep het schuim af dat naar de oppervlakte komt. De soep moet zo zacht mogelijk koken (zie bladzijde 31).

Is alle schuim afgeschept, voeg dan de overige ingrediënten en slechts 1 flinke theelepel zout toe. Laat de kip trekken totdat ze loslaat van het bot. Heeft u de kip in vieren verdeeld, reken bij dan poulardes op een uur en een kwartier en bij een soepkip op 2,5 à 3 uur. Gebruikt u een hele kip, reken dan 15 minuten extra voor poulardes en 30 minuten voor een soepkip. Voeg tijdens de kooktijd water toe als de kip niet voor zeven achtste onderstaat. Keer de kip tijdens de kooktijd 2 à 3 maal om. Voeg het zout geleidelijk toe en proef regelmatig.

Haal de kip, ingewanden en botten uit de pan en zet opzij. Giet de soep door een zeef, maak de pan schoon en doe de soep terug in de pan als u de soep direct gaat serveren. Schep in dat geval het vet van het oppervlak volgens de aanwijzingen op bladzijde 32.

Tot hier toe kan de soep vooraf worden bereid. Wilt u de soep bewaren, zeef haar dan boven een kom maar schep er niet het vet af. Laat de soep zonder deksel grondig afkoelen, dek af en bewaar in de koelkast. Bewaar het vlees afgedekt apart in de koelkast. Gooi de ingewanden, botten en soepgroenten weg of peuzel ze op.

De kip kan in de soep worden opgewarmd. Voor een stevig gerecht serveert u de in vieren gedeelde kip met bot en vel, ofwel u ontbeent en ontvelt de kip en snijdt het vlees in kleine, makkelijk op te lepelen stukken.

Gehakte peterselie en/of dille is lekker als garnering. Zie 'Klassieke garnituren', bladzijde 43, voor andere mogelijkheden.

VOOR 6 à 8 PERSONEN ALS EERSTE GANG;
4 à 6 PORTIES ALS HOOFDGERECHT

Variatie

BOTTEN EN SOEPGROENTEN NAAR KEUZE

Was botten zoals kalfsschenkels, mergpijpjes of een kalfspootje voordat u ze aan de soep toevoegt en haal ze er samen met de kip uit.

De volgende groenten en kruiden worden het vaakst gebruikt. In Noord- en Oost-Europa voegt men meestal wortel- en knolgroenten toe. Wees voorzichtig, want ze kunnen de soep te zoet maken. Gebruikt u verschillende knolgroenten, neem dan maar een klein stukje van elk. Voeg ze samen met de wortels, selderie en uien toe, zoals aangegeven wordt in het hoofdrecept.

1 grote of 2 kleine preien, het groen en het wit, doorgesneden en
goed gewassen om het zand te verwijderen
1 middelgroot raapje, geschild en in vieren gesneden
Een stukje pastinaak van 5-7,5 cm, geschild en in de lengte
gehalveerd
Een halve kleine selderieknol, geschild en 1 kleine gesneden
peterseliewortel, geschild en in de lengte doorgesneden of 2,5
à 5 cm of een stukje pastinaak extra
2 takjes verse, of $^3/_4$ theelepel gedroogde tijm
1 klein laurierblad
5-6 hele kruidnagels
1 grote aardappel, geschild en in vieren gesneden
1-2 tomaten, vers of uit blik, gepeld en zonder zaden
1 of meer teentjes knoflook

Verbeterde kippenbouillon uit blik of pot

Gebruik liever geen kippenbouillontabletten omdat deze erg zout zijn. Gebruik in geval van nood liever kippenbouillon uit blik of pot. Neem bij voorkeur heldere kippenbouillon (zonder toevoegingen als vermicelli enzovoort) waaraan geen water hoeft te worden toegevoegd.

Het vet in kippensoep uit blik is erg sterk van smaak en u kunt het beter weggooien. Zet de blikken of potten bouillon daarvoor in de koelkast, zodat het vet bovenin stolt en u het daarna makkelijk kunt afscheppen. Aan 4 dl bouillon uit blik of pot voeg ik 0,5 dl water toe en laat hem dan 10 à 15 minuten zachtjes koken met een stengel selderie met 4 à 5 blaadjes, een stukje ui en een stukje wortel, al zijn vooral de eerste twee toevoegingen essentieel. Een paar takjes peterselie maken de bouillon wat frisser. Rauwe stukjes kipafval of ingewanden (met uitzondering van lever) geven de bouillon meer smaak en in dat geval kunt u wat meer water toevoegen. Voeg pas aan het einde van de kooktijd zout toe, want de meeste kippenbouillon uit blik is al tamelijk zout. Koop zo mogelijk zoutarme kippenbouillon. Zeef de bouillon voor het serveren en garneer hem naar smaak. Als u zelf soep maakt en daarvoor een kleine kip gebruikt, kunt u wat van het kookwater vervangen door kippenbouillon uit blik. Gebruik voor een kip van 3 pond 1 liter water en 1 liter ontvette kippenbouillon uit blik. In dat geval hoeft u de bouillon uit blik natuurlijk niet eerst met groenten te laten trekken.

VETARME KIPPENSOEP

Op bladzijde 32 staan verschillende stappen beschreven om kippensoep te ontvetten. Bij een strikt vetarm dieet moet u voor het koken al het vel en zichtbare vet van de rauwe kip verwijderen. Voeg geen kalfs- of runderbotten toe, en ook niet de ruggengraat van de kip, maar kippenmaag, -hart en -nek zijn uitstekend mits alle vet is weggesneden. Verwacht niet dat de soep even smakelijk is, maar extra groenten en kruiden – selderie, ui, prei en wortel – toevoegen helpt wel wat. Gebruik voor de allermagerste soep wit kipvlees met bot zonder vel, maar verwacht geen grootse soep. Geen osmazome! (zie bladzijde 32).

> Wanneer ik een rondje maak langs onze restaurants en ieders aandacht wil hebben, begin ik met de chef-kok of manager te vragen: 'Wat is er met de gevogelteconsommé?' Dat kan ik gerust vragen, omdat er altijd iets is met de gevogelteconsommé!
>
> – Joseph Baum, restaurateur, directeur van de *Rainbow Room* en oprichter van de restaurants *Four Seasons* en *Windows on the World*, alle in New York

BRUINE KIPPENBOUILLON OF -SOEP

Dit is een nogal stevig recept, en ik ben er zelf niet zo dol op, behalve in recepten als Christers kippen- en savooienkoolsoep (bladzijde 105). Ik maak deze bouillon als basis voor soepen met veel ingrediënten zoals borsjt, of voor hartige gerechten. Laat voor een mildere versie alleen de soepgroenten bruin worden, een bereiding die in het Frans bekend staat als een *brunoise*. Door de kip en het kipafval te bruineren wordt de smaak krachtiger. Maar de soep ziet er ook vetter uit en smaakt ook vetter dan gewone lichte kippensoep. Volg voor de lichtere versie het recept voor Basiskippensoep (bladzijde 38), maar hak de wortels, selderie en gepelde ui. Bewaar de uienschil. Bak de groenten langzaam goudbruin (maar niet zwart) in 1,5 eetlepel gesmolten kippenvet of boter. Wie heel gezondheidsbewust is geeft misschien wel de voorkeur aan maïs- of saffloerolie (geen olijfolie) of dieetmargarine. Bruineer de groenten door ze circa 10 minuten te smoren, of ze door het braadvet te wentelen en 20 minuten in één laag in een braadslee in het midden van een tot 200° C verwarmde oven te plaatsen. Roer de groenten een à tweemaal om, zodat ze gelijkmatig bruin worden en laat ze niet verbranden. Laat uitlekken op keukenpapier en doe de groenten na het afschuimen bij de soep. Voeg de apart gehouden uienschil toe en ga verder als in het recept voor Basiskippensoep.

Laat voor een nog krachtiger smaak gehakte stukjes kip of ruggengraat, vlerkjes en ander kipafval met de groenten bruin worden, zonder extra vet, of rooster ze in de oven zoals boven beschreven, maar dan 40 minuten op 225° C. Laat uitlekken op keukenpapier en kook de kip en groenten in water, zoals boven wordt aangegeven. Zeef de bouillon, gooi de kip of het kipafval en de groenten weg en maak de soep af zoals voorgeschreven in het recept, of serveer haar als heldere bouillon.

Soep van resten gebraden kip

Van een overgebleven karkas, met of zonder vulling en jus, is een zuinige, stevige soep te maken die je door heel Europa en de Verenigde Staten terugvindt. Dit recept is een bewerking van een recept uit *Ola's Norwegian Cookbook*, dat in 1946 verscheen van de hand van Lucie Keyser Frolich, een immigrante uit Oslo die gedurende de crisisjaren Ola's restaurant in Boston dreef.

Een klassieke vulling van gekruid brood met paddestoelen of vlees als bacon, ham, orgaanvlees of mild gekruide worst zou heel lekker zijn voor deze soep, maar gebruik geen vulling met maïsbrood, zeedieren zoals oesters of heel pittige ingrediënten zoals peperworst, kappertjes of ansjovis of zoete producten als gedroogde pruimen of rozijnen. Bedenk dat de kruiden de smaak ook beïnvloeden. Heeft u geen vulling of jus, gebruik dan alleen het karkas.

VOOR DE SOEP
Karkas(sen) van een gebraden kip van 2,5-3,5 kg
1-2 koppen (2,5-5 dl in maatbeker) overgebleven vulling van kip, indien voorhanden
2,5-5 dl lichtgebonden bruine jus, indien voorhanden
2 middelgrote uien, in vieren gesneden
1 middelgrote wortel, in plakken gesneden
2 stengels selderie met 3 takjes met blad eraan
1,75-2 liter water, zoveel als nodig is
3 eetlepels ongezouten boter
4 eetlepels bloem
2-3 eetlepels sherry of madeira
2,5 dl schenkroom
Zout en zwarte peper, naar smaak

VOOR DE GARNERING NAAR KEUZE
Gekookte rijst
125 g in plakken gesneden champignons, in boter gesmoord
Versgehakte peterselie

Gooi alle restjes gebraden vel weg, omdat deze de soep vet en minder smakelijk maken. Restjes vlees op het karkas zijn prima. Breek het karkas in stukken en leg het in een soeppan van 5 liter, met de vulling, jus, uien, wortel en selderie. Voeg zoveel water toe tot het karkas onderstaat.

Laat circa 1 uur zachtjes koken, of totdat de soep goudkleurig en rijk van smaak is. Gooi de botten en groenten weg. Giet de soep af door een zeef en wrijf daarbij zoveel mogelijk van de vaste bestanddelen door de zeef. Gooi wat in de zeef achterblijft weg.

Smelt de boter in een pan van 3 liter, roer er de bloem door en laat circa 5 minuten smoren tot een glad en geelgekleurd mengsel ontstaat. Giet er in één keer de hete bouillon bij en blijf voortdurend roeren boven matig vuur, totdat de soep glad en romig is.

Tot hier toe kan de soep 3 à 4 uur van tevoren bereid worden. Bewaar de soep niet langer, zelfs niet gekoeld, omdat ze al van restjes gemaakt is.

Voeg tien minuten voor het serveren de sherry toe. Laat 5 minuten zachtjes koken en voeg de room toe. Laat warm worden maar niet meer koken. Voeg zout en peper toe naar smaak. Serveer met een van de voorgestelde garnituren.

VOOR CIRCA 6 PORTIES

Klassieke garnituren voor kippensoep

Deze garnituren vind je door heel Europa en de Verenigde Staten. Vaak ontleent de soep haar naam eraan.

Eierpasta

Gewoon deeg voor eierpasta, in verschillende vormen gesneden of als wikkel voor uiteenlopende vullingen, is erg geliefd in kippensoepen. Recepten voor mie in Aziatische stijl en specifieke etnischgebonden vullingen, zoals de joodse kreplach of Italiaanse tortellini, zijn te vinden in de betreffende hoofdstukken van dit boek. Alle pasta voor soep moet door drogen stevig worden, anders lost hij op in de soep. Kant en klaar verkrijgbare gedroogde deegwaren en pastafiguren zijn uitstekend voor soep.

± 400 g bloem
3 eieren
1,5 theelepel zout
2 eetlepels warm water, of zoveel als nodig is

Strooi de bloem op het werkvlak en maak in het midden een kuiltje. Doe de ongeklopte eieren en het zout in het kuiltje en roer licht met een vork om de dooiers te breken, maar meng ze niet helemaal met de eiwitten. Roer de bloem geleidelijk door het eimengsel en werk daarbij van buiten naar het kuiltje toe, totdat een stevig maar licht elastisch deeg ontstaat. Voeg meer bloem toe als het deeg te zacht of plakkerig is, of een paar druppels water als het te kruimelig is. Kneed het deeg circa 10 minuten, of totdat het glad en elastisch is.

> *Bouillon krijgt een nog mooiere goudgele kleur door hem te bereiden met een ongepelde mooi geelbruine ui.*

Verdeel het deeg in twee of drie delen, afhankelijk van de hoeveelheid deeg die u in één keer kunt uitrollen. Dek de stukken deeg die u nog niet uitrolt af met keukenfolie, om uitdrogen te voorkomen. Strooi wat bloem op het werkvlak en rol elke deegbal met een zware deegroller zo dun mogelijk uit. Werk vanuit het midden naar de randen en draai het deeg zodat het overal even dun wordt. De vellen deeg moeten eruitzien als dunne, soepele stof. Hang ze 20 à 30 minuten te drogen op een theedoek die over de rugleuning van een stoel of over een rekje hangt, totdat het deeg droog maar niet bros is. De droogtijd is afhankelijk van de luchtvochtigheid.

Rol elk vel deeg stevig op, maar druk niet te hard op de rol. Snijd met een dun, scherp mes repen deeg van de gewenste breedte – pasta voor soep kan variëren van repen met een breedte van circa 1,5 cm tot draadfijn 'engelenhaar'.

Ontrol de repen pasta en leg ze in één enkele laag op een theedoek. Om ze in soep te gebruiken moet u ze circa 3 uur onafgedekt laten drogen. Wilt u ze langer bewaren, laat ze dan een nacht op de theedoek liggen totdat ze helemaal bros zijn en bewaar ze maximaal 1 week in een afgesloten pot of trommel.

Kook de pasta circa 7 minuten in 3 liter kokend water met zout. Laat uitlekken en serveer in soep.

VOOR CIRCA 600 G PASTA;
GENOEG VOOR 8 à 10 PORTIES SOEP

✶ ✲ ✶

Gevulde knoedels van pastadeeg

Volg voor kreplach, tortellini en dergelijke het recept voor eierpasta (bladzijde 43, maar gebruik 2 hele eieren plus 2 eierdooiers in plaats van de 3 eieren die in het recept staan aangegeven. Het deeg wordt zacht en kleverig en waarschijnlijk is er meer bloem nodig om het werkvlak en de deegrol te bestuiven.

Maak eerst de vulling naar keuze klaar en rol daarna het deeg uit, zodat het vers en vochtig blijft. (Als u een speciaalzaak in de buurt heeft, kunt u misschien kant-en-klaar pastadeeg van goede kwaliteit kopen om zelf te vullen, of zelfs vers ingevroren tortellini en andere knoedels.) Rol de velletjes deeg een uur of twee vóór gebruik. Dek ze af zodat ze vochtig blijven, anders wordt het deeg droog en brokkelig bij het vouwen en lukt het niet de randen te verzegelen. Dat probleem kunt u enigszins verhelpen door de randen van het deeg te bevochtigen met water of geklopt eiwit en ze dan stevig op elkaar te drukken, maar het zal niet lukken om het deeg te vouwen zoals dat nodig is voor kreplach of tortellini. Neemt u genoegen met vierkantjes ravioli, of halvemaanvormige agnolotti, dan is dit deeg wel geschikt. De figuurtjes moeten na het vullen 2 à 3 uur drogen.

Volg voor het formaat, de vorm en de vulling van de knoedels de aanwijzingen in de verschillende recepten. Het deeg moet na het vullen opdrogen.

Pastavierkantjes

Deze zijn populair in de joodse keuken, waar ze bekend staan als *farfel* (die ook worden gebruikt voor de knoedels van geraspt deeg hieronder), en in Italië waar men ze *quadrucci* of *quadrettini*, 'vierkantjes', noemt. Volg het recept voor eierpasta (bladzijde 43) en snijd het uitgerolde deeg in repen van ruim 1 cm. Snijd deze vervolgens horizontaal door zodat vierkantjes van ruim 1 cm ontstaan.

Pastavlokken
Riebele, Farfel of Tarhonya

Of je ze nu op z'n Duits *Riebele*, op z'n Jiddisch *farfel* of op z'n Hongaars *tarhonya* noemt, deze afgeknepen of geraspte vlokjes deeg zijn lekker stevig om op te kauwen en eigenlijk niks anders dan heel kleine knoedeltjes.

Maak eierpastadeeg (bladzijde 43) met slechts 2 eieren en geen water. Vorm na het kneden een bal van het deeg, snijd deze in vieren en laat elk stuk onafgedekt circa 1 uur drogen. Voelt het deeg stevig en rul aan, knijp er dan kleine stukjes ter grootte van een doperwtje af of wrijf het deeg door de fijne kant van een rasp op een bord. Verplaats de rasp regelmatig om aan elkaar koeken te voorkomen. Laat 30 minuten drogen. Laat de deegvlokjes in kokend zout water vallen en houd ze met het deksel op de pan zachtjes circa 10 minuten aan de kook, of totdat ze naar boven komen drijven en zacht zijn. Laat uitlekken en serveer in hete soep.

U kunt de deegvlokjes een nacht goed laten drogen en ze dan enkele weken in een afgesloten trommel of pot bewaren.

VOOR CIRCA 500 G NA HET DROGEN;
VOLDOENDE VOOR 8 PORTIES SOEP

Royale

Dit in blokjes gesneden gestolde eimengsel is in heel Europa bekend onder verschillende namen die meestal verwijzen naar het 'koninklijke' karakter ervan.

VOOR DE ROYALE
2 eieren
2 eetlepels volle melk of kippenbouillon
1/3 theelepel zout

VOOR DE SMAAKMAKERS NAAR KEUZE
Snufje geraspte nootmuskaat
2 flinke theelepels geraspte citroenschil
1 eetlepel geraspte parmezaanse kaas
1 eetlepel versgehakte peterselie of een halve eetlepel
  versgehakte kruiden als dille, bieslook of kervel

Klop de eieren met de vloeistof naar keuze, het zout en een combinatie van smaakmakers. Vet een klein ovenvast glazen of aardewerk schaaltje (vierkant of rond van circa 10 cm doorsnee) in met boter, lichte plantaardige olie of gesmolten kippenvet. Vul het schaaltje voor circa 2,5 cm met het eimengsel.

Dek het schaaltje netjes af met aluminiumfolie en zet het in een grote braadpan. Giet heet, maar geen kokend water in de pan tot halverwege de hoogte van het schaaltje. Houd het water 15 à 20 minuten tegen de kook aan, of totdat het eimengsel is gestold en een mes dat je er in het midden insteekt er schoon uitkomt.

Haal het ovenschaaltje uit de pan, verwijder de folie en laat het circa 10 minuten afkoelen. Ongesneden royale kan op kamertemperatuur 2 uur worden bewaard. Stort het eimengsel op een plat bord en snijd het in vierkantjes. Zet opzij op een warme plek. Voeg de royale vlak voor het serveren toe aan de soep.

VOOR 4 PORTIES SOEP

Variatie

Roze royale maakt een soep extra fleurig. Meng 1 flinke theelepel tomatenpuree door de eieren en vloeistof en volg het recept voor Royale. Voeg kruiden naar smaak toe, maar geen kaas, citroenrasp of nootmuskaat.

Eiervlokken

Dit is een lichte, versterkende garnering voor zieken of iedereen die gewoon een opkikkertje kan gebruiken.

> 2 eieren
> Snufje zout
> 1 eetlepel geraspte parmezaanse kaas (naar keuze)
> 1,5 eetlepel bloem, of zo nodig meer
> circa 1,5 liter kippenbouillon

Klop de eieren, het zout en de kaas, als u deze gebruikt, met een vork. Zeef er vervolgens de bloem door en klop tot een glad, dik romig mengsel. Voeg zo nodig meer bloem toe.

Breng de bouillon tegen de kook aan en giet er langzaam het eimengsel in door een vergiet of schuimspaan. Het mengsel moet er in een onregelmatige stroom inlopen. Laat 2 à 3 minuten zachtjes koken totdat de vlokken zijn gestold. Schep ze samen met de soep in afzonderlijke soepkommen. Serveer direct.

VOOR 4 à 6 PORTIES SOEP

Eierdruppels

Bouillon met geklopt ei is in China al net zo populair als in Europa. Voeg voor heel dunne druppels water toe.

> 2 eieren, goed geklopt met een vork totdat ze heel dun zijn
> Snufje zout
> 3 theelepels water (naar keuze)
> 1 liter Aziatische basiskippensoep (bladzijde 202) of
>   Basiskippensoep (bladzijde 38)

Klop de eieren met zout en water in een glazen maatbeker of iets anders waaruit het makkelijk schenken is.

Breng de soep tegen de kook aan. Giet er heel langzaam, druppelsgewijs, het eiermengsel bij. Het moet een heel dun, onderbroken straaltje vormen. Roer zodra het ei begint te stollen de soep met een vork om zodat zich geen klonters vormen. Serveer direct.

✳ ✳ ✳

Knapperballetjes of soepsoesjes

Dit is het recept voor het gekookte deeg dat bekend staat als soezendeeg of *pâte à choux*. Het wordt op verschillende manieren als garnituur voor soepen gebruikt. Als je het in kleine stukjes kookt krijg je een soort knoedels of gnocchi; door het te frituren of bakken wordt het knapperig en bruin en is het onder meer bekend als knapperballetjes of *mandlen* (amandelen) in het Jiddisch, in het Duits als *Gebackene Erbsen* (gebakken erwten), of als *profiteroles* in het Frans. In afzonderlijke recepten worden andere specifiek etnische benamingen gegeven.

> 4 eetlepels ongezouten boter of margarine
> 1,25 dl water
> Snufje zout
> 75 g bloem
> 2 eieren
> Olie, om te frituren (naar keuze)

Doe de boter of margarine met het water en het zout in een pan. Breng aan de kook en laat zachtjes koken totdat het vet is gesmolten. Zet het vuur laag en voeg in één keer alle bloem toe, onder voortdurend roeren totdat het mengsel als een bal loslaat van de pan.

Haal de pan van het vuur. Voeg een ei toe en klop dit door de massa totdat het helemaal is opgenomen, voeg vervolgens het tweede ei toe en klop dit er ook doorheen. Het mengsel moet glad en glanzend worden.

Hoe u het deeg ook gaar maakt, het is de bedoeling dat de soesjes ruim 1 cm groot worden.

Vorm voor gekookte knoedels het deeg met 2 theelepels en laat het in zachtkokend lichtgezouten water vallen. Doe het deksel op de pan en laat circa 4 minuten koken of totdat de knoedels naar de oppervlakte komen. Probeer een knoedel uit om te testen of hij goed gaar en

> *'Geef mijn vader een krachtige kippensoep, een blikje bier en een zak popcorn, en hij is in de zevende hemel,' vertelt Nell Newman, de dochter van Paul Newman. Zij maakt zijn favoriete kippensoep met de gebruikelijke soepgroenten (bladzijde 39), plus spike, een mengsel van kruiden en zeewier dat bij Amerikaanse natuurvoedingswinkels te koop is. Misschien wordt de soep wel opgenomen in Newman's Own, de serie kant-en-klaarprodukten die Paul Newman op de markt brengt en waarvan de winst naar liefdadigheidsinstellingen gaat.*

niet meer vochtig in het midden is. Haal de knoedels met een schuimspaan uit het water en houd ze tot het serveren warm in een zeef of vergiet. Bewaar ze zo niet langer dan 2 uur, anders worden ze klef.

Wilt u het deeg frituren, vorm dan balletjes zoals boven staat beschreven en bak deze in neutrale plantaardige olie van 190° C, met niet meer dan een stuk of tien tegelijk. Frituur de balletjes totdat ze gelijkmatig goudbruin zijn en naar boven komen drijven. Laat uitlekken op keukenpapier en verwerk de rest van het deeg op dezelfde wijze. Houd de balletjes warm tot het serveren. Ze kunnen maximaal 4 uur van tevoren worden bereid.

Wilt u het deeg bakken, vorm er dan balletjes van zoals staat beschreven voor knoedels en leg deze op een ingevette bakplaat, of spuit met een spuitzak kleine bergjes deeg op de bakplaat. Laat circa 10 minuten bakken in een voorverwarmde oven van 190° C. Prik met een naald of prikker een gaatje in elk soesje en laat de soesjes nog circa 10 minuten in de hete, uitgeschakelde oven staan, zodat ze hun vorm houden en niet in elkaar zakken. De afgekoelde soesjes blijven een week of twee goed in een goed afgesloten trommel op een koele plek.

VOOR CIRCA 36 SOESJES; VOLDOENDE VOOR 6 à 8 PORTIES SOEP

Flensjes in reepjes

In heel Europa is dit een klassieke garnering die je ook terugvindt in veel oude Amerikaanse kookboeken. De dunne flensjes, of crêpes, worden net als pasta in reepjes gesneden.

125 g bloem, zo nodig meer
Snufje zout en peper
Snufje geraspte nootmuskaat (naar keuze)
2 eieren
1,75 dl water, zo nodig meer
1,5 eetlepel versgehakte bieslook of peterselie (naar keuze)
Ongezouten boter, margarine of maïsolie, om te bakken

Zeef de bloem, het zout, de peper en de nootmuskaat in een mengkom. Klop de eieren met het water en voeg dit mengsel toe aan de bloem. Klop (niet slaan) met de hand of een elektrische klopper tot een glad, dik romig beslag. Voeg meer water toe als het beslag te dik is, of zeef er geleidelijk meer bloem bij als het te dun is. Roer er de kruiden door, als u die toevoegt. Laat 30 minuten staan.

Laat een volle theelepel boter of olie smelten in een koekenpan of flensjespan van 20 cm doorsnee. Giet er als de boter goed heet is en pruttelt circa 2 eetlepels beslag in. Til de pan boven het vuur en draai er snel mee zodat het beslag zich gelijkmatig over de bodem verspreidt. Laat het flensje in circa 3 minuten aan de onderkant goudbruin bakken, keer het om en laat de andere kant bruin bakken. Laat het flensje op een theedoek afkoelen en bak de andere flensjes met de rest van het beslag. Voeg meer vet toe als de flensjes aan de pan gaan vastzitten. Als het beslag direct in rimpels stolt zodra het de pan raakt is de pan te heet. Laat de pan dan van het vuur afkoelen. Deze hoeveelheid is voldoende voor circa 10 flensjes.

Rol de flensjes op en snijd ze in dunne plakken van 6 à 8 mm, rol deze dan weer uit tot reepjes. Tot hiertoe kunnen de flensjes vooraf worden gemaakt en onafgedekt circa 2 uur op kamertemperatuur worden bewaard, of afgedekt met een theedoek 2 dagen in de koelkast.

Verdeel de reepjes over de verschillende soepkommen en schep de soep eroverheen.

VOLDOENDE VOOR CIRCA 10 PORTIES SOEP

Rijst en kleine gedroogde pasta

Hoewel rijst soms rechtstreeks in de soep wordt gekookt, is het beter dat apart in lichtgezouten water te doen, omdat rijst moet koken om goed gaar te worden en soep die kookt wordt troebel. Hetzelfde geldt voor kleine gedroogde pastasoorten, zoals de wat op rijst lijkende *orzo*, de zaadjesachtige *semini* en de stervormige *pastina*. Kook de pasta of rijst, laat hem uitlekken en houd hem warm totdat hij aan de afzonderlijke porties soep wordt toegevoegd.

Gort

Deze graansoort wordt altijd in de soep gekookt, omdat ze bedoeld is als bindmiddel.

Croûtons en toost

Veel soepen worden gegarneerd met kleine blokjes geroosterd brood of geroosterde sneetjes stokbrood. Croûtons en toost zijn kant en klaar verkrijgbaar, maar versgemaakt zijn ze veel lekkerder. Er zijn verschillende bereidingswijzen waaronder de volgende.

De makkelijkste manier om blokjes geroosterd brood te maken is om sneetjes witbrood te roosteren, de korst ervan af te halen en het brood dan in kleine vierkantjes te snijden. Dat is echter de minst lekkere methode, die croûtons oplevert die snel slap worden. Beter is het de sneetjes ongeroosterd brood in vierkantjes te snijden, de korst te verwijderen en de blokjes langzaam in een beetje boter of olijfolie (afhankelijk van de soep) in een kleine, zware koekenpan te bakken. Keer ze regelmatig om zodat ze gelijkmatig bruin worden. Het duurt ongeveer 7 minuten om croûtons van 6 sneetjes brood in een koekepan van 25 cm doorsnee bruin te bakken. Wilt u er een knoflooksmaakje aan geven, voeg dan een gespleten teentje knoflook toe, maar verwijder dit voordat het verbrandt.

Sneetjes stokbrood van ± 1,5 cm dik kunnen op dezelfde manier worden gebakken, of aan beide zijden worden bestreken met gesmolten boter of olie en dan circa 12 minuten in een oven van 225° C worden geroosterd. Keer ze een keer om, zodat beide zijden bruin worden. Na het roosteren kunnen ze met een doorgesneden teentje knoflook worden ingewreven. Wilt u ze roosteren zonder toevoeging van vet, leg ze dan circa 7 minuten onder de grill. Keer ze een keer om, zodat ze aan twee kanten bruin worden; wrijf ze daarna desgewenst in met knoflook. Snijd erg dun stokbrood in schuine sneetjes. Snijd brood met een doorsnee van minstens 7,5 cm overdwars door.

Reken per persoon op drievierde sneetje witbrood voor blokjes – of twee à vier sneetjes geroosterd stokbrood, afhankelijk van het gerecht. U kunt het brood het beste apart serveren, zodat het tijdens het eten aan de soep kan worden toegevoegd, anders wordt het slap.

DE MOEDER VAN ALLE KIPPENSOEPEN

◆

Joodse kippensoep, overlevering, populariteit en taalgebruik – én het definitieve recept

Het belang van kippensoep in de joodse overlevering wordt bondig samengevat in de openingsregel van het gedicht van Allen Ginsberg over zijn identiteit. Als je iemand van joodse afkomst vraagt te reageren op het woord 'kippensoep' krijg je vrijwel zeker een antwoord dat verwijst naar het joodse gezinsleven. Doordat kippensoep in joodse kring zo vaak gegeten wordt en een bijna mythische status geniet, is het haast een joods gerecht geworden. Omdat de soep overal waar zich joden vestigden in principe op dezelfde wijze werd bereid, is het een grensoverschrijdend gerecht geworden dat daarom een eigen hoofdstuk verdient.

> Ik ben joods want dol op de matseballensoep van mijn familie.
>
> – 'Yiddishe Kopf' van Allen Ginsberg, uit de bundel *Cosmopolitan Greetings*

Hoewel kippensoep vaak wordt beschouwd als een universeel joods gerecht, stamt de typische versie die wij kennen uit Oost-Europa en is deze gebaseerd op de wijze waarop in Polen, Hongarije, Tsjechië, Roemenië, Rusland en de Oekraïne soep wordt gemaakt – de landen waar de asjkenazische joden oorspronkelijk woonden. Joden uit andere delen van de wereld kijken heel anders tegen kippensoep aan – in feite betekent het helemaal niets voor ze. Net zoals ik verbaasd was toen ik voor het eerst joden ontmoette die geen Jiddisch spraken (sefardim spreken het aan het Spaans verwante Ladino), was het een verrassing voor me dat er zoveel joden waren die niet waren opgegroeid met kippensoep, matseballen of *gefillte Fisch*. Er bestaat een soort van internationale culinaire verwantschap tussen asjkenazim uit alle landen, zoals ik merkte toen ik met een joodse vriend van Deense afkomst praatte over wat wij thuis aten. Vreemd, dacht ik, die matseballen hebben toch niks Deens...

Lang voordat de uitvinding van antibiotica leidde tot de eufemismen 'joodse penicilline' en 'Bubbamycine' (een woordspeling gebaseerd op het Jiddische woord *Bubbameises*, dat zoiets als 'bakerpraatje' betekent) voor dit vermeende wondermiddel, stond het al bekend als 'gouden soep' – *goldener yoich* (in sommige dialecten *gilderne* en *yoichl*). Als kind heb ik deze benaming nooit gehoord, daar wij het woord *zupp* voor 'soep' gebruikten.

Gelukkig kon ik dr. Mordkhe Schaechter, taalkundige en lexicograaf bij de Jiddische Liga in New York, om informatie vragen. Hij verzekerde mij dat *yoiche* verwant was aan het oud-Poolse woord *jucha* en het Duitse woord *Jauche* dat dateert van meer recente datum. Beide betekenen 'bouillon'. 'Tegenwoordig is het in elk geval een Jiddisch woord,' hield dr. Schaechter vol. 'Je beschouwt *table* toch ook als een Engels woord, al komt het van het Franse *table* en het Latijnse *tabula*. *Yoich* is dus Jiddisch. Punt uit!'

Waarmee de obsessie van de asjkenazim voor kippensoep nog niet is verklaard. Misschien heeft deze ermee te maken dat de soep bij mensen over de hele wereld zowel het oog, de neus als de verbeelding aanspreekt. Bedenk dat de Chinezen de meeste kippensoep eten, hetgeen ten dele verklaart waarom joden Chinese kippensoep zo lekker vinden, vooral wanneer deze gegarneerd wordt met rijst, mie, of de wontons (bladzijde 209) die wel wat lijken op kreplach (bladzijde 61). Misschien heeft een van de verloren stammen van Israël zich wel in China gevestigd; maar wie de kippensoep aan wie doorgaf kan weleens net zo'n mysterie zijn als waar pasta vandaan komt.

Noch de oosterse joden uit Perzië, noch de sefardim uit Spanje, Italië, Turkije, Griekenland en het Midden-Oosten delen deze obsessie, hoewel ook zij kippensoepen eten, zoals de ei-citroensoep op bladzijde 174; de Tunesische tsjorba met kip, rijst en peterselie op bladzijde 175; en andere soepen die uit het Midden-Oosten stammen. Omdat Israëli's de kippensoepen eten uit het land van waaruit ze emigreerden, is geen van de soepen in dit boek als uniek voor Israël te bestempelen.

Weinig Amerikaanse sefardische joden die ik het gevraagd heb zeiden te hebben geweten dat kippensoep een klassiek gerecht was voor vrijdagavond of Pasen, vóórdat ze zich in Amerika vestigden. Gilda Angel, de echtgenote van rabbijn Mark Angel van de Congregation Shearith Israel, de belangrijkste sefardische synagoge van New York, vertelde me dat kippensoep in de familie van haar man, die afkomstig is uit Rhodos, alleen gegeten wordt bij ziekte. De soep wordt dan gevuld met blokjes kip, wortels, selderie, uien, peterselie en een heleboel rijst die in de soep wordt gekookt.

Wie zo gelukkig is om weleens te hebben gegeten bij Café Crocodile in New York kent de smakelijke gerechten uit het Middellandse-Zeegebied en het Midden-Oosten die daar worden bereid door de chef-kok Andrée Abramoff, die samen met haar man Charles eigenaar is van dit restaurant. Andrée, een uit Egypte afkomstige jodin, herinnert zich dat zij vroeger kippensoep at met wortel, prei, ui en peterselie en soms vermicelli, maar altijd met rijst, zoals bij bijna alle Egyptische gerechten, en vaak op vrijdagavond, hoewel niet met Pasen.

'Kippensoep met Pasen? Nooit!' zei Ilana Amini, een uit Perzië afkomstige joodse vrouw en getalenteerd kok, die met haar man Albert in Queens woont. 'Wij maakten vaak kippensoep omdat we zo'n groot huishouden hadden – het was de gewoonte dat alle kinderen in één huis bleven wonen, zelfs nadat ze getrouwd waren, en daarom maakten we grote pannen soep met aardappels, courgettes, wortels, uien, kikkererwten en balletjes' (bladzijde 182).

In het uitgebreide en fascinerende boek *Sephardic Cooking* behandelt Copeland Marks het voedsel van niet-asjkenazische (hoewel in strikte zin niet altijd sefardische) joden uit landen als India, Jemen, Ethiopië, Afghanistan en Oezbekistan en uiteraard de streekgerechten uit deze gebieden. Hij beschrijft een tamelijk eenvoudige paasbouillon uit Koerdistan, die uit niets anders bestaat dan kip, water, kurkuma en zout, maar waarin vleesballetjes of kibbeh (bulgur-balletjes) worden geserveerd die lijken op die van bladzijde 184.

Zo schrijft ook Edda Servi Machlin in haar schitterende Toscaans-joodse kookboek *The Classic Cuisine of the Italian Jews* dat zij in haar jeugd met Pasen kippen-

---

*Ik ben opgegroeid in een kleine flat in de wijk Williamsburg in Brooklyn, waar de meeste huurders joods waren. Als je op vrijdagmiddag door de gangen liep dacht je dat je in een soeppan was terechtgekomen. Je kon zeggen wiens soep je rook door de verschillende ingrediënten eruit te halen die ieder gebruikte. Een golf knoflook? Dat moest mevrouw Bernstein op 3C zijn. Mevrouw Moskowitz op 2B kon maar niet genoeg uien in de pan krijgen en mijn moeders bijdrage bestond uit dille. Ik herinner me dat ik op een dag binnenkwam en chocolade rook. Ik dacht echt dat er iemand gek was geworden. Het bleek een van de niet-joden in het gebouw te zijn die My-T-Fine-pudding aan het maken was, misschien wel uit zelfverdediging.
Je kwam aan alleen al van die lucht in die gangen. Je hoefde helemaal niks te eten!*

– Alan King

soep at die werd gegarneerd met kipgehaktballetjes in Italiaanse stijl (bladzijde 144), de nog ongelegde eierdooiers uit de soepkip (zie kader bladzijde 59), en rijst, een graansoort die sefardische en oosterse joden wel met Pasen mogen eten, maar asjkenazim niet.

MIJN LIEVELINGSKIPPENSOEP

Knolgroenten zijn in deze soep onmisbaar. Kunt u geen peterseliewortel krijgen, voeg dan een stukje pastinaak extra toe. Gebruik voor een rijkere, zwaardere soep kalfsbot. In sommige joodse huishoudens worden tomaten, gewone of zoete aardappels en knoflook gebruikt, maar bij mij niet. Probeer een van of al deze ingrediënten gerust uit, maar het resultaat is dan niet meer 'mijn lievelingssoep'. Wilt u van het gebaande pad afwijken, zoek het dan zelf maar uit...

Deze soep wordt gewoonlijk gegeten als eerste gang, zonder kip, maar met matseballen, kreplach, rijst of een van de pastagarneringen op bladzijden 43 tot 45.

Om echt 'mijn lievelingssoep' te zijn moet deze soep gemaakt worden met een soepkip. Neem de beste die u kunt krijgen.

VOOR DE SOEP
2,5-3 kg soepkip, bij voorkeur vers geslacht, of 3,5-4 kg braadkippen of poulardes, inclusief nek en alle ingewanden behalve de lever
Kalfsbot (naar keuze)
2,5-3 l water, of zo nodig meer
2 grote wortels, geschrapt en in vieren gesneden
2 stengels selderie met blad, heel of in stukken gesneden
1 middelgrote ui
3 takjes bladpeterselie
1 kleine pastinaak, geschrapt en doormidden gesneden
½ kleine knolselderie, geschild
Stukje peteresliewortel van 5-7,5 cm, geschrapt en doormidden gesneden
1 middelgrote prei, het wit en het groen, doormidden gesneden en gewassen
Zout en witte peper, naar smaak
Snufje suiker, indien nodig

VOOR DE GARNERING NAAR KEUZE
Gehakte verse peterselie en/of dille
1-2 eetlepels gekookte doperwtjes per portie

**4 eetlepels gekookte rijst per portie
Matseballen (bladzijde 59) of Kreplach (bladzijde 61)
Pasta of soepsoesjes naar keuze (bladzijde 48)**

De kip kan in haar geheel worden gekookt als de pan groot genoeg is, snijd haar anders in vieren. Leg de kip in een goed passende geëmailleerde of roestvrijstalen soeppan van 6 à 7 liter, samen met de ingewanden en het kalfsbot, als u dat gebruikt. Giet er 2,5 liter water op als u poulardes gebruikt, of 3 liter bij een soepkip. Doe het deksel op de pan en breng aan de kook. Zet het vuur laag en schep het schuim dat naar de oppervlakte komt af. De soep moet zo zacht mogelijk koken ('glimlachen' zie bladzijde 11).

Voeg na het afschuimen alle andere ingrediënten toe, met uitzondering van de peper en de suiker. Voeg slechts 1 flinke theelepel zout toe. Laat de kip, met het deksel schuin op de pan, zachtjes koken totdat ze heel gaar is en net loslaat van het bot, circa 1¼ uur voor braadkippen en 2,5 à 3 uur voor een soepkip. Voeg tijdens de kooktijd meer water toe als de kip niet voor zeven achtste onderstaat. Keer de kip tijdens de kooktijd 2 à 3 maal om. Voeg tijdens het koken geleidelijk zout toe naar smaak.

Haal de kip, ingewanden en het kalfsbot uit de pan en zet opzij. Giet de soep door een zeef. Maak de pan schoon en doe de soep er weer in als ze direct of binnen 2 à 3 uur geserveerd wordt. Gooi de groenten weg. Gooi de botten weg of knaag ze af. De kip is alleen maar lekker als ze in kleine stukjes aan de soep wordt toegevoegd of in een kipsalade of pastei wordt verwerkt.

De soep kan tot hiertoe vooraf worden gemaakt en worden bewaard in een glazen of aardewerken kom. Laat zonder deksel helemaal afkoelen, dek af en bewaar maximaal 2 dagen in de koelkast. Schep voor het opwarmen het gestolde vet eraf. Voeg tijdens het opwarmen peper en suiker toe. Bewaar het kippenvlees apart in een kom.

Serveer de soep heel heet, met een van de voorgestelde garneringen.

VOOR 6 à 8 PORTIES

KIP IN DE PAN

Dit is een klassiek eenpansgerecht in joodse, niet-vegetarische restaurants, vooral in New-Yorkse *delicatessens*. Volg het recept voor Mijn lievelings-kippensoep (bladzijde 56) en serveer de soep in grote, diepe, voorverwarmde kommen met de (in vieren) gesneden kip met bot en al dan niet met vel er aan. Een kwartiertje voor het serveren kunt u 2 à 3 gesneden wortels toevoegen en 300 g verse of ontdooide doperwten in de soep mee laten sudderen. Garneer elke portie met de groenten, gehakte peterselie, 1 à 2 matseballen en circa $^2/_3$-1 kop (2-2,5 dl in maatbeker) zeer fijn gekookte eierpasta. In restaurants wordt deze soep gewoonlijk geserveerd in kleine, individuele terrines of cocottes om langzaam opgelepeld te worden.

VOOR 4 PORTIES ALS EERSTE GANG OF ALS HOOFDGERECHT

Paddestoelen-gortsoep

Deze soep, die joden op kippensoep na het liefste eten, wordt gewoonlijk gemaakt met rundvlees en is een variatie op de Poolse gortsoep *krupnik*. Met kip wordt de soep verfijnder en minder vet.

VOOR DE SOEP
1 recept Mijn lievelingskippensoep (bladzijde 56), met wortelgroenten en kalfsbot
3 grote of 4 kleine gedroogde zwarte paddestoelhoeden, bij voorkeur Poolse of Russische, of gedroogde boleten
1,25 dl heel heet water
$^1/_3$ kop (0,8 dl in maatbeker) middelgrote parelgort
2 kleine wortels, in blokjes gesneden
2 stengels selderie, in blokjes gesneden

VOOR DE GARNERING NAAR KEUZE
Vers gehakte dille
4 à 6 middelgrote aardappels, geschild en gekookt

Week tijdens het maken van de kippensoep de paddestoelen 30 minuten in heel heet water. Haal ze eruit en laat het bezinksel in het water neerslaan. Snijd de paddestoelhoeden in kleine stukjes. Zet de paddestoelen en het nat opzij.

Was de gort een paar maal in koud water totdat het water helder blijft.

Voeg halverwege de kooktijd van de kippensoep de gort en de paddestoelen toe, met het weekwater dat zorgvuldig is afgegoten zodat het bezinksel achterblijft. Voeg ook de gort toe. Volg verder het recept. De gort en paddestoelen blijven in de soep nadat de kip en groenten zijn verwijderd. Ontdoe de kip van vel en bot.

Voeg de blokjes verse wortel en selderie toe en laat de soep nog 20 minuten zachtjes koken of totdat de groenten zacht zijn. Serveer met de groenten en stukken kip. Strooi er desgewenst een beetje dille over. Voeg eventueel aan elke portie een gekookte aardappel toe als de soep wordt geserveerd als hoofdgerecht.

De soep kan afgedekt 3 dagen in de koelkast worden bewaard.

VOOR 6 à 8 PORTIES ALS EERSTE GANG;
4 à 6 PORTIES ALS HOOFDGERECHT

Dooiers van ongelegde eieren

Tot de heerlijkheden van kippensoep uit mijn jeugd behoorden de dooiertjes van ongelegde eieren (dooierzakjes vóór de vorming van het wit en de schaal) die in versgeslachte kippen zaten. Ze werden in de soep gekookt tot een soort hardgekookte eierdooiers, en omdat er maar een paar in elke kip zaten, werd er door ons kinderen flink om gevochten. De dooiers werden beschouwd als een goed voorteken met Pasen, wanneer ze samen met matseballen in de soep werden opgegeten. Ik trof deze eieren ook aan in kippen die ik levend op de markt of bij kippenboeren had gekocht. Omdat er tegenwoordig bijna niet meer aan te komen is, vervang ik ze door hardgekookte eierdooiers.

GARNERINGEN VOOR KIPPENSOEP

Een paar klassieke garneringen voor joodse kippensoep zijn eierpasta in verschillende breedten (bladzijde 43), Eidruppels (bladzijde 47), Pastavierkantjes (bladzijde 45), Pastavlokken (bladzijde 45) en Royale (bladzijde 46) gemaakt met bouillon in plaats van met melk en waarbij de ovenschaal wordt ingevet met olie of kippenvet in plaats van met boter. Knapperballetjes (bladzijde 49) worden gemaakt met margarine in plaats van met boter. U kunt er ook rijst of kleine gedroogde pasta bij serveren.

Matseballen
Knaidlach

Deze knoedels, taalkundig en culinair verwant aan de Duitse *Knödel* en de Italiaanse *gnocchi*, vormden de traditionele garnering voor de paaskippensoep van de asjkenazim, maar zijn het hele jaar door populair.

> 3 eieren
> 6 eetlepels koud water
> 3 opgehoopte eetlepels geklaard
>   kippenvet (zie bladzijde 60) of zachte
>   margarine
> Zout
> Snufje gemalen witte peper
> 1 eetlepel fijngehakte verse peterselie
>   (naar keuze)
> $^2/_3$-$^3/_4$ kop (1.6-1.8 dl in maatbeker)
>   matsemeel (verkruimelde matses)
> 2,5-3 liter water

Klop de eieren en het water licht met een vork. Voeg het kippenvet of de margarine toe en roer tot het oplost. Voeg zout, peper en desgewenst de peterselie toe.

Klop er met 2 eetlepels tegelijk geleidelijk het matsemeel door. Doe dat na toevoeging van twee derde kop heel voorzichtig, zodat het mengsel niet plotseling te dik wordt. Het moet de consistentie hebben van zachte aardappelpuree en een beetje sponzig zijn. Dek de kom af met keukenfolie en zet hem 5 à 7 uur koel weg. Breng dertig minuten voor het serveren 2,5 à 3 liter water flink aan de kook en voeg een handje zout toe.

Vorm het mengsel met de handen, of met twee in koud water gedoopte eetlepels tot balletjes met een doorsnee van circa 2,5 cm. Laat de ballen voorzichtig in het kokende water vallen, doe het deksel schuin op de pan en laat ze circa 25 minuten tamelijk stevig koken of totdat ze opzwellen en aan de oppervlakte komen drijven.

Snijd een matseballetje door om te zien of het gaar en binnenin niet meer donker of vochtig is. Laat zo nodig de rest van de balletjes nog wat langer koken. Haal ze er met een schuimspaan uit en laat uitlekken. Serveer in hete kippensoep. Gekookte matseballen kunnen na het uitlekken een paar uur op een warme plek worden bewaard en daarna een paar minuutjes in de soep worden opgewarmd. Vers gemaakt zijn ze echter het lekkerste.

UITGESMOLTEN KIPPENVET (SCHMALTZ)

Het Duitse woord Schmaltz heeft betrekking op dierlijk vet, met inbegrip van boter, dat wordt gesmolten, ontdaan van vaste bestanddelen en dat men daarna laat stollen door afkoeling. In de joodse keuken heeft het woord betrekking op het uitgesmolten vet van gevogelte – kip, eend en gans.

In sommige recepten wordt zout of zelfs ui gebruikt bij de bereiding van kippenvet, maar dan kun je er minder mee doen. De smaak van gebakken uien in bijvoorbeeld matseballen zou vreselijk zijn.

Reken voor elke benodigde eetlepel geklaard vet circa 1,5 eetlepel rauw vet. Gebruik het dikke, gele vet aan de binnenkant van de flappen vel bij de buikholte van de kip en rond de nek. Trek het vet eraf en snijd het in kleine brokjes. Als u kipkaantjes wilt krijgen om in andere gerechten te gebruiken, snijd dan een paar stukjes ruimzittend vel, zoals de krop van de kip, af en snijd deze in stukjes. (Wilt u geen kaantjes, dan hoeft u het vel niet te gebruiken.)

Leg de brokjes vet en huid in een klein pannetje met zware bodem, met voldoende water om het vet nèt onder te laten staan. Breng aan de kook, zet het vuur heel laag en laat met het deksel schuin op de pan heel zachtjes koken totdat het water is verdampt, de kaantjes knapperig en goudkleurig zijn en het vet helder en goud van kleur is. Het uitsmelten van 1,25 dl vet duurt circa 20 minuten. Het verbrandt snel, dus houd het goed in de gaten. Hebt u geen pannetje met een dikke bodem, zet de pan dan op een sudderplaatje.

Verwijder eventuele kaantjes met een schuimspaan en laat ze uitlekken als u ze nog wilt gebruiken; gooi ze anders weg. Laat het vet 5 à 10 minuten in de pan afkoelen, zodat de vaste bestanddelen naar de bodem kunnen zakken. Giet het heldere vet voorzichtig in een hittebestendig schaaltje of potje. Laat het afkoelen en zet het afgedekt in de koelkast. Het duurt 5 à 6 uur voordat het vet de consistentie van zachte boter krijgt. Het geklaarde vet is afgedekt circa 10 dagen houdbaar in de koelkast, maar na 1 week kan de smaak sterk achteruitgaan. In de diepvries blijft het vet doorgaans 4 weken goed, maar proef het wel voordat u het ergens aan toevoegt, om er zeker van te zijn dat het niet ranzig is geworden. Onder in het gestolde vet kan zich wat fijn bruin bezinksel verzamelen; dat kan gewoon met het vet gebruikt worden voor extra smaak.

Noot: Kippen-, ganzen- of eendenvet is bij delicatessenwinkels en soms poeliers verkrijgbaar. De beste vervanging voor kippenvet is zachte margarine. Boter past niet in een joods gerecht.

Een makkelijke manier om een soort geklaard kippenvet te krijgen is door van een goed gekoelde kippensoep het gestolde vet af te scheppen. Schep het vet voorzichtig af voordat het zacht wordt en laat het zo nodig uitlekken op keukenpapier om druppeltjes vocht te verwijderen die u mee hebt opgeschept. Omdat dit vet zachter is en meer vocht bevat dan echt geklaard kippenvet hebt u er in een recept circa een vierde tot een derde meer van nodig. Gebruik voor matseballen (bladzijde 59) bijvoorbeeld 4 volle eetlepels in plaats van 3, en circa 2½ eetlepel voor kreplach (bladzijde 61).

Restjes gekookte matseballen kunnen een dag of 2 in de koelkast worden bewaard. Ze moeten daarna in soep of water worden opgewarmd en gaan er dan qua textuur en smaak wel op achteruit. In plakjes gesneden en in boter gebakken matseballen zijn verrukkelijk bij het ontbijt of bij stoofvlees.

VOOR 10 à 12 GROTE MATSEBALLEN;
REKEN OP 1 à 2 BALLEN PER PORTIE

Kreplach

Kreplach, die wat uiterlijk en smaak betreft wel wat lijken op wontons, worden vaak beschouwd als een van de redenen waarom joden zo houden van Chinees eten. Koopt u kant-en-klaar pastadeeg, let er dan op dat dit heel vers is; als het te droog is plakken de randjes niet meer goed op elkaar.

350 g runderribstuk, aan één stuk
1 worteltje, in stukken gesneden
2 kleine uien, in stukken gesneden
1 stengel selderie met blad
2 takjes peterselie
Zout
Vers gemalen zwarte peper, naar smaak
2 eetlepels gesmolten kippenvet (zie bladzijde 60) of margarine
1 eetlepel versgehakte peterselie, zo nodig meer
1 eiwit
½ recept eierpasta (bladzijde 43), of 350 heel vers pastadeeg in vellen
2 liter goed gezouten water

Zet het vlees met voldoende water op met de wortel, 1 ui, de selderie, peterselie, een snufje zout en een beetje versgemalen peper. Laat circa 30 minuten zachtjes koken of totdat het vlees halfgaar is. Giet het vlees af en bewaar het kooknat voor andere doeleinden. Laat het vlees afkoelen en hak of maal het heel fijn (maar niet in een keukenmachine). Dit kunt u een dag voor het bereiden van de kreplach doen.

Hak de resterende ui. Smelt het vet en doe de ui erbij. Fruit de ui zacht en geel maar laat hem niet bruin worden. Doe de gefruite ui met het vet in de pan bij het gehakte vlees. Breng op smaak met zout, peper en peterselie. Roer er het eiwit door. Zet opzij op een koele plek, maar niet per se in de koelkast, terwijl u het pastadeeg bereidt.

Bereid het deeg, maar pas op dat de vellen niet uitdrogen nadat u ze heeft uitgerold. Rol de vellen pasta uit tot ze 5 mm dik zijn en snijd ze dan in vierkantjes van circa 6 cm. (Of koop vellen vers pastadeeg en bewaar deze in de verpakking of afgedekt totdat u klaar bent om ze te gaan vullen. Snijd het deeg pas vlak voor het vullen.)

Leg een vierkantje deeg op het werkvlak, met een punt naar u toe. Leg 1 flinke theelepel vulling aan een kant en vouw het vierkantje dubbel zodat een driehoekje ontstaat. Druk de punten stevig op elkaar en knijp daarna ook de randen goed dicht. Is het deeg vochtig genoeg, dan plakken de randen op elkaar; is het al wat uitgedroogd, bevochtig de randen dan met koud water en knijp ze dicht.

Breng de twee buitenste punten van elk driehoekje bij elkaar zodat zich een ring vormt en druk ze stevig op elkaar. Laat de kreplach voordat u ze kookt circa 20 minuten op kamertemperatuur staan. Tot hiertoe kunnen ze 8 uur van tevoren worden gemaakt. Bewaar de kreplach tussen twee theedoeken in de koelkast.

Breng 2 liter water aan de kook en voeg een handje zout toe. Voeg de kreplach met een stuk of tien tegelijk toe en kook ze met het deksel schuin op de pan circa 20 minuten of totdat het deeg van een geproefde kreplach zacht is. Laat goed uitlekken, houd warm en voeg bij het serveren toe aan de kippensoep.

VOOR CIRCA 36 KREPLACH;
VOOR CIRCA 12 PORTIES SOEP

VARIATIE

Hebt u geen zin om het rundvlees te koken, vervang het dan door 350 g rundergehakt en smoor dit met de ui totdat het verkleurt; laat het niet bruin worden. Laat uitlekken op keukenpapier en vervolg het recept zoals boven. Het resultaat is iets minder maar nog alleszins acceptabel.

VERENIGDE STATEN

♦

Het noordoosten, zuidoosten,
midden-westen,
westen en zuidwesten

KIP-EN-MAÏS-CHOWDER UIT NEW ENGLAND

Chowder is afgeleid van het Franse woord *chaudeau* dat letterlijk 'heet water' betekent maar doorgaans betrekking heeft op een hete drank of soep. Langs de Franse Atlantische kust is een *chaudeau* een heldere vissoep met witte wijn en boter, een soep die nauw verwant is aan de *clam chowder* uit New England. Deze variant met kip wordt oer-Amerikaans door de toevoeging van maïs. Gebruik indien mogelijk liever verse maïs dan diepvriesmaïs; maïs uit blik is te zacht en zoet.

1,5 liter Basiskippensoep (bladzijde 38)
1 kg kipfilet zonder vel of been; of een kip van 1,75-2 kg, in vieren
4 koppen (1 liter in maatbeker) maïskorrels, vers of uit de diepvries; 2 koppen gepureerd in een blender of keukenmachine, de rest heel
90 g mager zuurkoolspek zonder zwoerd, goed afgespoeld en in blokjes gesneden
1 grote ui, fijngehakt
3 malse stengels selderie, in blokjes gesneden
3 middelgrote aardappels, geschild en in blokjes gesneden
Zout en zwarte peper naar smaak
2,5 dl schenkroom
1,25 dl crème fraîche, of naar smaak
Ongezouten boter, voor het garneren
Zoet of scherp paprikapoeder
Crackers

Hebt u al bouillon klaar, laat deze dan met de kipfilet zachtjes 8 minuten koken of totdat de kip stevig en wit is maar nog niet helemaal gaar. Schuim de bouillon af en bewaar hem; snijd de kip in blokjes en bewaar ze.

Hebt u nog geen soep, bereid deze dan met de in vieren gesneden kip volgens het recept op bladzijde 38. Ontvet en zeef de soep, gooi de groenten weg en doe 1,5 liter soep in een pan van circa 3 liter inhoud. Haal het vel en de botten van de kip. Snijd het vlees van de borst en dijen in blokjes en doe het bij de soep, samen met de gepureerde en hele maïskorrels. Gebruikt u een hele kip, bewaar de vleugels en drumsticks dan voor een andere keer.

> Een aantal van de meest geliefde Amerikaanse kippensoepen zijn afkomstig uit het buitenland. Ze zijn dan ook opgenomen bij het land van oorsprong. Andere soepen werden echter aangepast met regionale Amerikaanse producten of ontwikkelden zich tot soepen met een etnisch tintje. Deze Amerikaanse soepen zijn in dit hoofdstuk opgenomen.

Bak het spek zachtjes in een kleine koekenpan goudbruin. Haal uit de pan, laat uitlekken op keukenpapier en bewaar desgewenst als garnering of gooi het weg. Smoor de ui en selderie in het spekvet licht goudbruin. Doe samen met de aardappels bij de soep. Laat met het deksel schuin op de pan circa 10 minuten sudderen, of totdat de aardappels bijna gaar zijn. Proef of er zout en peper bij moet.

De soep kan tot hiertoe vooraf worden bereid en afgedekt 2 dagen in de koelkast worden bewaard. Laat op kamertemperatuur komen alvorens het recept te vervolgen.

Roer er de schenkroom door en laat 10 minuten zachtjes koken. Roer er vlak voor het serveren de crème fraîche door en laat goed heet worden. Serveer in voorverwarmde koppen of kommen, gegarneerd met een klontje boter en wat zoet of scherp paprikapoeder eroverheen gestrooid. Strooi er desgewenst het uitgebakken spek overheen. Geef er crackers bij.

Restjes soep kunnen afgedekt 1 dag in de koelkast worden bewaard, maar deze soep smaakt vers het beste.

VOOR 8 à 10 PORTIES

LANCASTER KIPPEN-MAÏSSOEP

Deze smeuïg dikke en rijke soep vormt een stevig hoofdgerecht. *Rivels*, zoals de kleine knoedels in deze soep in het dialect van de Pennsylvania Dutch worden genoemd, zijn afgeleid van het Duitse *Riebele* (zie bladzijde 45), dat 'gewreven' of 'geraspt' betekent, wat verwijst naar de manier waarop het deeg wordt gemaakt. Gedroogde kleine pasta is een goede en makkelijke vervanging. Dit gerecht kan worden geserveerd als voorgerecht, maar geef er dan alleen nog maar een heel licht vis- of groentegerecht na. Samen met een groene salade en een vruchtendessert vormt deze voedzame soep een volledige maaltijd.

> Een kip van 2-2,5 kg, in 8 stukken
> 2,5-3 liter water, of zoveel als nodig is
> 1 grote ui
> 8-10 zwarte peperkorrels
> 2 flinke theelepels zout, of naar smaak
> 8-10 draadjes saffraan, of $^1/_3$ theelepel saffraanpoeder (naar keuze)

10 kolven maïs, of 4 koppen (1 liter in maatbeker) maïs uit
  diepvries
3 stengels selderie, in blokjes gesneden met blad
175 g brede eierpasta of rivels (recept volgt hierna)
Versgemalen witte peper
$^2/_3$ kop fijngehakte verse peterselie (1,6 dl in maatbeker)
2 hardgekookte eieren, gehakt

Doe de kip in een soeppan met zoveel water dat ze onderstaat. Breng aan de kook, zet het vuur laag en schep het schuim af dat naar de oppervlakte komt. Voeg na het afschuimen de ui, peperkorrels, het zout en de saffraan toe. Laat met het deksel schuin op de pan 1,5 uur zachtjes maar constant koken of totdat de kip zacht is.

Haal de kip eruit. Gooi de botten en het vel weg. Gooi de ui weg. Laat de soep afkoelen en schep het vet van het oppervlak. Snijd het vlees in op te lepelen stukken en doe het terug in de soep.

Snijd van 4 kolven maïs de korrels en rasp de korrels van de overige 6 kolven. Vang alle vocht en pulp op. Gebruikt u diepvriesmaïs, pureer dan de helft in een keukenmachine of blender. Voeg indien nodig een beetje soep toe. Doe de hele en de geraspte of gepureerde maïs bij de soep, samen met de selderie en pasta of rivels. Laat zachtjes koken totdat de maïs en pasta of rivels gaar zijn. Voeg zout en peper naar smaak toe. Roer er de peterselie door, garneer elke portie met gehakt ei en serveer.

Deze soep is goed in te vriezen, maar voeg dan pas na ontdooien de pasta of rivels toe. Bereid deze tijdens het opwarmen van de soep. Warm de soep om aanbranden te voorkomen op een sudderplaatje op.

VOOR 8 à 10 PORTIES ALS EERSTE GANG;
4 à 6 PORTIES ALS HOOFDGERECHT

Rivels

$^3/_4$ theelepel zout
Snufje gemalen witte peper
1 groot ei, geklopt
± 150 g bloem, zoveel als nodig is

Roer het zout en de peper door het ei en klop er geleidelijk de bloem door. Blijf al kloppend bloem toevoegen totdat het mengsel kruimig maar nog een beetje plakkerig is. Wrijf tussen de handen of knijp er stukjes af ter grootte van een erwt en laat deze in de zachtjes kokende soep vallen. Doe het deksel schuin op de pan en laat circa 15 minuten koken, of totdat de rivels stevig zijn. Maak de rivels vooraf door ze in licht gezouten water of extra bouillon te koken. Laat uitlekken en warm ze later vlak voor het serveren in de soep op.

SENEGALESE CRÈME

Deze soep, met haar exotische specerijen misschien wel een erfenis van de Franse kolonisatie van West-Afrika, doet denken aan de culinaire mode van rond de eeuwwisseling. Misschien had ze wel opgenomen moeten worden onder Frankrijk of zelfs Senegal, hoewel oude kookboeken uit verschillende delen van de Verenigde Staten de oorsprong van deze versie leggen in New York, bij de club '21' en het vroegere Delmonico's.

Michael Lamanaca, die toen ik dit boek aan het schrijven was chef-kok was bij '21', heeft de soep nog steeds op het menu staan, in een bereidingswijze die nauwelijks afwijkt van het recept hieronder. Hij voegt alleen gehakte wortel en prei toe aan het groentemengsel en gehakte, gepelde tomaat en een beetje kokosmelk (een klassiek Afrikaans ingrediënt) aan de bouillon. De soep kan warm worden geserveerd maar is koud verfijnder.

VOOR DE SOEP
3 eetlepels ongezouten boter
2 middelgrote friszure appels, bijvoorbeeld granny smith, geschild en gehakt
2 stengels selderie, in blokjes gesneden
1 middelgrote ui, gehakt
5 eetlepels kerriepoeder van goede kwaliteit
$3/4$ theelepel kurkuma, of naar smaak
$3/4$ theelepel korianderpoeder, of naar smaak
Snufje cayennepeper, of naar smaak
3 eetlepels bloem
2 liter hete, ontvette Basiskippensoep (bladzijde 38)
2,5 dl schenkroom, of 1,25 dl schenkroom en 1,25 dl kokosmelk uit blik
2 koppen (5 dl in maatbeker) fijngehakte gare kipfilet
1,25-2,5 dl room

VOOR DE GARNERING
2,5 dl lichtgezouten en geklopte slagroom
Gehakte pistachenoten, bieslook of geroosterde geraspte kokos

Smelt de boter in een geëmailleerde soeppan van 3 liter en voeg de appels, selderie en ui toe. Smoor het mengsel licht goudbruin. Voeg het kerriepoeder en de andere specerijen toe en laat onder voortdurend roeren circa 10 minuten zachtjes smoren. Strooi er de bloem over en laat al roerend nog 5 minuten smoren, tot alles goed gemengd is.

Giet er de hete soep en de schenkroom met of zonder de kokosmelk bij en meng alles goed. Laat met het deksel schuin op de pan 30 minuten sudderen. Giet door een fijne zeef en laat 8 à 24 uur grondig afkoelen.

Zeef opnieuw door een fijne zeef om alle gestolde vet te verwijderen en roer er de gehakte kipfilet en room door.

Voeg eventueel zout en peper toe en giet in goed gekoelde soepkoppen. Schep desgewenst op elke portie een klont slagroom en strooi er pistachenoten, bieslook of kokosrasp overheen.

VOOR 10 à 12 PORTIES

✸ ✸ ✸

Ezra Tulls maagjessoep

'Probeer onze maagjessoep eens. Er zit lekker veel peper en knoflook in en ze is met liefde gemaakt,' stelt een serveerster voor aan een klant in de verrukkelijke roman van Anne Tyler *Dinner at the Homesick Restaurant*. In de soep, die werd bereid door de held van het boek, de kok Ezra Tull, zouden wel twintig teentjes knoflook en een heleboel zwarte peper zijn verwerkt.

Anne Tyler was zo vriendelijk mij het recept af te staan. Ze gaf er ook de bron bij waaraan Ezra het recept ontleende: *The Impoverished Student's Book of Cookery, Drinkery and Housekeepery*, van dr. Jay F. Rosenberg, die de soep *bechinalt* noemt en haar als Hongaars kenschetst. In *Cuisine of Hungary* gebruikt George Lang de term 'becsinált' voor een kwartelsoep en een runderstoofschotel. Het woord lijkt een soort ragout aan te duiden, iets waar deze soep wel wat van weg heeft. Toch krijgt Maryland de eer de bakermat te vormen van deze soep, want Anne Tyler woont in Baltimore, de plaats waar haar roman zich afspeelt.

Volgens Anne Tyler gebruikte Ezra misschien wel 20 teentjes knoflook, omdat hij voor zijn restaurant grote hoeveelheden soep moest bereiden, maar voor de hier gegeven hoeveelheid zouden drie teentjes wel voldoende zijn. En dat is inderdaad zo.

Deze soep hoort eigenlijk op zichzelf te worden geserveerd, als opkikkertje, met een homp brood erbij. Geef erna bijvoorbeeld een gebakken appel of wat kaas en vers fruit.

VOOR DE SOEP
500 g kippenmaagjes, goed schoongemaakt
1 flinke theelepel zout
3/4 theelepel versgemalen zwarte peper
0,75-1 liter water, zoveel als nodig is
3 eetlepels boter
3 teentjes knoflook
2 eetlepels bloem

VOOR DE GARNERING
Knapperig Frans of Italiaans brood

'Je knapt er echt van op,' zei mevrouw Tyler. 'Terwijl je het gewoon opdrinkt begin je te snuiven en te huilen en al snel voel je je beter.' Dat bleek allemaal te kloppen.

Kook de maagjes met het deksel op de pan met zout en peper in 7,5 dl water 1 uur of totdat ze zacht zijn. Voeg wat extra water toe als ze niet onderstaan. Haal de maagjes eruit en hak ze in kleine stukjes. Doe terug in de pan. (Ik gooi de taaie, pezige delen van de maagjes weg, maar ik weet niet zeker of Ezra Tull dat ook doet. Volgens Anne Tyler doet hij de maagjes soms helemaal niet meer terug in de bouillon, als hij de soep klaarmaakt voor lastige eters zoals kinderen.)

Smelt boter in een kleine pan en doe er de uitgeperste knoflook bij. Voeg de bloem toe en roer boven laag vuur tot een gladde massa ontstaat. Haal de pan van het vuur en giet er onder voortdurend roeren voorzichtig circa 2,5 dl hete bouillon bij. Roer tot een glad mengsel ontstaat en giet dit bij de rest van de bouillon. Laat met het deksel op de pan 15 minuten zachtjes koken en voeg een beetje extra water toe als de soep te dik wordt. Proef op smaak en serveer in warme kommen met knapperig brood om in de soep te dopen.

VOOR 2 PORTIES ALS HOOFDGERECHT

Creoolse kip-en-okra-gumbo

Deze pittige soep waar van alles ingaat ontleent haar naam aan het West-Afrikaanse woord voor okra, gumbo, de gelatine-achtige peulvrucht die de soep smeuïg maakt en alle smaken doet samensmelten tot één geheel. (Zie bladzijde 194 voor meer informatie over de oorsprong.) Filé gumbo wordt gemaakt zonder okra en vormt een van de eerste voorbeelden van een multicultureel Amerikaans recept. De Choctaw-indianen uit Louisiana gebruikten filépoeder, gemalen gedroogde bladeren van de sassafrasboom, en dit werd een vervanging voor okra's als bindmiddel. Vanouds worden okra en filépoeder niet samen gebruikt.

VOOR DE BOUILLON
Een soepkip van 2,5 kg, schoongemaakt en in 8 stukken gesneden, met alle ingewanden behalve de lever
2,5 liter water, of zoveel als nodig is
2 middelgrote wortels, geschrapt en doormidden gesneden
1 grote of 2 middelgrote uien, in vieren gesneden

4 selderiestengels met blad
4 takjes peterselie
2 flinke theelepels zout

VOOR DE SOEP
1,2 dl plantaardige olie
75 g bloem
500 g verse okra of 300 g okra uit diepvries, bij voorkeur heel
1 middelgrote ui, gehakt
3 stengels selderie zonder blad, gehakt
125 g gekookte ham
1 blik tomaten van 400 g, gehakt en met sap
5 eetlepels lente-ui, het wit en het groen
3 teentjes knoflook, fijngehakt
2 laurierbladeren
1 flinke theelepel gedroogde of 3 takjes verse tijm
3/4 theelepel gedroogde majoraan
Zout en zwarte peper, naar smaak
Cayennepeper of tabascosaus, naar smaak
5 koppen (1,25 liter in maatbeker) gekookte witte rijst

Doe de kip en de ingewanden in een soeppan van 4 à 5 liter en giet er zoveel water op dat ze onderstaan. Breng aan de kook, zet het vuur laag en schep het schuim weg dat naar de oppervlakte komt. Is de soep helder, voeg dan de wortels, ui, selderie, peterselie en het zout toe. Laat zachtjes 1 à 1½ uur koken of totdat de kip helemaal gaar is en makkelijk loslaat van het bot.

Leg de kip op een bord en zeef de soep. Gooi de groenten weg. Laat de soep zonder deksel nog 30 minuten zachtjes koken, totdat ze voor een vierde à een derde ingekookt is. Haal intussen het vel en de botten van de kip en snijd het vlees in royale maar handig oplepelbare stukjes. Zet opzij.

Laat voor het maken van een roux de olie warm worden in een zware pan van 25 cm doorsnee en voeg op laag vuur onder voortdurend roeren geleidelijk de bloem toe. Blijf roeren totdat de roux middelbruin verkleurt. Voeg de okra, ui, selderie en ham toe en blijf op middelhoog vuur roeren totdat de okra geen kleverige draden meer afscheidt. Voeg de tomaten met sap toe en meng op laag vuur onder voortdurend roeren door de roux.

Roer het groentemengsel door de zacht kokende kippenbouillon. Voeg de lente-ui, knoflook, laurierbladeren, tijm, majoraan en stukjes kip toe. Voeg geleidelijk zout, peper en cayennepeper of tabascosaus naar smaak toe. Bedenk dat de smaken door het koken van de soep krachtiger worden. Laat met het deksel schuin op de pan 40 minuten sudderen. Proef of er zout en peper bij moet en serveer met een bergje rijst in het midden van elke portie.

VOOR 8 à 10 PORTIES ALS EERSTE GANG;
VOOR 4 à 6 PORTIES ALS HOOFDGERECHT

Filé gumbo met gebraden kip en andouille

Voorafgaand aan deze maaltijdsoep kunt u een zeevruchten- of groentesalade of een gekookte warme of koude artisjok geven en erna een stuk pecan-pie of een salade van vers fruit.

1,2-1,6 dl plantaardige olie
Een kip van 2-2,5 kg, gesneden en op kamertemperatuur
75 g bloem
375 g pittige andouille- of chorizoworst, in plakjes van 1 cm
125 g tassoham, met of zonder pittige zwoerd, of gewone gekookte ham, in blokjes gesneden
1 grote ui, gehakt
1 groene paprika, zonder zaden en gehakt
3 selderiestengels, in blokjes gesneden
6-7 lente-uien, het groen en het wit, in plakken gesneden
3 teentjes knoflook, fijngehakt
$^2/_3$ kop (1,6 dl in maatbeker) versgehakte peterselie
3 theelepels gedroogde tijm
2 grote laurierbladeren
1,5-2 liter water
Zout, naar smaak
Zwarte peper, naar smaak
Cayennepeper of tabascosaus, naar smaak
2-2,5 eetlepel filépoeder
2 (5 dl in maatbeker) koppen gekookte witte rijst

Verhit de olie in een zware braadpan van 5 liter en laat de kip op matig vuur aan alle kanten bruin worden. Keer de stukken regelmatig om. Haal de kip eruit en zet opzij.

Maak een roux door de bloem door de resterende olie in de pan te mengen en voortdurend op matig vuur te roeren totdat de roux donkerbruin is. Voeg een beetje extra olie toe als het mengsel te droog wordt. Voeg de schijfjes worst, blokjes ham, de ui, groene paprika en selderie toe. Laat al roerend circa 10 minuten smoren. Voeg de bruine stukken kip, lente-uien, knoflook, peterselie, tijm en laurierbladeren toe en zoveel water dat alles onderstaat. Blijf roeren totdat de vloeistof de roux opneemt.

Voeg zout en zwarte peper toe en laat de soep met het deksel schuin op de pan circa 1 uur sudderen of totdat de kip gaar is. Haal de kip eruit, verwijder het vel en de botten en doe de kip in grote stukken terug in de soep. Gebruikt u de zeer pittige zwoerd van de tassoham, dan hoeft u waarschijnlijk geen cayennepeper of tabasco toe te voegen. Voeg deze anders tegen het eind van de

> *De kippengumbo is goed als ik erna alleen nog maar 'Ya-ya! Yaya!! Ya!' kan zeggen.*
>
> – Geoffrey Beene, modeontwerper, in een verwijzing naar het klassieke boek over de folklore van Lousiana, *Gumbo Ya-ya*, een titel die is afgeleid van het geroezemoes dat een massa pratende mensen maakt.

kooktijd toe en proef of er nog zout en peper bij moet. De soep kan tot hiertoe vooraf worden bereid en afgedekt 2 dagen in de koelkast worden bewaard.

Breng de soep tegen de kook aan. Haal haar 5 minuten voor het serveren van het vuur en roer er het filépoeder doorheen. Doe er het deksel op en laat circa 5 minuten staan, maar laat niet meer koken, anders wordt de soep te dik. (Bereidt u meer van deze gumbo dan u voor een maaltijd nodig heeft, haal er dan de benodigde portie uit en voeg daaraan een evenredige hoeveelheid filépoeder toe. U kunt de soep beter niet meer laten koken na het toevoegen van de filé.) Schep de soep in grote diepe borden, met een bergje rijst en stukjes kip.

VOOR 6 à 8 PORTIES ALS EERSTE GANG;
4 à 5 PORTIES ALS HOOFDGERECHT

Noot: Tassoham is een zeer pittige, gepeperde cajun-ham en ideaal voor een sterk gekruide soep. Voor een mildere soep is gewone gekookte ham of tasso zonder zwoerd aan te raden. Om te voorkomen dat de soep te gepeperd wordt kunt u de ham zonder zwoerd in de soep doen en er dan geleidelijk kleine stukjes zwoerd aan toevoegen.

Bouyah van kip uit Wisconsin

De Franse en Belgische kolonisten bij Green Bay maakten deze soep oorspronkelijk met wild of schildpadvlees. Tegenwoordig is kip een algemeen aanvaarde vervanging. De lichte kippenbouillon wordt aangevuld met huiselijke, grofgesneden groenten. *Bouyah* of *booyah* (uit te spreken als *BOE.ja*) is waarschijnlijk afgeleid van *bouillon*. De keuze van groenten varieert met het seizoen, maar neem liever geen groenten die veel kleur afgeven, zoals bieten en spinazie, of groene en gele pompoenen die nogal snel kapot koken. Grof gehakte, malse spitskool is uitstekend.

VOOR DE SOEP
Een soepkip van ± 2 kg
2,5-3 liter water, zoveel als nodig is
1 grote prei, het groen en het wit, opengesneden en gewassen
2 laurierbladeren
8-10 zwarte peperkorrels
Zout, naar smaak
4 middelgrote aardappels, geschild en in blokjes gesneden
4 stengels selderie, in stukken gesneden
1 grote ui, in stukken gesneden
3 grote wortels, in stukken gesneden
1 kop (2,5 dl in maatbeker) sperziebonen, in stukken van 2,5 cm

1 kop gele bonen (2,5 dl in maatbeker), in stukken van 2,5 cm
    gesneden
1 kop doperwten (2,5 dl in maatbeker), vers of uit diepvries
1,5 kop (3,75 dl in maatbeker) korte, brede eierpasta (naar
    keuze)

VOOR DE GARNERING
Versgehakte peterselie, bieslook en kervel

Laat de soepkip met zoveel water dat ze onderstaat en de prei, laurierbladeren, peperkorrels en 3 theelepels zout met het deksel schuin op de pan zachtjes 2 uur koken of totdat de kip helemaal gaar is.

Haal de kip eruit en schep het vet van de soep. Gooi de prei, laurierbladeren en peperkorrels weg. Haal het vel en de botten van de kip en snijd het vlees in grote maar op te lepelen stukken. Zet opzij. De soep kan tot hiertoe vooraf worden bereid en afgedekt 2 dagen in de koelkast worden bewaard.

Ontvet de soep zo nodig opnieuw en breng tegen de kook aan. Voeg de aardappels, selderie, ui, wortels en alle bonen toe en laat koken tot de groenten zacht zijn. Voeg circa 15 minuten voor het serveren het bewaarde kippenvlees, de doperwten en pasta toe en laat met het deksel schuin op de pan zachtjes koken tot alles gaar is.

Schep in voorverwarmde soepkommen en strooi er de kruiden over.

VOOR 6 à 8 PORTIES ALS HOOFDGERECHT

Koude kip-en-avocado-bisque

Technisch gesproken is dit geen bisque, aangezien die term betrekking heeft op een soep van schaaldieren die wordt gebonden met de rode boter die bereid wordt van de gestampte schalen. Maar in de moderne culinaire terminologie wordt het woord *bisque* vaak gebruikt voor een dikke, romige soep zoals deze verrukkelijke, schitterend groene lekkernij. De trots van Californië wat avocado's betreft, de smakelijke *haas* met zijn ruwe schil, is voor deze soep het meest geschikt. Dit is een heel rijke soep, die het lekkerste is in porties ter grootte van een kopje. Voeg voor een moderne versie met wat meer pit cayennepeper, fijngehakte verse Spaanse pepertjes of tabascosaus toe.

VOOR DE SOEP
7,5 dl koude, zeer goed ontvette Basiskippensoep (bladzijde 38)
1 zeer rijpe, middelgrote avocado
2,5 dl crème fraîche of zure room
Zout, naar smaak
Versgemalen zwarte peper
Snufje cayennepeper of een paar druppels tabascosaus, naar
    smaak
2 eetlepels fijngehakte bieslook

VOOR DE GARNERING
1 gekookte kipfilet
1 eetlepel fijngehakte rode of groene Spaanse peper, of 2
   eetlepels geroosterde en gepelde rode paprika
Soep- of kaasstengels

Schil en ontpit de avocado met een roestvrijstalen mes en snijd hem in stukken. Pureer de avocado in een keukenmachine of door hem met een houten lepel door een plastic zeef te wrijven. Meng er de kippenbouillon doorheen met behulp van een blender, keukenmachine of garde. Klop er twee derde van de crème fraîche of zure room doorheen totdat een glad, schuimig mengsel ontstaat. Breng op smaak met zout en peper, cayennepeper of tabasco en 1 eetlepel bieslook. Laat 2 à 3 uur in de koelkast koud en dik worden.

Bereid intussen de garneringen voor. Zet 4 soepkoppen in de koelkast om koud te worden. De kipfilet moet op kamertemperatuur zijn, haal hem daarom 30 minuten voor het serveren uit de koelkast. Snijd de kipfilet in fijne blokjes of liever nog reepjes. Verwijder de zaden en zaadlijsten van de paprika of peper. Snijd de paprika of peper in kleine blokjes.

Verdeel het kippenvlees over de 4 koppen. Roer de soep voorzichtig om en controleer de smaak. Schep de soep in de koppen. Klop met een vork de resterende crème fraîche of zure room totdat hij dun is. Laat voorzichtig een beetje room vanaf de vork op elke portie soep vallen, liefst in een spiraalvorm. Strooi er paprika of Spaanse peper overheen, minstens tweemaal zoveel paprika als peper. Strooi ten slotte de resterende fijngehakte bieslook over de soep en serveer met sesam- of kaasstengels.

VOOR 4 PORTIES

Kippensoep met groene pepers en maïs

De dikke, witte maïs zonder lies die in de Verenigde Staten bekend staat als *posole* of *hominy* vormt een erfenis van de autochtone bevolking en is vooral geliefd in het Zuidwesten. Gewoonlijk wordt deze maïs met groene pepers en varkensvlees tot een dikke stoofschotel verwerkt, maar Bobby Flay, de creatieve en bedreven kok-eigenaar van het Mesa Grill-restaurant in New York en de auteur van *Bobby Flay's Bold American Food*, was zo vriendelijk deze kleurige en feestelijke soep voor mij te ontwikkelen en zette haar op zijn wintermenu. De soep is verfijnd en tegelijkertijd kalmerend rustiek en wordt gemaakt met posole of hominy uit blik. (Gedroogde posole moet zo lang koken dat de soep veel te veel zetmeel zou bevatten.)

De soep ziet er vooral mooi uit als ze wordt geserveerd in diepe terracotta kommen in de stijl van de kommetjes die voor Franse uiensoep worden gebruikt. Als u de soep in koppen serveert kan ze als voorgerecht fungeren, maar ze is stevig genoeg als maaltijdsoep, gevolgd door taart, sorbet of een salade van vers fruit. Geef als voorafje bijvoorbeeld tostado-chips met salsa en guacamole.

VOOR DE SOEP
20 ongepelde teentjes knoflook
Olijfolie
3 poblanopepers (of andere milde groene pepers)
2 middelgrote rode paprika's, geroosterd en ontveld, vers of uit een pot
1 grote of 2 kleine chipotle-pepers uit blik, afgespoeld en gepureerd
2 eetlepels ongezouten boter
2 middelgrote rode uien, in fijne blokjes gesneden
0,5 liter droge witte wijn
2 grote kipfilets zonder vel of been, in stukken van ruim 1 cm gesneden, circa 2 koppen (2,5 dl in maatbeker)
Een blik posole of hominy van 8 dl, afgespoeld onder koud stromend water
2,5-3 liter Basiskippensoep (bladzijde 38) of Verbeterde kippensoep uit blik (bladzijde 40), zoveel als nodig is
1-3 eetlepels honing, naar smaak
2-3 flinke theelepels zout, naar smaak
Zwarte peper, naar smaak

VOOR DE GARNERING
3 eetlepels fijngehakte bieslook
2 eetlepels versgehakte koriander
1 kop (2,5 dl in maatbeker) geraspte asagiokaas of parmezaan

Warm de oven voor op 175° C. Wrijf elk teentje knoflook in met een beetje olijfolie en leg de teentjes in één enkele laag in een ondiepe ovenschaal. Laat circa 30 minuten roosteren of totdat de knoflook zacht is en de velletjes goudbruin zijn. Laat de knoflook zover afkoelen dat u hem kunt hanteren en pel hem. Het geeft niet als de teentjes stukgaan.

Rooster de poblanopepers aan een lange vork boven een vlam (of onder de grill of in een hete gietijzeren koekepan of grillpan). Draai ze voortdurend om ze aan alle kanten zwart te blakeren. Laat ze 5 à 7 minuten uitstomen in een papieren of plastic zak, pel ze en verwijder de zaden en zaadlijsten. Hak de pepers fijn.

Rode paprika's kunnen op dezelfde manier worden geroosterd, gepeld en ontdaan van de zaden. Gebruikt u geroosterde paprika's uit een pot, spoel deze dan af onder koud stromend water, laat ze uitlekken op keukenpapier en hak ze fijn.

Spoel chipotles uit blik in adobosaus of pekel onder stromend koud water af en pureer ze door een zeef of met een blender.

Al de bovenstaande stappen kunt u doen een paar uur voordat u de soep maakt. Bewaar alles op kamertemperatuur.

Smelt de boter in een grote geëmailleerde of roestvrijstalen pan op middelhoog vuur. Voeg de teentjes knoflook en blokjes ui toe. Laat circa 5 minuten zachtjes smoren, onder regelmatig roeren, zodat de uien wel zacht worden maar niet verkleuren. Voeg de wijn toe, zet het vuur hoger en laat zonder deksel koken totdat de wijn bijna helemaal verdampt is en er nog maar 0,3 à 0,6 dl over is. Voeg de kip, poblano en rode paprika, *posole* of *hominy* toe, evenals 2,5 liter kippensoep. Breng aan de kook, zet het vuur laag en laat met het deksel schuin op de pan circa 20 minuten koken of totdat de kip helemaal gaar is. Voeg meer soep toe als het mengsel te dik wordt.

Roer er een beetje gepureerde chipotle-pepers en 1 eetlepel honing doorheen. Laat een paar minuten zachtjes koken, breng op smaak met zout, peper, nog wat chipotle-puree en honing. Serveer heel heet en strooi op elke portie een beetje bieslook, koriander en circa 1 eetlepel geraspte kaas.

Deze soep wordt nog beter van smaak als u haar voor het opwarmen en serveren 1 uur zonder deksel laat staan, maar restjes kunt u beter niet bewaren, aangezien de posole pappig wordt.

VOOR 8 à 10 PORTIES ALS EERSTE GANG;
4 à 6 PORTIES ALS HOOFDGERECHT

LATIJNS-AMERIKA & CARIBISCH GEBIED

◆

*Aruba, Brazilië, Chili,
Colombia, Cuba, Ecuador,
Mexico, Venezuela*

Pittige caribische kippensoep

Deze soep vormt waarschijnlijk de oorsprong van de Crème Senegalese (bladzijde 67), die weer is afgeleid van de pittige Afrikaanse 'pepe'-soepen. Gedroogde kokos is algemeen verkrijgbaar bij Surinaamse of Aziatische winkels, evenals kokosmelk uit blik.

VOOR DE SOEP
Een kip van 1,5-1,7 kg, in 8 stukken
2-2,5 liter Basiskippensoep (bladzijde 38) of
 Verbeterde kippenbouillon uit blik of pot (bladzijde 40)
6 hele kruidnagels
1 laurierblad
2 dunne plakjes geschilde verse gember, of 5-6 stukjes gestampte
 gedroogde gember of 1 flinke theelepel gemberpoeder
2 eetlepels kurkuma (geelwortel)
± 1 theelepel cayennepeper, naar smaak
1 eetlepel kerriepoeder van goede kwaliteit, of naar smaak
± 1 theelepel zwarte peper of naar smaak
1 kop (2,5 dl in maatbeker) geraspte, gedroogde ongezoete
 kokos; of 2,5 dl kokosmelk uit blik
Een blik kikkererwten van 400 g, afgespoeld
4 eetlepels boter
2 teentjes knoflook, fijngehakt
4 eetlepels bloem
2,5 dl slagroom bij gebruik van gedroogde kokos, 1,25 dl bij
 gebruik van kokosmelk

VOOR DE GARNERING
Partjes citroen
Verse koriander of peterselie
Hete gekookte witte rijst

Zet de kip op in een geëmailleerde of roestvrijstalen soeppan van circa 5 liter met zoveel bouillon dat ze onderstaat. Laat zachtjes koken. Voeg de kruidnagels, het laurierblad, de kurkuma, de cayennepeper, het kerriepoeder en de peper toe aan de groenten die u in de kippensoep laat meetrekken. Schep het schuim af dat naar de oppervlakte komt, doe het deksel schuin op de pan en laat zachtjes 1 uur koken of totdat de kip gaar is en loslaat van het bot. Haal de kip eruit en verwijder het vel en de botten. Snijd het kippenvlees in op te lepelen stukken en zet het opzij. Schep het vet van de soep, zeef haar en doe haar terug in de schoongemaakte pan.

Gebruikt u gedroogde kokos, pureer deze dan enkele minuten met 2,5-5 dl kippensoep (zoveel als nodig is) in een blender of keukenmachine. De kokos moet heel fijn worden. Laat 20 minuten staan, zeef de kokosbouillon dan terug in de pan en gooi wat in de zeef achterblijft weg. (Voeg nu nog geen kokosmelk toe.)

Pureer de kikkererwten in een blender of keukenmachine met 2,5-5 dl soep. Giet de gepureerde kikkererwten met de vloeistof terug bij de soep en breng zachtjes aan de kook met het deksel schuin op de pan.

Dit recept kan tot hiertoe van tevoren worden bereid en afgedekt 1 dag in de koelkast worden bewaard.

Voeg 30 minuten voor het serveren de stukjes kip toe aan de soep en breng deze zachtjes aan de kook; voeg extra bouillon toe als de soep te dik wordt. Smelt boter in een kleine koekenpan en fruit de knoflook 3 à 4 minuten of totdat hij kleur begint te krijgen. Strooi er de bloem op, laat al roerend circa 5 minuten bakken totdat de bloem mooi geel wordt. Klop het mengsel met een garde door de sudderende soep en laat 10 minuten meekoken.

Roer er de kokosmelk door, als u die gebruikt, samen met de room en laat zachtjes circa 5 minuten koken. Controleer op smaak en laat nog 5 minuten zachtjes koken.

Serveer in kleine soepkommen of -koppen, met een garnering van gehakte kruiden en partjes citroen. Serveert u de soep als hoofdgerecht, geef er dan op aparte borden een bergje gekookte rijst bij.

VOOR CIRCA 8 PORTIES ALS EERSTE GANG;
VOOR 4 à 6 PORTIES ALS HOOFDGERECHT

De deugden van kippenpoten

'Veel mensen uit het Caribisch gebied en Afrika vragen kippenpoten om er een soep van te maken waaraan ik met plezier terugdenk,' vertelde Charles Ritzberg, de schrijver van Caribfrikan Portfolio, dat niet meer verkrijgbaar is. Dit boek vormde de bron van de Pittige Caribische kippensoep (bladzijde 78), al onderging deze in de loop der jaren wel enige aanpassingen. Ook in Europa en Azië zijn er mensen die graag soep maken van kippenpoten. Ritzberg, leraar geschiedenis en bovendien de schrijver van Classical Afrikan Cuisines en het onlangs verschenen Little Gumbo/Calalu Book, vertelde mij dat kippenpoten als bijzonder voedzaam worden beschouwd voor zieken, ook al geven de rijkere zwarte Afrikaans-Amerikanen de voorkeur aan chiquere stukken kip.

Soep van kippenpoten is onder meer een specialiteit in Jamaica, Barbados, Haïti en Trinidad. Het is een rijk en romig mengsel van stukjes kip, kippenpoten en groenten, meestal met Spaanse pepertjes, dat wordt geserveerd met een of andere vorm van fufu (bladzijde 197). Dankzij de eigenaresse van restaurant Kwanzaa, Lisa Gallimore, een leuk en gemoedelijk restaurant in New York City, kreeg ik een verrukkelijke soep van Terry Wickes, de kok uit dit restaurant, dat naar het Afrikaans-Amerikaanse oogstfestival is genoemd. De pootjes geven de soep een licht gelatineuze consistentie en zijn sappig om op te kauwen. Het is echter bijna onmogelijk om eraan te komen, behalve als je ergens levende kippen op de kop kunt tikken. (Voor meer informatie over het schoonmaken zie bladzijde 24.)

MEXICAANSE KIPPENSOEP MET DEEGWAREN
Sopa de fideos

Deze als eerste gang geserveerde soep, die zowel in Argentinië als in Mexico geliefd is, krijgt een knapperige toets door de bruingebakken *fideos*, oftewel draden. De saffraan en het chilipoeder zijn typerend voor de Argentijnse versie.

> Een soeppan gevuld met uiteenlopende culinaire culturen is een toepasselijke beeldspraak voor het Caribische gebied met zijn sterke Afrikaanse, Europese en autochtone invloeden. Caribische soepen zijn in wezen Afrikaans, maar werden verfijnd en aangepast volgens Europese methoden. Latijns-Amerikaans voedsel is vooral gebaseerd op de indiaanse keuken, met voornamelijk Spaanse en Portugese invloeden.

VOOR DE SOEP
2 middelgrote uien, gehakt
2 teentjes knoflook
8 verse tomaten, gepeld en zonder zaden of 6 grote tomaten uit blik, uitgelekt
6-8 eetlepels gesmolten reuzel of lichte olijfolie, zoveel als nodig is
Snufje saffraanpoeder (naar keuze)
Snufje chilipoeder (naar keuze)
3 liter Basiskippensoep (bladzijde 38) of Verbeterde kippenbouillon uit blik of pot (bladzijde 40)
Zout en zwarte peper, naar smaak
1,5 kop (3,75 dl in maatbeker) gekookt kippenborstvlees, in dobbelsteentjes gesneden
125 g Mexicaanse fideos, vermicelli of cappellini, in stukjes van 5 cm gebroken

VOOR DE GARNERING
Verse koriander
Versgehakte groene pepertjes, zonder zaden
Blokjes avocado
Reepjes monterey jack en/of geraspte parmezaanse kaas

Pureer de uien, knoflook en tomaten met een beetje water in de keukenmachine of blender. Giet bij gebruik van een blender het mengsel door een zeef en druk het vocht van de gepureerde groenten door de zeef in een kom; gooi wat in de zeef achterblijft weg. Bij een keukenmachine is deze stap niet nodig; de soep wordt wat rozig in plaats van helder, maar krijgt wat meer smaak.

Verhit 3 eetlepels gesmolten reuzel of olie in een soeppan van 5 liter en giet er langzaam het groentenat bij. Pas op voor spatten. Voeg naar keuze het saffraan- en chilipoeder toe. Laat zachtjes 10 minuten koken met het deksel schuin op de pan. Voeg de kippensoep toe en laat met het deksel schuin circa 20 minuten sudderen. Breng op smaak met zout en peper en voeg de kip toe. Houd de soep warm op een heel laag vuur.

Verhit de resterende reuzel of olie in een koekenpan van 20 cm doorsnee en bak de deegwaren in circa 8 minuten onder voorzichtig roeren goudbruin. Laat uitlekken op keukenpapier.

Tot hiertoe kan de soep 30 minuten voor het afmaken en serveren worden bereid.

Breng de soep zachtjes aan de kook, voeg de pasta toe en laat deze in 7 à 8 minuten gaar worden. Serveer direct en garneer elke portie met een takje koriander. Presenteer de andere garneringen er aan tafel bij.

VOOR 10 à 12 PORTIES

Azteekse tortillasoep
Sopa Azteca

Ik heb geen bewijzen dat de wijze, oude Azteken deze verrukkelijke soep als een middel voor alle kwalen beschouwden, maar ik doe dat wel.

VOOR DE SOEP
2 verse middelgrote tomaten
1,2 dl lichte olijf- of andere plantaardige olie
3 grote tenen knoflook, gehakt
1 middelgrote ui, fijngehakt
1 jalapeño-peper, vers of uit blik en uitgelekt, gehakt, of een ander groen Spaans pepertje.
2 liter Basiskippensoep (bladzijde 38) of Verbeterde kippenbouillon uit blik of pot (bladzijde 40), gekruid met laurierblad
1,5 kop (3,75 dl in maatbeker) gekookt kippenborstvlees, in blokjes gesneden
Zout en zwarte peper, naar smaak
8 maïstortilla's van 15 cm, in repen van 6 mm gesneden

VOOR DE GARNERING
Reepjes tortilla
Geraspte monterey jack of tamelijk droge mozzarella
Versgehakte groene pepertjes
Blokjes avocado
Verse korianderblaadjes
Zure room
Partjes limoen

Houd de tomaten, om ze makkelijk te kunnen pellen en ze een rokerig smaakje te geven, met een lange vleesvork met houten steel een voor een boven een vlam, of snijd ze doormidden en leg ze met de snijkant naar beneden op folie onder de grill. In beide gevallen wordt het vel bruin en scheurt het open, waarna het er makkelijk af te trekken is. Knijp de zaden en het sap uit de gepelde tomaten en hak ze.

Verhit de olie, op 3 eetlepels na, in een koekenpannetje en fruit de knoflook, ui en pepertjes circa 8 minuten, totdat ze slap worden en goudbruin beginnen te verkleuren. Voeg de tomaten toe en bak deze mee totdat het sap verdampt en het mengsel wat dikker wordt. Doe alles bij de kippensoep in een pan van 3 liter.

Laat de soep met de kip 15 minuten zachtjes koken en maak af op smaak met zout en peper.

Verhit ondertussen 3 eetlepels olie in een zware koekenpan van 25 cm en bak de reepjes tortilla in delen bruin. Leg één laag tortilla tegelijk in de pan en keer de reepjes af en toe zodat ze mooi gelijkmatig bruin worden. Dat duurt circa 3 minuten, maar pas goed op: de reepjes kunnen plotseling zwart worden. Laat uitlekken op keukenpapier.

Verdeel de reepjes tortilla over 6 à 8 soepkommen en schep daaroverheen de soep met de vaste bestanddelen. Voeg de andere garneringen toe of geef ze er aan tafel bij.

VOOR 6 à 8 PORTIES

KIPPENSOEP MET POBLANO-PEPERS EN MAÏS
Sopa de Elote

Maïs, zeer geliefd in Mexico, geeft deze soep, die gegeten wordt als eerste gang, een vrolijke kleur en textuur, maar voor een chiquere en meer verfijnde soep kunt u hem gewoon weglaten. De subtiele poblano-pepers (donkergroene, ietwat ronde pepers) zijn voor deze soep het beste, maar als u ze niet kunt krijgen, vervang ze dan door een combinatie van groene paprika en een beetje groene Spaanse peper.

VOOR DE SOEP
3 middelgrote poblano-pepers, of 2 groene paprika's en 1 jalapeño-peper, of 2 lange groene Spaanse pepertjes
4 eetlepels ongezouten boter
1 kleine ui, fijngehakt
1 teentje knoflook, gehakt
4 eetlepels bloem

7.5 dl hete Basiskippensoep (bladzijde 38) of Verbeterde
kippensoep uit blik of pot (bladzijde 40)
1 kop (2.5 dl in maatbeker) gekookt wit kippenvlees, in
dobbelsteentjes gesneden
1.5 kop (3.75 dl in maatbeker) maïskorrels, vers of uit de diepvries
1.5 dl schenkroom
Zout en zwarte peper, naar smaak

VOOR DE GARNERING
Gehakte verse koriander of peterselie

Houd de poblano-pepers of groene paprika's om ze te kunnen pellen met een lange vork met houten steel boven een gasbrander, of leg ze onder de grill. Draai ze regelmatig, totdat het vel bruin is en onder de blaren zit. Doe ze direct in een plastic of papieren zak. Doe deze goed dicht en laat de pepers of paprika's 5 à 10 minuten uitstomen. Het vel gaat loszitten en is er dan makkelijk af te trekken of te wrijven. Verwijder de zaden en witte zaadlijsten. Pureer de gepelde, geroosterde paprika's met de ongepelde groene pepertjes, zo nodig met een beetje bouillon, in een blender of keukenmachine. (Hebt u een staafmixer, snijd de pepertjes dan, doe ze bij de soep en pureer deze.)

Smelt de boter in een pan van 2 liter en laat de ui en knoflook in circa 5 minuten glazig maar niet bruin worden. Meng er op laag vuur met een garde de bloem door, voeg daarna de gepureerde pepers en soep toe. Laat met het deksel schuin op de pan circa 5 minuten koken.

Voeg de kip, maïs en schenkroom toe aan de hete soep. Laat 10 minuten zachtjes koken of totdat de maïs dik en zacht is. Maak af op smaak met zout en peper en serveer direct in warme koppen of kommetjes.

VOOR 4 à 6 PORTIES

Braziliaanse kippensoep met rijst en groenten
Canja

Spekvet geeft deze soep een heerlijk rokerige smaak, maar olijfolie is lichter en ook verrukkelijk. In sommige delen van Brazilië zou palmolie, oftewel *dende* worden gebruikt, maar zoals ik door schade en schande in Bahia moest ervaren, vormt deze een aanslag op je spijsverteringsstelsel als je er niet aan gewend bent.

VOOR DE SOEP

150 g rijst

2-2,5 liter gezeefde Basiskippensoep (bladzijde 38) of Verbeterde kippensoep uit blik of pot (bladzijde 40), heet

2 eetlepels uitgesmolten rookspek of olijfolie

2 eetlepels fijngesneden gekookte ham (naar keuze)

3 middelgrote wortels, gehakt

1 grote raap, gehakt

1 teentje knoflook, gehakt

2 stengels selderie, in blokjes gesneden

2 middelgrote uien, gehakt

3 tomaten, vers of uit blik, zonder zaden en gehakt

2 dunne plakjes verse gember (naar keuze)

4-5 takjes peterselie

1 klein laurierblad

2 koppen (5 dl in maatbeker) gekookt kippenborstvlees

Zout en zwarte peper, naar smaak

VOOR DE GARNERING NAAR KEUZE

Versgehakte peterselie

Partjes citroen

Spoel de rijst in een zeef onder koud stromend water. Zet de rijst op met 2 liter hete soep en laat met het deksel schuin op de pan 10 minuten zachtjes koken.

BRAZILIAANSE CANJA

De Brazilianen gebruiken voor hun kippensoep met rijst en groenten dezelfde naam als de Portugezen voor een kippensoep met ei en citroen (zie bladzijde 147), al zijn de soepen totaal verschillend.

Zoals Cora, Rose en Bob Brown in The South American Cook Book uitleggen, kun je canja vertalen als 'rijstroom'. Volgens deze auteurs zijn de Brazilianen net zo dol op deze soep als Amerikanen op roomijs en betekent het gezegde 'E canja' 'Dat is makkelijk!' of 'Makkelijk zat!'

In haar charmante en uiterst originele Iron Pots and Wooden Spoons, een verzameling Afrikaanse recepten zoals ze zich hebben ontwikkeld in de Nieuwe Wereld, schrijft Jessica Harris over het grote vertrouwen dat de Brazilianen in canja stellen. 'De vermeende versterkende kwaliteiten van de soep maken haar tot een wondermiddel voor allerlei kwalen, van verkoudheden tot katers.' Ze waarschuwt dat velen die de soep als eerste gang bestellen zullen merken dat ze daarna de rest van hun maaltijd moeten laten staan.

Laat intussen de olie heet worden in een zware koekenpan van 25 cm en bak de ham, wortels, raap, knoflook, selderie en uien circa 10 minuten totdat ze zacht en lichtbruin zijn. Roer het mengsel door de zacht kokende soep, samen met de tomaten, gember, peterselie en het laurierblad. Laat circa 20 minuten koken, voeg de kip toe en laat nog 15 minuten koken of totdat de groenten en rijst heel zacht zijn. Voeg eventueel nog wat bouillon toe als de soep te dik wordt. Voeg zout en peper toe en verwijder de peterselie en het laurierblad.

Laat als u deze soep een dag van tevoren bereidt de groenten en rijst maar 15 minuten koken. Bewaar de soep afgedekt 1 dag in de koelkast en maak haar tijdens het opwarmen af.

Strooi op elke portie soep wat peterselie en geef er aan tafel partjes citroen bij. Serveer met knapperig, stevig Italiaans of Frans witbrood.

VOOR CIRCA 8 PORTIES ALS EERSTE GANG;
4 à 6 PORTIES ALS HOOFDGERECHT

COLOMBIAANSE KIPPENSOEP MET KNOLGROENTEN
Ajiaco Colombiano

Deze schitterende soep streelt zowel het oog als het gehemelte. De versie die ik hier geef staat 's winters vaak op het menu in het Newyorkse restaurant Patria, het stijlvolle en intrigerende *nueva Latino*-restaurant van de getalenteerde Douglas Rodriguez.

De groenten in dit recept zijn op de markt en in Aziatische winkels verkrijgbaar. Het zijn stevige, zetmeelrijke groenten, die rijk zijn aan mineralen en de soep een rijke, aardse smaak geven. Kunt u geen yuca en/of malanga krijgen, vervang deze dan door 3 grote wortels, in stukken van 2,5 cm gesneden, 2 raapjes of 225 g koolraap, gepeld en in blokjes gesneden. Kunt u geen boniato (witte zoete aardappel) krijgen, vervang deze dan door een grote yam. De soep wordt dan wat dunner maar qua uiterlijk en smaak toch heel authentiek.

VOOR DE SOEP
2,5 liter Basiskippensoep (bladzijde 38), klaargemaakt met een
   kip van 1,75 à 2 kg, 4 takjes tijm, 2 teentjes knoflook en 2
   laurierbladeren
2 eetlepels olijfolie
1 kleine ui, in blokjes gesneden
3 teentjes knoflook, gehakt
1 stengel selderie, in blokjes gesneden
1 eetlepel achiotezaadjes (annato), fijngemaakt in een vijzel of
   koffiemolen

225 g yucawortel (cassave of maniok), geschild en in blokjes gesneden
1 malanga (cocoyam), geschild en in blokjes gesneden
1 boniato (witte zoete aardappel) of grote yam (bataat), geschild en in blokjes gesneden
750 g pompoen, geschild en in blokjes gesneden
2 middelgrote aardappels, ongeschild
2 jonge maïskolven, in plakken van 3,5 cm gesneden
Zout, naar smaak
1 verse tomaat, zonder zaden en in blokjes gesneden
3 lente-uien, het groen en het wit, gehakt
2 eetlepels versgehakte bieslook
2 eetlepels versgehakte koriander

VOOR DE GARNERING
Gekookte witte rijst
Plakjes avocado besprenkeld met limoensap
Jalapeño-saus (recept volgt hierna)

Laat de soep zonder deksel zachtjes op matig vuur inkoken tot 2 liter. Gooi het vel en de botten van de kip weg en snijd het vlees in grote, maar op te lepelen stukken en zet het opzij.

Verhit de olijfolie in een zware koekenpan van 20 cm en fruit de ui, knoflook, selderie en fijngemalen achiote circa 7 minuten totdat de groenten zacht en doorschijnend worden. Roer ze door de soep.

Voeg de knollen en de pompoen toe en laat 35 minuten zachtjes koken. Voeg de aardappels toe en laat 20 minuten zachtjes koken, voeg de maïs toe en laat nog 15 minuten koken, totdat alle groenten zacht zijn en uit elkaar beginnen te vallen. (Hebt u de maïs liever wat steviger, kook hem dan alleen de laatste paar minuten mee, maar het is authentieker als hij de smaken van de soep heeft kunnen opnemen en tamelijk zacht is.)

De soep kan tot hiertoe worden voorbereid en afgedekt 1 dag in de koelkast worden bewaard.

Breng de soep zachtjes aan de kook, zet het vuur uit en breng op smaak met zout, tomaat, lente-uien, bieslook en koriander. Laat nog 5 minuten staan. Serveer in grote kommen met bij elke portie een schaaltje rijst en plakjes avocado. Geef er aan tafel de jalapeño-saus bij.

VOOR 4 à 6 PERSONEN ALS HOOFDGERECHT

AJIACO, CALDO, CAZUELA, COCIDO EN SANCOCHO

Al deze namen worden in verschillende landen in Zuid-Amerika gebruikt. Ze hebben betrekking op krachtige, kleurige maaltijdsoepen met een variëteit aan knolgroenten, pompoen, een variatie aan kruiderij en soms groene bakbananen. U kunt allerlei groenten kiezen, maar een mengsel van knollen en pompoen is essentieel voor de kleur, textuur en smaak, om over vitaminen en mineralen nog maar te zwijgen. De recepten in dit hoofdstuk zijn gebaseerd op kip, al worden de soepen vaak ook met andere soorten vlees gemaakt.

Ajiaco schijnt twee betekenissen te hebben. Het meest voor de hand ligt een verwijzing naar de hete aji-peper die als garnering wordt gebruikt. Soms wordt het woord ook wel verklaard als stoofschotel van kip. In veel recepten voor ajiaco worden echter helemaal geen Spaanse pepers of kip, of alleen maar groenten gebruikt.

In haar kookboek A taste of Cuba stelt Linette Green dat ajiaco afkomstig is van de in dat land inheemse Taino-indianen. Het is volgens haar een Creools gerecht, omdat de Spanjaarden aan de oorspronkelijke stoofschotel van groenten en bakbananen rundvlees en worstjes toevoegden.

Bij deze rustieke soepen worden vaak rijst, plakjes of blokjes avocado en jalapeño-saus (zie onder) gegeven. Met een dessert van koele custardtaart, schijfjes sinaasappel en/of ananas, een dunne vruchtentaart of koekjes en een sorbet hebt u een complete maaltijd.

JALAPEÑO-SAUS

6 jalapeño- of andere groene Spaanse pepers, bij voorkeur vers
6 eetlepels limoensap
3 eetlepels olijfolie
Snufje zout

Haal de zaden en zaadlijsten uit de pepers. Wrijf of hak ze heel fijn, of laat ze een paar seconden draaien in een keukenmachine, maar pas op dat ze niet vloeibaar worden. Meng er met de hand het limoensap, de olie en het zout door. Lijkt het mengsel te dik, voeg dan nog wat limoensap en olie toe, maar zorg daarbij dat de verhouding 2:1 bewaard blijft. Voeg het sap en de olie niet in een keukenmachine toe, want dan wordt het mengsel melkachtig wit in plaats van heldergroen.

Deze saus wint aan smaak als u hem een uur of twee van tevoren bereidt en afgedekt op een koele plek (niet in de koelkast) laat staan. Reken op een klein theelepeltje per portie, afhankelijk van uw individuele smaak.

Variaties

VENEZOLAANSE EN ECUADORAANSE SANCOCHO

Volg het hoofdrecept. Gebruik de groenten die u kunt krijgen en voeg 2 geschilde en in blokjes gesneden groene bakbananen (geen rijpe bakbananen of gewone bananen) toe. Vervang het limoensap door 2 à 3 eetlepels witte azijn.

✻ ✸ ✻

ARUBAANSE SAUCOCHI

Volg het hoofdrecept maar laat de tomaat en lente-uien weg. Maak de hete soep af met 1 van zaden ontdaan, gehakt groen Spaans pepertje, zout, zwarte peper en 3 eetlepels gehakt bieslook. Geef hier geen rijst en avocado bij.

✻ ✸ ✻

MEXICAANSE EN CUBAANSE COCIDO DE POLLO

Volg het hoofdrecept met alle groenten behalve de yuca en de malanga, en voeg aan het mengsel 3 kleine courgettes toe, zonder zaden en in blokjes gesneden. Garneer de soep met een salsa van limoensap met gehakte tomaat, groene paprika, jalapeño en koriander. Of serveer met jalapeño-saus en hete maïstortilla's.

✻ ✸ ✻

CHILEENS 'SOEPPOTJE'
Cazuela

Dit oeroude recept, een bewerking van een recept uit het kookboek *Olla Podrida* van Elinor Burt, ontleent zijn ongewone textuur en smaak aan de toevoeging van aardappel en eierdooier en een scheutje azijn.

Het in boter gebakken mengsel van ui, rode paprika en cayennepeper wordt *colór* genoemd.

VOOR DE SOEP
Een kip van 1,75-2 kg, in 8 stukken gesneden, met alle ingewanden behalve de lever
2 flinke theelepels zout
8-10 zwarte peperkorrels
2-2,5 liter water, of zoveel als nodig is
100 g boter of 1 dl olie
1 geroosterde en gepelde rode paprika, rond of langwerpig, fijngehakt
³/₄ theelepel cayennepeper, of naar smaak
3 middelgrote uien, gehakt
2 kleine courgettes, in blokjes gesneden
500 g gele pompoen, geschild en in blokjes gesneden
250 g sperzieboontjes, in stukken van 2,5 cm gesneden
1 grote venkelknol (circa 500 g), in reepjes gesneden, het groen bewaard (naar keuze)
1 flinke theelepel komijnpoeder
50 g witte rijst
3 takjes venkel of dille, of de blaadjes van 2 takjes munt
2 eetlepels versgehakte peterselie
Korrels van 2 grote kolven maïs, of 300 g maïs uit de diepvries
1 kop (2,5 dl in maatbeker) doperwten, vers of uit de diepvries
2 middelgrote aardappels, geschild
1 eierdooier, licht geklopt
2 eetlepels sherry- mout- of appelazijn

VOOR DE GARNERING NAAR KEUZE
Limoensap
Versgehakte peterselie

Doe de kip, de ingewanden, het zout en de peperkorrels in een geëmailleerde of roestvrijstalen soeppan van 6 liter en giet er zoveel water op dat de kip onderstaat. Breng aan de kook, zet het vuur laag en schep het schuim af dat naar de oppervlakte komt. Laat met het deksel schuin op de pan circa 1 uur koken of totdat de kip loslaat van het bot. Zorg dat het water op peil blijft. Haal de gare kip uit de soep, verwijder het vel en de botten. Snijd het vlees in blokjes of reepjes en zet opzij.

Verhit voor de *colór* de boter of olie in een kleine koekenpan en fruit de gehakte rode paprika, cayennepeper en 1 gehakte ui. Laat de ui en paprika in circa 7 minuten op laag vuur zacht maar niet bruin worden. Wrijf ze door een zeef in de soep en giet daarbij ook wat soep door de zeef, zodat de kleur en de smaak van het mengsel beter wordt opgenomen. Of pureer het mengsel met een beetje soep in een blender.

De soep kan tot hiertoe van tevoren worden bereid en afgedekt 1 dag in de koelkast worden bewaard.

Voeg de courgette, pompoen, bonen en overige gehakte ui, de venkel, komijn, rijst, het venkel- of dillegroen en de peterselie toe. Kook met het deksel schuin op de pan circa 25 minuten of totdat de groenten en de rijst zacht zijn. Doe het kippenvlees in de soep en laat de maïs en de doperwten de laatste 10 minuten meekoken. Breng op smaak met zout en peper.

Kook de aardappels intussen in licht gezouten water. Pureer ze en klop ze met de eierdooier en azijn tot een dikke massa. Leg voor het serveren een klont van deze aardappelpuree in elke kom en schep er de soep met de kip en groenten overheen. Garneer elke portie met een scheutje limoensap en wat peterselie.

VOOR 4 à 6 PORTIES ALS HOOFDGERECHT

EUROPA

◆

België, Denemarken, Duitsland, Engeland, Frankrijk,
Italië, Noorwegen, Oostenrijk, Portugal, Schotland,
Spanje, Zweden, Zwitserland

Koninginnensoep

Of ze nu wordt gebonden met eierdooiers en room of met een (witte) bechamelsaus van boter, bloem en room of melk, romige kippensoep wordt door heel Europa als een 'konings-' of 'koninginnensoep' beschouwd. In Frankrijk maakt men de soep met gepureerde kip en wordt ze *potage purée de volaille à la reine* genoemd, in Duitsland noemt men haar *Königin* of ook wel *Kaisersuppe*, als herinnering aan de dagen van de Kaiser. Volgens de *Larousse Gastronomique* stamt de Franse versie uit de zestiende eeuw en werd ze toen elke donderdag geserveerd aan koningin Marguerite aan het hof van Valois. Min of meer hetzelfde recept wordt in veel oude Europese en Amerikaanse kookboeken aanbevolen voor zieken (en fijnproevers), aangezien de gepureerde kip veel voedingsstoffen bevat toch makkelijk te kauwen en te verteren is. De puree kan met uitsluitend wit vlees worden gemaakt, maar ik vind dat de soep met donker vlees lekkerder smaakt en een mooie roze kleur krijgt. Vanouds werd het gekookte kippenvlees fijngestampt in een vijzel en vervolgens door een zeef gewreven. Een keukenmachine maakt het pureren een stuk makkelijker, al moet u voor een echt fijn resultaat het fijngemalen vlees nog wel door een zeef wrijven. Heeft u geen keukenmachine, gebruik dan een blender met het fijnste mes, of een vijzel. De toevoeging van extra selderie aan de gekookte rijst is niet klassiek, maar ik houd ervan vanwege het delicate accent.

VOOR DE SOEP
1,5 liter ontvette Basiskippensoep (bladzijde 38), naar keuze bereid met prei, tijm en laurierblad
2 selderiestengels, in blokjes gesneden (naar keuze)
75 g rijst, gewassen en 10 minuten voorgekookt
2 gekookte kipfilets, of 1 gekookte filet en 1 gekookte bout, zonder vel en bot
3 eierdooiers, goed geklopt
2,5 dl slagroom
1-2 eetlepels sherry of madeira (naar keuze)

VOOR DE GARNERING
Kleine stukjes gekookte kip
Versgehakte peterselie en/of kervel

Laat de bouillon met de selderie en de voorgekookte rijst in een pan van circa 3 liter zachtjes circa 25 minuten koken, of totdat de rijst zacht is. Zeef er de selderie en rijst uit en zet deze opzij. Snijd een halve kipfilet in blokjes voor de garnering en zet opzij. Pureer de rest van het kippenvlees circa 3 minuten in een keukenmachine of totdat het een fijne, korrelige massa wordt. Schraap de massa van de rand van de mengkom af en voeg de rijst en selderie toe, samen met circa 2,5 dl bouillon. Pureer in circa 2 minuten tot een gladde massa. Leg een zeef op de soeppan en wrijf het kip-rijstmengsel met een houten lepel of spatel door de zeef in de soep.

De soep kan tot dit punt van tevoren worden bereid en afgedekt een nacht in de koelkast worden bewaard.

Klop vlak voor het serveren de eierdooiers en de room in een kommetje en voeg er onder voortdurend roeren met een garde langzaam een halve soeplepel hete soep bij. Haal de soep van het vuur. Giet het dooiermengsel onder voortdurend roeren terug in de soep. Roer de sherry er door. Laat niet meer koken. Serveer in kleine koppen of kommen en garneer elke portie met gehakt kippenvlees en kruiden.

VOOR 4 à 6 PORTIES

Variaties

ROMIGE KIPPENSOEP ZONDER EI

Deze wordt gemaakt door de soep te binden met een dikke bechamelsaus. Bereid de soep als in het recept voor Koninginnensoep en voeg de gepureerde kip en rijst aan de soep toe. Smelt in een aparte pan 2 eetlepels boter. Roer er als deze heet is en begint te bruisen 2 eetlepels bloem door. Laat al roerend 4 à 5 minuten koken op laag vuur en giet er dan 2,5 dl volle melk of koffieroom bij. Roer met een garde tot een glad mengsel ontstaat en laat circa 5 minuten zachtjes koken of totdat het mengsel dik is. Voeg toe aan de soep en laat onder herhaaldelijk roeren circa 10 minuten zachtjes koken. Voeg naar smaak wijn en kruiden toe. (Een minder zetmeelrijke soep maakt u door de rijst weg te laten en alleen een puree van kip en selderie toe te voegen.)

ROMIGE KIPPENSOEP MET AMANDELEN

Deze klassieke Europese soep vormt een verfijnd voorgerecht bij een officieel diner. Maal 4 eetlepels geblancheerde amandelen 2 à 3 minuten in de keukenmachine, voordat u de kip, rijst en bouillon toevoegt. Maal tot een glad mengsel en wrijf dit nog eens door een zeef. Vanouds worden 2 à 3 bittere amandelen toegevoegd, maar door samen met de wijn een paar druppels amandelextract toe te voegen krijgt u hetzelfde pittige effect. Breng op smaak met zout en peper en garneer met kruiden of reepjes geroosterde amandelen.

Gegeleerde consommé

Gegeleerde consommé was in de jaren twintig in Frankrijk en de rest van Europa en in Amerika een favoriet gerecht bij chique diners en vormt van oudsher een klassieke soep voor herstellenden. Omdat de gelei makkelijk smelt wordt de soep op de klassieke manier geserveerd in een 'suprême': een schaaltje met een metalen frame dat in een grotere schaal hangt die is gevuld met gehakt ijs. Een praktische oplossing is kleine kommetjes soep in grotere schaaltjes met gehakt ijs te plaatsen. Nog simpeler serveert u de soep in kommetjes die vooraf goed gekoeld zijn in de vriezer. Serveer de soep zodra de eters aan tafel zijn gegaan. De gelei vormt een verfrissend begin van een zomers diner, vooral als u er aan tafel wat citroensap overheen sprenkelt.

VOOR DE SOEP
2,5 liter ontvette en geklaarde Basiskippensoep (bladzijde 38), naar keuze bereid met prei, tijm en laurierblad
2 eetlepels gelatinepoeder of 2 blaadjes witte gelatine
1,2 dl droge witte wijn of water
Zout en peper, naar smaak

VOOR DE GARNERING
Gehakte bieslook, peterselie of kervel, apart of samen
Dunne partjes citroen

Zorg dat de bouillon geen spoortje vet meer bevat, anders zal de uiteindelijke gelei er niet mooi uitzien. Doe de gelatine in de witte wijn of het water en laat het mengsel circa 5 minuten staan of totdat de gelatine is opgelost.

Breng de bouillon tegen de kook aan. Voeg het gelatinemengsel toe en roer totdat het volledig is opgelost. Breng op smaak met zout, peper en desgewenst nog een paar eetlepels witte wijn.

Giet de soep in een kom en laat zonder deksel afkoelen. Laat daarna afgedekt in 5 à 7 uur heel koud worden. Snijd de gelei in blokjes van lepelformaat en schep deze in gekoelde soepkommen of -koppen. Serveer direct. Strooi kruiden over de verschillende porties en serveer met een partje citroen.

VOOR 4 PORTIES

HENNETJES IN BRUETTE

◆

'Neem de hennetjes en zeng ze en snijd ze open en was ze schoon en verdeel ze in stukken en smoor met vers varkensvlees en neem peper, gember en fijngemalen brood en blus dit af met wat bouillon of een beetje bier en kleur dit met saffraan en smoor samen en serveer uit.'

Dit veertiende-eeuwse Engelse recept voor 'kippen in bouillon', dat werd aangeraden als een middel om op krachten te komen, is opgenomen in *Food in England* van Dorothy Hartley.

Variatie

GEGELEERDE CONSOMMÉ BEREID MET EEN KALFSPOOTJE OF KALFSBOTTEN

Deze gelei heeft veel meer smaak dan een consommé die met behulp van gelatine is gestold, maar u moet wel helemaal bij het begin beginnen. Maak de bouillon van kip en een schoongemaakt en gespleten kalfspootje of 2 grote gehakte kalfsbotten, zoals wordt beschreven in het recept voor Basiskippensoep (bladzijde 38). Gebruik naar keuze prei, tijm en laurierblad. Is de bouillon klaar, gooi de poot of botten dan samen met de groenten weg. Zeef de bouillon, laat hem inkoken en klaar de soep zoals wordt beschreven op bladzijde 33. Breng op smaak met zout, peper en een beetje witte wijn. Laat de soep afgedekt in ten minste 7 uur koud worden en stollen. Snijd in blokjes van lepelformaat en schep deze in gekoelde koppen. Serveer met kruiden en partjes citroen.

ENGELAND

❄ ❄

BOERENSOEP UIT DE OVEN

Voor deze verrukkelijke soep bewerkte ik een recept uit *The Encyclopedia of Practical Cookery*, een waardevol naslagwerk in zes delen dat aan het einde van de negentiende eeuw in Engeland verscheen en ook in de Verenigde Staten populair werd. De voordelen van soep maken in de oven zijn dat de smaak krachtiger wordt, het weinig rompslomp geeft en de vloeistof minder inkookt, zodat hij niet hoeft worden bijgevuld. Waarschijnlijk was het ook een zuinige oplossing in een tijd dat hout- en kolenfornuizen toch voortdurend brandden om het huis te verwarmen. Het resultaat is een dunne, versterkende soep, eigenlijk niets anders dan een bouillon die een beetje is gebonden met spliterwten en heel fris naar groenten en kip smaakt.

U heeft een aardewerken pot of gietijzeren pan van 4 à 5 liter nodig.

VOOR DE SOEP

Een kip van 1,75-2 kg, in 8
stukken gesneden, met de
nek en alle ingewanden
behalve de lever
2 middelgrote uien, in
plakken gesneden
2 grote wortels, in plakken
van 2,5 cm gesneden
2 grote stengels selderie, in
plakken gesneden
2 koppen (5 dl in
maatbeker) groene
spliterwten, gewassen en
gecontroleerd
1 flinke theelepel zout
8-10 gekneusde
peperkorrels
$^3/_4$ theelepel gedroogde of
4 takjes verse tijm
2 liter koud water

VOOR DE GARNERING

Versgehakte peterselie
8 sneetjes stokbrood, of 1,5 kop (3,75 dl in maatbeker) croûtons,
in boter bruingebakken

Warm de oven voor op 190° C. Doe de kip en ingewanden in de pot en leg er de uien, wortels, selderie en spliterwten bovenop. Voeg het zout, de peperkorrels, tijm en het water toe. Laat met het deksel erop circa 3 uur bakken of totdat de kip en groenten praktisch uit elkaar vallen.

EEN ZEVENTIENDE-EEUWS MIDDEL TER GENEZING VAN ALLE KWALEN

Engelse kippensoepen uit het verleden lijken intrigerender en gevarieerder te zijn geweest dan die van tegenwoordig, en ze werden beschouwd als essentieel voor een goede gezondheid. In het kookboek The Closet of Sir Kenelme Digbie, Opened, dat verscheen in 1669, nam de auteur verschillende versies potage de santé, letterlijk 'gezondheidssoep' op, zowel op basis van vlees als op basis van soepkip of kapoen. Een variatie op Digbies vaak aangehaalde recept voor 'Portugese bouillon zoals die voor de koningin wordt bereid' is dit sterk ingekookte, zeer aromatische opkikkertje: 'Gewone bouillon de Santé van de koningin'. Deze diende 's ochtends te worden gedronken en werd als volgt bereid: 'Een kip, een handvol peterselie, een takje tijm, drie takjes groene munt, een beetje citroenmelisse, de helft van een grote ui, een beetje peper en zout en een kruidnagel, zoveel water dat de kip onderstaat; en dit laten inkoken tot minder dan een pint voor een goede kom vol.'

Zeef in een schone pan en wrijf zoveel mogelijk erwten en groenten door de zeef, maar gooi de ingewanden en stukjes kip weg, die nu toch allemaal aan elkaar vastgekookt zijn en weinig smaak meer hebben. Misschien moet u de gezeefde soep nog eens over de vaste bestanddelen in de zeef scheppen om alle erwten- en groentepuree door de zeef te kunnen werken. Schep eventueel vet af; dat zal niet zoveel zijn. Warm de soep opnieuw op en breng op smaak met zout en peper.

Schep de soep in warme kommen, strooi er peterselie over en geef er croûtons of sneetjes brood bij.

Deze soep kan afgedekt zo'n 2 dagen in de koelkast worden bewaard. In de diepvries blijft ze 3 maanden goed.

VOOR 6 PORTIES

KIPPENSOEP MET ERWTEN EN INGEWANDEN

Versies van deze soep trof ik aan in verschillende oude Amerikaanse kookboeken uit de kolonie Virginia, maar de benaming 'English peas' voor groene erwten en de toevoeging van foelie en rode Spaanse peper als kruiderij wijst erop dat de oorsprong in Engeland ligt. Hoewel vroeger waarschijnlijk hele gedroogde groene erwten werden gebruikt, is het recept veel makkelijker te maken met spliterwten die niet of nauwelijks hoeven te weken. De smaak blijft hetzelfde.

- 2 koppen (5 dl in maatbeker) groene spliterwten, of 3 koppen (7,5 dl in maatbeker) hele groene gedroogde erwten, gewassen en gecontroleerd op steentjes
- 7,5 dl Basiskippensoep (bladzijde 38)
- 1,25 liter water, of zoveel als nodig is
- Zout, naar smaak
- 500 g ingewanden van kip, bijvoorbeeld nekjes, maagjes en hartjes maar geen levers
- 12-14 hele kruidnagels
- Snufje gedroogde verkruimelde rode peper of 1 klein vers rood pepertje, zonder zaden
- Snufje foelie, of naar smaak
- 125 g kippenlevers, schoongemaakt en in stukjes gesneden

Zet de erwten onder water en kook ze 5 minuten. Giet af en gooi de vloeistof weg. Spoel de erwten onder stromend water af en doe ze in een soeppan, samen met de bouillon, het water, een snufje zout en alle overige ingrediënten behalve de levertjes.

Breng aan de kook en laat met het deksel schuin op de pan zachtjes circa 1 uur koken of totdat de erwten heel zacht en de ingewanden gaar zijn. Roer tijdens het koken af en toe om en voeg water of bouillon toe als de erwten te dik worden. Gooi de kruidnagels en het verse rode pepertje weg. Haal de ingewanden uit de soep en snijd er alle zachte vlees af. Hak dit grof en doe het terug in de soep.

Voeg circa 15 minuten voor het serveren de in stukjes gesneden kippenlevers toe. Laat zachtjes koken totdat de levers gaar maar niet hard zijn. Breng op smaak met zout en peper en serveer.

Met kippenlevers kan deze soep afgedekt 24 uur in de koelkast worden bewaard, en 48 uur als de levertjes nog niet zijn toegevoegd. Warm de soep in het eerste geval heel voorzichtig op en laat haar niet meer koken.

VOOR 6 PORTIES

Schotland

❋ ❋

Cock-a-leekie

Samen met *haggis* en *shortbread* is cock-a-leekie een van de bekendste Schotse gerechten. Waarschijnlijk vanwege de preien lijkt de soep bijzonder doeltreffend bij een verkoudheid. Of dat nu de reden was, of dat ze de soep gewoon lekker vond – of misschien een diplomatiek gebaar wilde maken tegenover Schotland – koningin Victoria liet deze soep in 1892 serveren bij een koninklijk diner op Windsor Castle. Misschien volgde haar kok wel de aanwijzingen van Margaret Dods, schrijfster van het in 1826 in Edinburgh verschenen *The Cook and Housewife's Manual*, die het advies gaf: 'De soep moet heel dik zijn van de prei, en het onderste deel daarvan moet zo lang in de soep worden gekookt dat het een glad mengsel wordt.'

Strikt genomen hoort deze soep te worden gemaakt met een oude haan –

> Komt heren en heersers, laat ons allen aan tafel gaan, want de cocky-leeky wordt koud
>
> – Sir Walter Scott, The fortunes of Nigel

cock in het Engels. Lang geleden waren dat de dieren die bij hanengevechten het onderspit hadden gedolven en dan in de pan verdwenen om zo lang te worden gekookt dat de soep een rijke smaak kreeg en het vlees mals werd. Tegenwoordig zal het makkelijker zijn een soepkip te krijgen die lang en langzaam moet koken totdat de preien en gort samensmelten tot een stevig, papachtig, glad mengsel. Kunt u ook geen soepkip krijgen, neem dan 2 grote poulardes en een kalfsbot als vervanging.

Er bestaat wat onenigheid over welke ingrediënten authentiek zijn. Het voornaamste twistpunt gaat erover of je tegen het einde van de kooktijd zwarte pruimen moet toevoegen, iets wat mij absoluut niet lekker leek totdat ik het wijnachtige accent proefde dat de bouillon ervan krijgt. Minder lekker vond ik het de pruimen bij de soep op te eten en ik zou niet willen adviseren restjes soep met pruimen erin te bewaren, aangezien de bouillon dan te zoet wordt. Er valt ook over te twisten of de kip moet worden opgebonden, of de soep met water of met kalfsbouillon moet worden gemaakt, of je er een kalfsbot in moet doen, of er gort in hoort en kruiden zoals peterselie, tijm, laurierblad en foelie.

Ik vind de versie hieronder de lekkerste.

Een soepkip van 2,75-3 kg, of 2 poulardes van 1,75-2 kg, met alle ingewanden behalve de lever, en 1 kalfsmergpijpje
8-9 grote preien
1 takje verse, of $^3/_4$ theelepel gedroogde tijm (naar keuze)
10 zwarte peperkorrels
2-3 flinke theelepels zout, naar smaak
$^2/_3$ kop (1,6 dl in maatbeker) middelgrote parelgort, gewassen
4-5 liter water, zoveel als nodig is
0,5 kop (1,2 dl in maatbeker) versgehakte peterselie

Doe de kip met de ingewanden en het kalfsbot in een soeppan van 10 liter, bij voorkeur van geëmailleerd gietijzer of ander niet-reactieve materiaal.

Gebruik het wit van de preien plus 3,5 cm van het geelgroene deel. Haal de prei uit elkaar en was hem goed onder koud stromend water om alle zand te verwijderen. Was een paar grotere, maar nog malse bladen en zet deze opzij in een kom met koud water. Snijd de prei in dikke schuine stukken en doe deze samen met de peperkorrels, het zout en de gort bij de kip.

Giet er 3 liter water bij en breng langzaam aan de kook. Schep het schuim weg dat naar boven komt. Is de soep helder, leg dan het deksel schuin op de pan en zet het vuur heel laag, maar zo dat de soep zachtjes blijft koken. De soep moet circa 3 uur koken of totdat de kip praktisch van het bot valt en de prei en de gort bijna tot moes zijn gekookt. Voeg zo nodig tijdens het koken water toe, zodat de kip onder blijft staan, maar niet te veel. Keer de kip tijdens het koken een paar keer om. Gooi het kalfsbot weg maar voeg eventueel merg in blokjes toe aan de soep. Gooi de ingewanden en het takje tijm weg. Haal de kip uit de soep en verwijder alle vel en botten. Snijd, of liever trek het vlees in op te lepelen stukken en zet opzij. Schep het vet van de soep en dep de bovenkant met keukenpapier om zoveel mogelijk vet te verwijderen. Snijd de bewaarde prei in dunne reepjes en voeg deze samen met het kippenvlees toe aan de soep.

Breng de soep aan de kook, zet het vuur laag en laat met het deksel schuin op de pan zachtjes 20 minuten koken of totdat de groente zacht is. Roer regelmatig om te voorkomen dat de gort aanzet. Voeg de peterselie toe en proef op zout. Laat nog 5 minuten zachtjes koken en serveer in grote, warme soepkommen.

Restjes cock-a-leekie blijven 24 uur goed in de koelkast en 2 weken in de vriezer. Maar omdat de soep erg dik is en heel makkelijk aanzet moet ze voorzichtig worden opgewarmd in een pan met zware bodem, bij voorkeur op een vlamverdeler of au bain marie.

VOOR 10 PORTIES ALS EERSTE GANG;
6 ROYALE PORTIES ALS HOOFDGERECHT

Variatie

COCK-A-LEEKIE MET ZWARTE PRUIMEN

Week 10 ongezwavelde pruimen met pit 5 uur in koud water op kamertemperatuur. Doe ze de laatste 30 minuten van de kooktijd bij de soep en serveer deze met 1 à 2 pruimen per portie. (Gebruik geen ontpitte pruimen, omdat die snel uit elkaar vallen en de soep troebel maken.)

FEATHER FOWLIE

Dit is een van de vele gerechten die een lievelingsgerecht zouden zijn geweest van de Schotse koningin Mary Stuart. Ook in Ierland bestaat een versie, waarin de gekookte kip wordt bedekt met een peterselie-roomsaus en geserveerd als afzonderlijke gang.

Een kip van 1,75-2 kg, botten losgehaald (zie bladzijde 27)
250 g gekookte ham, gehakt
2 stengels selderie, in blokjes gesneden
1 middelgrote ui, gehakt
1 grote wortel, geschrapt en in blokjes gesneden
1 prei, doorgesneden en gewassen
3 takjes peterselie
2 takjes verse of 1 flinke theelepel gedroogde tijm
2-2,5 liter water, zoveel als nodig is
Zout en peper, naar smaak
$^3/_4$ theelepel gemalen foelie
3 eierdooiers
4 eetlepels room
Vers gehakte peterselie

Leg de kip in een goed passende soeppan van 5 liter, samen met de ham, selderie, ui, wortel, prei, peterselie en tijm. Giet er 2 à 2,5 liter water op en voeg zout, peper en foelie toe.

Breng aan de kook, zet het vuur laag en schep het schuim af dat naar de oppervlakte komt. Laat de soep na het afschuimen met het deksel schuin op de pan circa 2 uur zachtjes koken of totdat het vlees gaar is en loslaat van het bot. Haal de kip uit de soep en verwijder alle vel en bot. Bewaar het donkere vlees voor een andere keer en hak het witte borstvlees fijn. Zeef de soep en schep er het vet af. Giet de soep in een schone pan van 3 liter en laat zonder deksel nog 15 minuten zachtjes koken of totdat de soep een beetje is ingekookt.

De soep kan tot hiertoe van tevoren worden bereid en afgedekt 1 dag in de koelkast worden bewaard. Schep er voor het opwarmen het vet af.

Breng de soep 10 minuten voor het serveren zachtjes aan de kook en breng op smaak met zout en peper. Klop de eierdooiers en de room in een kom, voeg hieraan onder voortdurend roeren langzaam 5 dl soep toe. Giet het warme dooiermengsel onder voortdurend roeren terug in de hete, maar niet kokende soep. Roer er het gehakte kippenvlees en de gehakte peterselie door, breng op smaak met zout en peper en warm alles goed door maar laat niet meer koken.

VOOR 6 PORTIES

Denemarken

❇ ❇

Geboortesoep
Barselsuppe

Het Deense woord *barsel* betekent 'bevalling' en tot in het begin van deze eeuw werd deze rijke, heldere, ingekookte kippensoep geserveerd om een jonge moeder op krachten te laten komen, zodat ze binnen negen dagen haar taken weer kon opnemen. De buren brachten de soep in geglazuurde stenen *barselpots* oftewel bevallingskruiken, hoog en rond, met een deksel en handvatten. Jonna Dwinger, een bevriende journaliste die onder meer over voedsel schrijft in de Deense krant *Politiken*, vertelde mij dat je er de knoedels en/of balletjes uit de Kopenhaagse Feestsoep (bladzijde 103) in kunt doen, maar dat geboortesoep gewoonlijk helder werd gegeten of alleen met het in blokjes gesneden witte vlees van de kip erin. Kopieën van *barselpots* zijn tegenwoordig door heel Denemarken in winkeltjes te koop, maar helaas worden ze tegenwoordig alleen maar voor bloemen gebruikt.

Ingrediënten voor Basiskippensoep (bladzijde 38), gemaakt met een in vieren gesneden kip
1 kleine pastinaak, in de lengte gehalveerd
2 middelgrote preien, het wit en het groen
Zout en peper, naar smaak
Versgehakte peterselie

Bereid de soep met de ingrediënten van bladzijde 38 en met de pastinaak en de prei. Haal de gare kip uit de soep, verwijder het vel en de botten. Serveer het borstvlees in blokjes gesneden in de soep, bewaar het donkere vlees voor een andere keer. Gooi de groenten weg. Doe de soep terug in de pan en laat zonder deksel 20 minuten koken, totdat de soep met circa een derde is ingekookt. Voeg zout en peper toe. Serveer de soep helder of met de blokjes kippenvlees. Strooi er gehakte peterselie over.

VOOR 6 à 8 PORTIES ALS EERSTE GANG;
VOOR 4 PORTIES ALS HOOFDGERECHT

KOPENHAAGSE FEESTSOEP
Festsuppe

Zoals de naam al aangeeft is dit een verfijnde en feestelijke soep. Ze wordt van oudsher in betrekkelijk kleine porties geserveerd als eerste gang, zoals een Italiaanse bouillon met tortellini, waarna een hoofdgerecht volgt met vis of vlees.

De soep is precies hetzelfde als Geboortesoep (bladzijde 102), maar wordt niet ingekookt. Ze wordt helder geserveerd met kleine balletjes (hieronder) en de *rivels* van bladzijde 66. Serveer de porties met 3 à 4 balletjes en knoedels en strooi er een beetje peterselie over. Voeg voor wat meer kleur 1 à 2 in blokjes gesneden worteltjes en 2 selderiestengels toe en laat deze bij het opwarmen meekoken. (Gooi de groenten uit de basisbouillon weg.)

DEENSE SOEPBALLETJES

125 g mager rundvlees en 125 g mager kalfsvlees, samen driemaal zeer fijn gemalen
2 flinke theelepels geraspte ui
3 à 4 eetlepels bloem
1 extra groot ei, licht geklopt
Royale snuf zout en zwarte peper

Meng alle ingrediënten licht maar grondig met een vork. Begin met 3 eetlepels bloem en voeg alleen zoveel meer bloem toe als nodig is om een kleverig maar goed hanteerbaar mengsel te maken. Zet 30 minuten koel weg.

Vorm van het mengsel kleine balletjes met een doorsnee van ruim 1 cm, met behulp van twee in heet water gedoopte lepeltjes of met natte handpalmen. Laat de balletjes in kokend gezouten water vallen, zet het vuur laag, doe het deksel schuin op de pan en laat de balletjes circa 7 minuten koken, totdat ze opzwellen en boven komen drijven. Haal ze er met een schuimspaan uit, laat uitlekken en houd ze warm. Warm de balletjes op in de soep.

VOOR 26 à 30 SOEPBALLETJES;
VOLDOENDE VOOR CIRCA 6 PORTIES SOEP

Noorwegen

❄ ❄

Kippensoep met appels en groenten
Hünsekjüttsuppe

Je zou haast denken dat deze soep de band weerspiegelt tussen de Noormannen en Normandië, want in beide streken houdt men van kippensoep met appels en prei.

> 1 liter Basiskippensoep (bladzijde 38)
> 3 eetlepels ongezouten boter
> 1 prei, alleen het wit, schoongemaakt en in dunne ringen gesneden
> 1 worteltje, geschild en in kleine blokjes gesneden
> Een stukje pastinaak van 5 cm, geschild en in fijne blokjes gesneden
> 3 eetlepels bloem
> 2 middelgrote granny smiths of andere zure appels, geschild, in vieren gesneden en in verticale plakjes van 1 cm gesneden
> 1½ kop (3,75 dl in maatbeker) gekookte kipfilet
> Zout en witte peper, naar smaak

Breng de bouillon zachtjes aan de kook. Smelt de boter in een pan en smoor de prei, wortel en pastinaak zachtjes circa 7 minuten of totdat ze zacht worden maar niet verkleuren. Roer er de bloem door en laat het mengsel onder voortdurend roeren circa 5 minuten koken. Voeg het onder krachtig roeren toe aan de hete soep. Laat zachtjes circa 10 minuten koken, totdat de soep glad en een beetje gebonden is.

Voeg de plakjes appel en de kip toe en laat nog circa 10 minuten zachtjes koken, totdat de appels en groenten zacht maar nog stevig zijn. Maak af op smaak.

VOOR 4 à 6 PORTIES

ZWEDEN

✳ ✳

CHRISTERS KIPPENSOEP MET SAVOOIENKOOL
Hönssoppa met Savoykål

Christer Larsson, de talentvolle Zweedse kok van het mooie restaurant Christer's in New York City, was zo vriendelijk deze soep voor mij te ontwikkelen, die is gebaseerd op groenten en de frisse dille waar men in zijn geboorteland zo van houdt. Door de kip en de groenten te bruineren en de bouillon lang en langzaam te laten trekken krijgt de soep een krachtige, rijke smaak. Een verfijnde garnering vormen kipknoedels, maar als u wat eenvoudigers wilt – of niet veel tijd hebt – kunt u in plaats daarvan gepocheerd borstvlees gebruiken.

VOOR DE SOEP
2 kippen van 1,75-2 kg, bij voorkeur jonge soepkippen
1 grote wortel, geschrapt
1 grote prei, alleen het wit, goed gewassen
2 stengels selderie
1 middelgrote ui
2 laurierbladeren
1 flinke theelepel zwarte peperkorrels
12 pimentkorrels (allspice)
4 teentjes knoflook
1 takje verse of $^3/_4$ theelepel gedroogde tijm
4 liter water, of eventueel meer
750 g savooienkool
4 eetlepels boter of neutrale plantaardige olie
4 middelgrote aardappels, geschild en in blokjes gesneden (naar keuze)
Zweedse kipknoedels met dille (bladzijde 107)

VOOR DE GARNERING
Versgehakte dille

Verwarm de oven voor op 190° C.
Haal het borstvlees van beide kippen. Gooi het vel weg en bewaar het vlees voor de knoedels. Snijd de rest van de kip met bot en al in handige grote stukken. Schik ze in een braadslede. Snijd de wortel, prei, selderie en ui in grote stukken en leg deze om de kip heen. Rooster circa 30 minuten of totdat alles licht goudbruin is. Keer verschillende malen om, zodat de kip aan alle kanten mooi bruin wordt en de groenten bedekt worden met het vet uit de kip.

Leg de bruingebraden kip en groenten in een goed passende soeppan van 8 liter. Schep het vet van het braadvocht in de braadslee en giet de heldere braadsappen in de pan. Giet een beetje water in de braadslee, schraap de gestolde braadsappen los en doe deze in de soeppan.

Voeg de laurierbladeren, peperkorrels, pimentkorrels (geen gemalen piment), knoflook, tijm en het water toe. Breng aan de kook, zet het vuur laag en schep al het schuim af. Doe het deksel schuin op de pan en laat heel zachtjes 3,5 à 4 uur koken of totdat de kip helemaal van het bot valt. Vul het water als het verdampt bij. Roer af en toe.

Verwijder alle vaste bestanddelen en specerijen. Schep alle vet zorgvuldig van de soep.

Snijd de kool in vieren, was hem en snijd er de witte stronk uit. Snijd de kool heel fijn, zoals voor koolsla. Laat de boter heet worden in een zware koekenpan van 30 à 35 cm doorsnee en roer er de kool door. Laat onder regelmatig roeren circa 10 minuten smoren of totdat de kool goudbruin maar niet zwart is. Voeg de kool toe aan de soep, samen met de aardappels, als u die gebruikt. Laat met het deksel schuin op de pan zachtjes 20 à 30 minuten koken.

Laat de knoedels voorzichtig in de zacht kokende soep vallen en kook ze 5 à 6 minuten, of totdat ze naar boven komen drijven.

Breng op smaak met zout en peper en serveer in diepe, warme soepborden. Garneer elke portie met versgehakte dille en 2 knoedels (als eerste gang) of 5 knoedels als hoofdgerecht.

Deze soep is het lekkerste als u haar 24 uur van tevoren bereidt. Bewaar de soep met knoedels en al afgedekt in de koelkast. Schep het vet af voordat u de soep opwarmt.

VOOR CIRCA 12 PORTIES ALS VOORGERECHT;
8 PORTIES ALS HOOFDGERECHT

Noot: Wilt u geen knoedels maken, pocheer de bewaarde kuikenborsten dan in hun geheel in de soep gedurende de laatste 30 minuten van de kooktijd, voordat de kool wordt toegevoegd. Houd ze warm. Warm nadat de kool gaar is de in blokjes of reepjes gesneden kip op in de soep.

ZWEEDSE KIPKNOEDELS MET DILLE

1 kleine rode ui, in fijne blokjes gesneden
2 eetlepels ongezouten boter of 1 plak fijngehakte magere bacon
Bewaard kippenborstvlees (van de soep)
2 kippenlevers
1 eetlepel zout
³/₄ theelepel gemalen piment
Royale snuf geraspte nootmuskaat

1 flinke theelepel gemalen zwarte peper
1 middelgrote aardappel, geschild en gekookt
1 ei
1,25 dl melk
2-4 eetlepels bloem, zoveel als nodig is
1 kop (2,5 dl in maatbeker) verse dille

Begin ongeveer een uur voordat de knoedels moeten worden gekookt met de bereiding. Fruit de ui in boter, of voor een wat pittiger smaak in gehakte, uitgesmolten bacon. Laat de ui in circa 7 minuten zacht maar niet bruin worden. Zet opzij.

Snijd het kippenvlees en de levers in stukken. Verwijder zenen en bindweefsel en doe in een keukenmachine. Voeg het zout, de specerijen, aardappel en het ei toe en laat in circa 3 à 4 minuten draaien tot een enigszins grof mengsel. Meng er de melk en bloem door totdat het mengsel de consistentie heeft van dikke havermoutpap. Het moet kleverig zijn en in dikke brokken van een lepel vallen. Meng er de gesmoorde ui en de helft van de dille door. (Hebt u geen keukenmachine, gebruik dan een vleesmolen met het fijnste snijblad en maal achtereenvolgens de kip, lever en aardappel. Meng er met de hand de specerijen en het ei door en voeg de bloem, melk en andere ingrediënten toe zoals boven wordt beschreven.)

Het knoedelmengsel kan direct worden gekookt of 30 minuten in de koelkast worden weggezet, waarna het wat makkelijker te hanteren is.

Vorm de knoedels met 2 ovale, in heet water gedoopte eet- of dessertlepels of met vochtige handen. De balletjes moeten ovaal of rond van vorm worden en een doorsnee hebben van ruim 3 cm. Ze zijn nu klaar om in de soep te worden gekookt.

De knoedels kunnen 1 à 2 uur van tevoren worden bereid en daarna in de soep blijven. Laat de soep zonder deksel staan. Warm de soep grondig op voordat u verdergaat met de bereiding.

VOOR 28 à 32 GROTE KNOEDELS

België

✣ ✣

Waterzooi van kip
Waterzoi à la Gantoise

Deze soep, die soms wordt bereid met paling en vis, wordt in de buurt van Gent gemaakt met kip. Het woord *zooi* komt van *zieden* dat koken betekent. Maar 'gekookt water' is nauwelijks een toepasselijke benaming voor deze rijke maaltijdsoep.

VOOR DE SOEP
Een soepkip van 2,5 kg of een gelijke hoeveelheid poulardes, in vieren gesneden, met alle ingewanden behalve de lever
3 liter water, of zoveel als nodig is
6 eetlepels ongezouten boter
2 grote uien, grofgehakt
3 middelgrote preien, alleen het wit, gehakt
1 grote of 2 kleine peterseliewortels, geschrapt en in blokjes gesneden, of 1 kleine pastinaak, of 1 grote wortel, gehakt
3 stengels selderie, gehakt
1 groot laurierblad
$3/4$ theelepel gemalen of 3 takjes verse tijm
2,5 dl droge witte wijn
3-4 takjes peterselie
8-10 witte peperkorrels
1 flinke theelepel zout, of naar smaak
4 eierdooiers
2,5 dl room
2-3 eetlepels citroensap
Gemalen witte peper, naar smaak

VOOR DE GARNERING NAAR KEUZE
1-2 gekookte geschilde aardappels per portie
Versgehakte peterselie

Leg de kip en ingewanden in een soeppan van 7 à 8 liter en giet er zoveel water op dat ze onderstaan. Breng aan de kook, doe het deksel schuin op de pan en laat 30 minuten zachtjes koken. Schep intussen het schuim af dat naar de oppervlakte komt.

Laat de boter in een pannetje heet worden en smoor de gehakte groenten 7 à 8 minuten of totdat ze zacht en goudbruin zijn. Roer ze samen met de boter door de soep. Voeg het laurierblad, de tijm, wijn, peterselie, peperkorrels en het zout toe. Laat met het deksel schuin op de pan zachtjes koken totdat de kip heel zacht is en loslaat van het bot, circa 2 uur.

Haal de kip eruit en verwijder alle botten en vel. Snijd het kippenvlees van de dijen en borst tot lange repen en zet opzij. Bewaar de drumsticks en vleugels om op te knabbelen.

Zeef de soep in een schone soeppan van 5 liter en gooi alle groenten en ingewanden weg. Laat zonder te roeren 20 à 30 minuten afkoelen en schep dan zoveel mogelijk vet af. Er moet ongeveer 2,5 liter soep overblijven. Is er meer, laat de soep dan zonder deksel inkoken.

De soep kan tot hiertoe van tevoren worden bereid en afgedekt 1 dag in de koelkast worden bewaard.

Klop de eierdooiers en de room in een schaal. Roer er onder voortdurend roeren met een garde of vork 5 dl hete soep bij. Giet dit onder voortdurend roeren in een klein straaltje bij de nauwelijks kokende soep. Voeg het kippenvlees toe en laat door en door warm worden maar niet meer koken. Breng op smaak met citroensap, zout en gemalen witte peper.

Serveer de soep met reepjes kip in warme grote kommen en voeg desgewenst aan elke portie 1 à 2 kleine gekookte aardappels toe. Strooi er versgehakte peterselie over.

VOOR 4 à 6 PORTIES ALS HOOFDGERECHT

Variatie

Door de waterzooi van kip niet te binden met eierdooier en room ontstaat een minder rijke variant. Maak de ontvette bouillon af met citroensap en strooi op elke portie 4 eetlepels vers broodkruim en daaroverheen peterselie.

Frankrijk

✲ ✲

Gegarneerde consommé
Consommé garni

Een mooie gevogelteconsommé wordt zeer gewaardeerd en in de *Larousse Gastronomique* worden zo'n 40 variaties opgesomd. (Er zijn nog veel meer consommés, maar de andere zijn gebaseerd op vlees, wild of vis.) Ze variëren van de bewerkelijke *consommé à l'ambassadrice*, die wordt verfraaid met getruffeerde kipquenelles en kleine profiteroles gevuld met foie gras en kervel, tot de simpele *consommé aux pâte d'Italie* (gegarneerd met een van de Italiaanse pastaspecialiteiten op bladzijde 142 die direct in de bouillon worden gekookt), de *consommé à la semoule* (bladzijde 123) en *consommé à la parisienne*, waarvoor in fijne blokjes gesneden wortels, het wit van prei, raapjes en ui licht worden gesmoord in boter totdat ze slap worden maar niet verkleuren en vervolgens met een in blokjes of reepjes gesneden Royale (zie bladzijde 46) aan de bouillon worden toegevoegd. Worden dezelfde groenten bruingebakken in de boter en vervolgens zachtjes gekookt in de soep, dan ontstaat de krachtiger *consommé brunoise* die kan worden gegarneerd met eenzelfde Royale, met 1 gepocheerd ei per persoon of in de bouillon gekookte rijst of gort. Voor elk van deze laatste consommés heeft u op 6 koppen (1,5 liter) zachtkokende bouillon 1 kop (2,5 dl) in fijne blokjes gesneden groenten in gelijke verhoudingen nodig en 2 eetlepels ongezouten boter voor het smoren.

Consommé moet worden ingekookt (zie bladzijde 32) en gezeefd, maar volgens mij is klaren voor de bovenstaande bereidingen niet nodig. Wilt u echter een heel heldere consommé, volg dan de aanwijzingen op bladzijde 33.

> *Ik ben zelf dol op Consommé Pritanier, een verfrissende voorjaarssoep gegarneerd met kleine, jonge voorjaarsgroenten – blokjes jonge witte ui, doperwten, de kleinste aspergepuntjes, stukjes sperzieboon en blokjes jonge wortel – die zachtjes in lichtgezouten water worden gekookt tot ze bijna zacht zijn en dan worden toegevoegd aan de hete soep die wordt gekruid met kervel. Een kop gemengde groenten is voldoende voor 6 koppen consommé.*

✺ ✹ ✺

SCHUIMIGE KIPPENBOUILLON
Sabayon de Poulet

Hoe luxueus dit recept en dat voor Gebakken kippencrèmesoep (bladzijde 111) ook mag lijken, beide werden aanbevolen als gerechten voor zieken in *The Epicurean*, het kookboek dat Charles Ranhofer, de beroemde chef-kok van Delmonico's in New York, schreef tijdens de gloriedagen van dit restaurant rond de eeuwwisseling. Hoewel hij het aanbeval voor zieken zette hij het ook op het menu bij verschillende officiële banketten.

Deze soep is geen zoet gerecht of dessert, maar wordt niettemin op dezelfde wijze bereid als Italiaanse *zabaglione* of Duitse *Weinschaum*. Het is een schuimig en geurig versterkend gerecht, dat het beste in een kopje kan worden geserveerd en een verrukkelijk voorafje vormt voor een hoofdgerecht van simpele gegrilde vis, vlees met een bladgroente of een zeevruchtensalade. Het kan ook een stijlvolle eerste gang vormen van een brunch als er geen aperitief of andere eiergerechten worden geserveerd.

4 eierdooiers
3,75 dl ontvette Basiskippensoep (bladzijde 38), bereid met naar keuze prei, tijm en laurierblad, op kamertemperatuur
Zout en witte peper, naar smaak
1 eetlepel droge sherry of madeira, of naar smaak

Klop de eierdooiers in een kom en klop er met een garde langzaam de kippensoep door. Verwarm dit au bain marie boven zeer heet, maar niet kokend water dat de bodem van de bovenste pan niet mag raken. Laat onder voortdurend krachtig kloppen met een garde circa 5 minuten zachtjes koken, maar pas op dat het water niet zo heet wordt dat de eieren schiften. Het mengsel moet licht van kleur worden, schuimig en zo dik dat het blijft hangen aan de achterkant van een houten lepel. Haal van het vuur en klop er het zout, de peper en de sherry door. Serveer direct in verwarmde kopjes.

VOOR 3 PORTIES IN THEEKOPJES
OF 6 PORTIES IN ESPRESSOKOPJES

GEBAKKEN KIPPENCRÈMESOEP
Crème Bain-Marie de Volaille

Deze geurige, voedzame ciercrème is steviger dan de luchtig geklopte Schuimige kippenbouillon (hierboven). Ik vind hem heet het lekkerste, maar hij kan ook gekoeld worden geserveerd. Hij moet worden bereid in ramequinbakjes of vuurvaste Japanse of Chinese kommetjes. Het is duidelijk dat deze soep heerlijk is als je ziek of moe bent, maar ze vormt ook een uitstekende eerste gang voor een brunch of lunch. Geef erna bijvoorbeeld een maaltijdsalade of lekkere sandwiches met groene sla maar geen andere eiergerechten meer.

> **6 eierdooiers**
> **5 dl warme, ontvette Basiskippensoep (bladzijde 38), naar keuze bereid met prei, tijm, laurierblad en kruidnagels**
> **Zout en witte peper, naar smaak**

Warm de oven voor op 160° C.

Zet 6 vuurvaste bakjes in een ondiepe braadslede die zo groot is dat de bakjes erin passen zonder elkaar te raken. Kook water in een waterketel.

Klop de eierdooiers licht en klop er daarna de warme (maar niet hete) kippenbouillon door. Giet door een zeef, proef met uw vinger en breng op smaak met zout en peper. Deze crème is erg lekker met flink wat peper.

Vul de bakjes tot op 6 mm van de rand. Trek een ovenrooster, op een derde van de onderkant van de oven, naar voren en zet de bakjes in een braadslede op het rooster. Vul de braadslede met kokend water, tot ongeveer halverwege de bakjes. Duw het rooster terug in de oven, maar pas op dat het water niet in de bakjes klotst.

Laat 35 à 45 minuten bakken, of totdat de crème stevig is. Zet de oven niet te hoog om schiften te voorkomen; crème in ondiepe bakjes is sneller klaar dan in diepe schaaltjes. Bovenop vormt zich een korstje of 'vel' waarin barstjes kunnen komen.

Haal de bakjes uit het water, droog ze af en serveer ze direct met thee- of dessertlepels. Wilt u ze gekoeld serveren, laat ze dan afkoelen tot kamertemperatuur, wikkel elk bakje in keukenfolie en zet de bakjes 5 uur of een hele nacht in de koelkast.

VOOR 6 PORTIES

BOURRIDE VAN KIP
Bourride de Poulet

Net als bouillabaisse wordt deze romige, rijkelijk naar knoflook geurende maaltijdsoep uit de Provence gewoonlijk bereid met vis, maar je kunt haar ook heel goed van kip maken. De soep, die wordt geserveerd met knoflookmayonaise, aïoli, is verwant aan Grand Aïoli, een verfijnde 'eenpansmaaltijd' waarbij een bord soep wordt gevolgd door een grote schaal met allerlei soorten vis of een hele gepocheerde kip waaromheen de groenten zijn gelegd.

Frankrijk heeft het interessantste en meest gevarieerde repertoire aan kippensoepen in Europa, ook al hoor je tegenwoordig niet veel meer over de genezende en vertroostende kracht van kippensoep. In voorbije tijden werden allerlei verfijnde kippensoepen aanbevolen als versterking, vooral als er eieren, room en fijngemalen kippenvlees aan werden toegevoegd.

VOOR DE SOEP
Een kip van 1,75-2 kg, in 8 stukken gesneden
0,8 dl olijfolie
2 stengels selderie, in dunne plakjes gesneden
2-3 stengels venkel, in reepjes van 6 mm gesneden (circa 1,6 dl in maatbeker)
1 grote wortel, in rondjes van 6 mm gesneden
1 grote prei, alleen het wit, in dunne ringen gesneden
2 teentjes knoflook
Zout en versgemalen zwarte peper, naar smaak
2,5 dl droge witte wijn, verwarmd
7,5 dl ontvette Basiskippensoep (bladzijde 38) of Verbeterde kippenbouillon uit blik of pot (bladzijde 40), verwarmd
1 takje verse of $3/4$ theelepel gedroogde tijm
1 klein laurierblad
2-3 takjes venkel of $3/4$ theelepel gekneusde venkelzaadjes
1 rood pepertje, zonder zaden of $3/4$ theelepel verkruimelde gedroogde Spaanse peper
5-6 draadjes saffraan, verkruimeld
Aïoli (recept hierna)
8-10 sneetjes geroosterd stokbrood

VOOR DE GARNERING NAAR KEUZE
125 g vermicelli
1-2 kleine gekookte nieuwe aardappels per portie
1 klein groen kooltje, in parten gesneden en gekookt
3 kleine courgettes, in plakken van ruim 3 cm gesneden en gekookt
Versgehakte peterselie

Laat de kip op kamertemperatuur komen. Verhit de olie in een niet-reactieve pan, bij voorkeur van geëmailleerd gietijzer. Voeg de selderie, venkel, wortel, prei en knoflook toe aan de hete olie en laat onder voortdurend roeren zachtjes 10 à 15 minuten smoren of totdat de groenten zacht maar niet bruin zijn. Doe het deksel 2 à 3 minuten op de pan zodat de groenten in hun eigen sappen stomen.

Voeg de kip toe, strooi er zout en peper over en roer dit goed door. Giet er de wijn bij en laat 2 à 3 minuten koken. Voeg de soep toe, samen met de kruiden en specerijen. Laat circa 1 uur zachtjes maar voortdurend koken of totdat de kip helemaal gaar is. Roer af en toe om aanzetten te voorkomen en voeg zo nodig meer bouillon toe, hoewel dat eigenlijk niet het geval zou moeten zijn. Haal de gare kip eruit en gooi het laurierblad, de tijm en de venkel weg.

De soep kan tot hiertoe van tevoren worden bereid en een nacht afgedekt in de koelkast worden bewaard. De aïoli moet net voor het serveren worden klaargemaakt, of een paar uur van tevoren en dan in de koelkast worden bewaard.

Verwijder voor het serveren het vel van de kip en schep het vet van de soep. De kip kan met en zonder bot worden geserveerd. Doe de kip terug in de soep om weer warm te worden.

Kook de vermicelli voor de garnering in licht gezouten water gaar, en doe hetzelfde met de groenten die u bij de kip wilt serveren.

Haal de soep vlak voor het serveren van het vuur en klop er 0,8 dl aïoli door. Laat warm worden maar niet meer koken. Serveer de soep met vermicelli in verwarmde soepkommen en geef er geroosterd brood bij.

Schik de kip op een schaal of op afzonderlijke borden, samen met de aardappels, kool en courgette. Schep een beetje soep als saus over de groenten. Strooi er peterselie over en serveer met extra aïoli.

VOOR 4 à 6 PORTIES SOEP PLUS HOOFDGERECHT

Variatie

U kunt de soep op een meer ongedwongen manier serveren als eenpansmaaltijd, in een grote schaal, samen met de ontbeende en ontvelde stukken kip, aardappels en groenten. Laat in dat geval de vermicelli weg en vervang eventueel de aardappels door rijst. Strooi er peterselie over en geef er apart aïoli en toost bij.

Aïoli

Dit is in wezen een mayonaise van olijfolie en eierdooiers die krachtig op smaak is gebracht met fijngeperste knoflook. U kunt de saus het beste met een garde maken, of met een vijzel en stamper, maar in een blender kan het ook.

- 5 teentjes knoflook
- Snufje grof zout
- 4 eierdooiers, op kamertemperatuur
- Circa 3,5-5 dl milde olijfolie, op kamertemperatuur
- 2-3 sneetjes stevig witbrood zonder korst, geweekt in 1,25 dl koud water (naar keuze)
- $^3/_4$ theelepel zout, of naar smaak
- Snufje versgemalen witte peper
- 2 à 3 eetlepels vers citroensap, naar smaak

Snijd de teentjes knoflook in lengte doormidden en verwijder eventuele groene scheuten om een al te scherpe smaak te voorkomen. De knoflook kan met een beetje grof zout in een vijzel worden gekneusd of door een knijper worden gedrukt en vervolgens gepureerd met het zout. Meng er met behulp van een stamper of garde de eierdooiers door. (Gebruikt u een blender, pureer de knoflook dan met het zout en de eierdooiers.)

Voeg onder voortdurend roeren met een garde druppelsgewijs de olie toe. (Laat een blender langzaam draaien.) Let nadat u 3,5 dl olie heeft toegevoegd goed op of de eierdooiers nog meer olie kunnen opnemen zonder te schiften. Schift het mengsel toch, klop er dan 1 eetlepel kokend water doorheen en meng of klop voorzichtig tot de massa weer glad is.

Nu kan het geweekte brood erdoorheen worden geklopt; de saus wordt dan wat steviger en milder van smaak. Knijp alle water uit het brood; u moet ongeveer 3 eetlepels geweekt brood overhouden. Geeft u de voorkeur aan een krachtiger, meer olieachtige saus, voeg dan geen brood toe. Maak op smaak met zout, peper en citroensap.

Serveer de saus direct of zet hem 2 à 3 uur weg in de koelkast. Serveer op kamertemperatuur.

VOOR CIRCA 5 DL

Variatie

AÏOLI VAN GEKOOKTE EIERDOOIERS

Vanwege het salmonellagevaar maken sommige mensen zich zorgen over de rauwe eieren in de aïoli. U kunt ook hardgekookte eierdooiers pureren met olijfolie, maar ik vind deze vettere, minder evenwichtige saus geen goed alternatief, vooral als je deze door de soep wilt roeren. In dat geval kunt u de aïoli beter en makkelijker bereiden van een goede kant en klaar gekochte mayonaise. Het resultaat is acceptabel maar minder verfijnd en uitgesproken van smaak. Voeg geen brood toe aan deze saus, anders wordt hij te papperig.

5 teentjes knoflook
Snufje grof zout
2,5 dl kant-en-klare mayonaise, op kamertemperatuur
2,5 dl milde olijfolie, op kamertemperatuur
$1/3$ theelepel zout, of naar smaak
Snufje versgemalen witte peper, of naar smaak
2-3 eetlepels vers citroensap, naar smaak

Snijd de knoflookteentjes verticaal doormidden en verwijder een eventuele groene scheut om een al te scherpe smaak te voorkomen. Stamp ze met het grove zout fijn in een vijzel of druk ze door een knoflookpers en stamp ze in een schaal fijn met het grove zout. Klop er de mayonaise doorheen.

Giet er onder voortdurend krachtig roeren met een garde druppelsgewijs de olijfolie bij. Breng op smaak met zout, peper en citroensap.

BOUILLABAISSE VAN KIP
Bouillabaisse de Poulet

Bouilli à baisse betekent 'van onderen gekookt', een methode om door middel van stevig koken een enigszins ingekookte, krachtige bouillon te maken, die zich behalve voor de vis, schaal- en schelpdieren in het klassieke recept uit Marseille ook heel goed leent voor kip. Dat was een uitvinding van de 'nouvelle cuisine'-koks die het eerst de vis in de bouillabaisse vervingen door kip, net zoals ze in het zuurkoolgerecht uit de Elzas, de *choucroute garni*, het vlees vervingen door vis – vernieuwingen die tot doel hadden de conventionele Franse keuken te verrijken met nieuwe concepten. Door de kip zonder vel te koken wordt de bouillon mooi vetarm, net zoals in het originele recept. U kunt bij de bereiding verse tomaten gebruiken, mits deze rijp en geurig zijn; gebruik anders tomaten uit blik. Omdat kip minder snel kapot kookt dan vis kunt u deze soep een paar uur of zelfs een dag van tevoren bereiden. Ontvet de afgekoelde soep dan wel grondig. De bouillon wordt als eerste gang geserveerd, waarna de kip en groenten volgen als hoofdgerecht. Beide worden gegarneerd met *rouille*, het pittige, roze nichtje van aïoli.

VOOR DE SOEP
Een kip van 1,75-2 kg, in 8 stukken gesneden
4 eetlepels milde olijfolie
1 middelgrote ui, grof gehakt
4 teentjes knoflook, gehakt
1 grote prei, alleen het wit, grof gehakt
5-6 pruimtomaten uit blik, grof gehakt, met het sap
2-3 takjes vers venkelgroen of $1/3$ theelepel gedroogde venkelzaadjes, gekneusd
5-6 draadjes saffraan, of een mespunt saffraanpoeder
1 klein laurierblad
Een stukje sinaasappelschil (circa 7 minuten gedroogd in een oven van 230° C, of totdat de randen een beetje bruin worden en omkrullen)
Snufje cayennepeper, naar smaak (naar keuze)
Zout en peper
0,75-1 liter Basiskippensoep (bladzijde 38), zoveel als nodig is
10-12 sneetjes stokbrood, geroosterd
Rouille (recept hierna)

VOOR DE GARNERING NAAR KEUZE
Versgehakte peterselie
2 kleine geschilde en gekookte aardappels, of $^1/_3$-$^1/_2$ kop (0,8-1 dl in maatbeker) gekookte rijst per portie

Trek alle vel van de stukken kip, zonder in het vlees te snijden. Snijd alle zichtbare stukken geel gekleurd vet weg. Zet de kip opzij op kamertemperatuur.

Verhit de olie in een pan van 4 à 5 liter, bij voorkeur van geëmailleerd gietijzer en ovaal van vorm. Voeg de ui, knoflook en prei toe aan de olie en laat onder voortdurend roeren circa 5 minuten smoren. Doe het deksel op de pan en laat nog 5 minuten smoren, of totdat de groenten zacht beginnen te worden maar nog maar pas beginnen te verkleuren. Roer er de tomaten met sap doorheen en voeg de venkel, de saffraan, het laurierblad, de sinaasappelschil en de cayennepeper toe. Laat zonder deksel 7 à 8 minuten zachtjes koken.

Doe er de stukken kip bij met een beetje zout en peper en roer ze door het groentemengsel. Giet er zoveel bouillon op dat de kip net onderstaat. Doe het deksel schuin op de pan en laat circa 30 minuten flink koken. Voeg ondertussen zonodig nog wat bouillon toe en roer af en toe om aanzetten te voorkomen. De kip moet nu zacht zijn. Laat anders nog wat langer sudderen, behalve als u de soep van tevoren bereidt en later opwarmt. Gooi de venkel, het laurierblad en de sinaasappelschil weg.

De soep kan tot hiertoe van tevoren worden bereid, maar zorg dan dat de kip niet te gaar is, omdat ze tijdens het opwarmen nog verder kookt. Serveert u de soep binnen een uur of 4 en u hebt een koele keuken, laat de bouillabaisse dan losjes afgedekt op kamertemperatuur staan. Laat de soep anders afkoelen en bewaar haar maximaal 2 dagen afgedekt in de koelkast. Als u de soep bewaart wordt de vloeistof vetter dan wanneer u haar vers bereidt, vanwege het vet dat de stukken kip afgeven. Serveert u de bouillabaisse direct na de bereiding, dan hoeft u het vet niet af te scheppen, want het geeft de soep juist karakter.

Laat de soep vlak voor het serveren circa 5 minuten flink doorkoken zonder deksel. Serveer de bouillon apart als eerste gang, met sneetjes geroosterd brood waarop rouille gesmeerd is. Serveer daarna de kip samen met de gekookte groenten als saus, nog meer rouille en desgewenst gekookte aardappels of rijst.

VOOR 2 à 4 PORTIES ALS HOOFDGERECHT

Rouille

Volg het recept voor Aïoli of de variatie daarop (bladzijden 114 en 115), maar klop er een mespuntje cayennepeper en 6 à 8 verkruimelde draadjes saffraan door die u hebt laten weken in een paar druppels citroensap of olijfolie. Laat de saffraan weg als u er niet van houdt. Vervang de cayennepeper eventueel door 3/4 theelepel verkruimelde gedroogde Spaanse pepertjes die u samen met de knoflook en het zout fijnstampt. Roer vlak voor het serveren 3 eetlepels bouillabaisse door de rouille.

VOOR 5 DL

✻ ✸ ✻

Kippenroomsoep Fédora
Crème de Volaille Fédora

Volgens de in 1964 verschenen *Dictionnaire des Potages* van Michel Caron en Ned Rival, een aardig historisch overzicht van soepen, is deze verfijnde soep een creatie van Adolphe Dugléré, kok bij het beroemde Café Anglais in Parijs. Hij maakte de soep voor het eerst in 1882 ter ere van het succesvolle toneelstuk *Fédora*, waarin Sarah Bernhardt en Vincent Sardou de hoofdrollen speelden. Zoals in alle gerechten van deze kok zitten er tomaten in, waardoor de bouillon een mooie rode kleur krijgt. Ik gebruik het liefste gezeefde tomaten, geen tomatenpuree of hele tomaten, en ik voeg ook graag een beetje cayennepeper toe, al is dat niet traditioneel.

VOOR DE SOEP
Een kip van 2-2,25 kg, in vieren gesneden, met alle ingewanden behalve de lever
1 kalfsbot
2-2,5 liter water, zoveel als nodig is
2 middelgrote wortels, in vieren gesneden
2 kleine meiraapjes, in vieren gesneden
1 grote prei, het wit en het groen
2 stengels selderie met blad
1 middelgrote ui met daarin 5-6 hele kruidnagels gestoken
Zout
8-10 hele peperkorrels
0,5 kop (1,25 dl in maatbeker) gekookte witte rijst
3 eetlepels water
4 eetlepels melk
4 eetlepels gezeefde tomaten uit blik of pak (geen tomatenpuree)

Snufje cayennepeper, naar smaak (naar keuze)
2 eierdooiers
1,25 dl crème fraîche of room
125 g vermicelli, in stukken gebroken

VOOR DE GARNERING NAAR KEUZE
Versgehakte peterselie of basilicum
Snufje pittige paprika
In blokjes gesneden gepelde verse tomaat

Leg de kip, de ingewanden en het kalfsbot in een soeppan van 5 liter en voeg 2 liter water toe. De kip moet onderstaan. Voeg zo nodig meer water toe, maar als dat meer moet zijn dan 2,5 liter, is de pan te breed en wordt de bouillon niet krachtig genoeg. Breng aan de kook, zet het vuur laag en schep het schuim af dat naar de oppervlakte komt.

Is de bouillon grondig afgeschuimd, voeg dan de groenten, een snufje zout en de peperkorrels toe. Laat met het deksel schuin op de pan circa 1,5 uur zachtjes maar constant koken.

Haal alle groenten, de ingewanden en de kippenborsten uit de soep. Laat het kalfsbot, de kippendijen en drumsticks erin. Verwijder het vel en bot van de kippenborsten en doe het bot terug in de soep. Laat de soep met het deksel schuin erop nog 30 minuten zachtjes koken. Snijd, of beter nog trek intussen het kippenvlees in fijne reepjes en houd deze warm.

Doe de rijst met het water en de melk in een klein, zwaar pannetje en laat met het deksel schuin op de pan zachtjes koken totdat de rijst de vloeistof heeft opgenomen. Heeft de soep met de botten lang genoeg gekookt, zeef de soep dan in een schone pan van 3 liter en gooi de kip en de botten weg. Schep het vet van de soep of zuig het op met keukenpapier. Roer de gezeefde tomaten door de soep en voeg de rijst toe. Laat met het deksel schuin op de pan zachtjes 15 minuten koken of totdat de rijst opzwelt en de soep er romig uitziet. Breng op smaak met zout en peper en voeg cayennepeper naar smaak toe.

Klop de eierdooiers met de room en zet opzij.

Kook de vermicelli in circa 5 minuten gaar in kokend water met zout. Giet af en spoel af onder koud stromend water om aan elkaar kleven te voorkomen. Zet opzij op een warme plek.

Schep langzaam onder voortdurend roeren een beetje van de zacht kokende soep bij het dooiermengsel. Giet dit mengsel als u er circa 5 dl soep doorheen hebt geklopt terug bij de rest van de soep die op een heel laag pitje staat. Blijf tijdens het teruggieten voortdurend kloppen. Warm de soep op totdat ze licht bindt maar laat haar niet meer koken, anders schift ze. Breng op smaak met zout en peper.

Leg een gelijke hoeveelheid kip en vermicelli in elke kom, schep er de soep met rijst overheen en serveer. Garneer naar smaak.

VOOR 6 à 8 PORTIES

Hendriks kip-in-de-pot
Poule-au-pot, Henry IV

Kip met groenten geserveerd in de soep waarin ze werden gekookt is over vrijwel de hele wereld geliefd, zoals u door dit boek heen zult zien. De Franse versie dateert uit de zeventiende eeuw. Ze bevatte verschillende soorten vlees en werd destijds 'Portugese bouillon voor de Koningin' genoemd. Men zegt vaak dat het het lievelingsgerecht van de Franse koning Hendrik IV was. Vanouds werd de kip in haar geheel gepocheerd, met een vulling van mild gekruid vlees die echter weggelaten kan worden. Omdat de kwaliteit van het kippenvlees erg belangrijk is, kan de kip voor het koken het beste opgebonden worden. Wilt u de kip vullen, let er dan op dat u een kip koopt die niet zo slordig geslacht is dat er niet meer genoeg vel aanzit om de holte te kunnen dichtmaken; bovendien moet bij de nek het vel van de krop intact zijn.

VOOR DE VULLING
1,5 kop (3,75 dl in maatbeker) vers wit broodkruim
1,25-1,60 dl melk
3 kippenlevers, schoongemaakt en gehakt
125 g mager gemalen varkensvlees
125 g mager mild gekruid worstvlees in Franse of Italiaanse stijl,
 of 125 g gemalen gekookte ham of prosciutto
Snufje nootmuskaat, bij voorkeur versgeraspt
1 ei
³/₄ theelepel zout, of naar smaak
Zwarte peper, bij voorkeur versgemalen
2 eetlepels fijngehakte peterselie

VOOR DE SOEP
1 jonge soepkip of poularde van 2,25-2,5 kg, plus alle ingewanden
 behalve de lever
1 klein kalfsbot (naar keuze)
2,5-3 liter Basiskippensoep (bladzijde 38)
2,5-3 liter water
4 middelgrote wortels, gesneden
1 middelgrote ui, met daarin 5 à 6 hele kruidnagels gestoken
4 middelgrote raapjes, in vieren gesneden

3 preien, het wit en het groen
4 stengels selderie met blad
1 klein laurierblad
4-5 takjes peterselie
8-10 zwarte peperkorrels
2 takjes verse of $^3/_4$ theelepel gedroogde tijm
1 klein groen kooltje (circa 750 g), in 8 parten, halfgaar gekookt in licht gezouten water (naar keuze)

VOOR DE GARNERING NAAR KEUZE
Grof zout
Versgehakte peterselie
8-10 sneetjes geroosterd stokbrood of 150 g gekookte vermicelli

Week het broodkruim circa 10 minuten in melk of totdat het papperig is geworden en de meeste melk heeft opgenomen. Knijp de overtollige melk eruit en gooi deze weg. Trek het brood met uw handen uit elkaar om brokken te voorkomen. Meng het brood met behulp van 1 of 2 vorken goed door de levers, het varkensvlees en de ham. Voeg de nootmuskaat toe, evenals het ei, zout en een paar slagen of een royale snuf zwarte peper en de peterselie. Meng alles goed. Proef dit mengsel niet, omdat het rauw varkensvlees bevat. Maak om te proeven een balletje van ruim 1,5 cm doorsnee en kook dit met het deksel op de pan in circa 7 minuten in licht gezouten zachtkokend water gaar. Proef en voeg eventueel nog wat zout, peper of nootmuskaat aan het mengsel toe.

Vul de holte van de kip met het mengsel en naai de opening dicht met naald en draad. Vul de krop niet, maar maak de opening goed dicht door het vel over de rug van de vogel te trekken en vast te naaien of met 2 prikkers door het vel en de ruggengraat vast te zetten. Of u de kip vult of niet, ze moet in elk geval opgebonden worden.

Leg de kip in een goed passende soeppan van 6 à 7 liter, samen met de ingewanden en het bot als u dat gebruikt. Voeg zoveel soep en water toe dat ze onderstaat. Breng aan de kook, zet het vuur laag en schep het schuim af dat naar de oppervlakte komt. Is alle schuim afgeschept, voeg dan 2 wortels, de ui, 2 raapjes, 2 preien, 2 selderiestengels met blad, het laurierblad, de peterselie, peperkorrels en tijm toe. (De overige groenten worden op een andere manier gesneden en vlak voor het serveren aan de soep toegevoegd.)

Laat met het deksel schuin op de pan zachtjes circa 1,5 uur koken als u poularde gebruikt, of 2,5 à 3 uur als u soepkip gebruikt. Het geeft niet als er in het begin van de kooktijd wat ongekookte stukjes vulling boven komen drijven. Voeg tijdens de kooktijd extra water toe als de kip niet voor zeven achtste onderstaat. Keer de kip tijdens de kooktijd voorzichtig een of twee keer om. Maak daarbij gebruik van het bindtouw en prik niet in het vel.

De kip is gaar als de drumsticks makkelijk in het gewricht gedraaid kunnen worden. Laat de kip niet zo gaar worden dat ze uit elkaar valt. Haal de kip er voorzichtig uit en houd haar warm. Gooi de botten, ingewanden en alle groenten en kruiden weg. Schep of dep het vet van de soep en zeef deze in een schone pan. Ontvet zo nodig opnieuw.

De soep kan tot hier toe circa 30 minuten voor het serveren worden klaargemaakt, zolang u de kip maar warm houdt, anders is het moeilijk de vulling op te warmen zonder dat de kip te gaar wordt.

Bereid de rest van de groenten voor. Snijd de wortels in plakken van circa 3,5 cm of in grote blokjes. Snijd de raapjes in 6 à 8 partjes. Snijd de selderie in stukken van 2,5 cm. Laat de prei heel, maar splijt het groene gedeelte, zodat het zand eruit kan worden gewassen. Doe de kip met de verse groenten terug in de gezeefde soep, samen met de voorgekookte kool als u die gebruikt, en laat nog 15 à 20 minuten koken of totdat de groenten gaar zijn. Breng op smaak met zout en peper.

Haal de kip vlak voor het serveren uit de soep en verwijder alle binddraad. Snijd de poten eraf en knip met een wildschaar de ruggengraat door. Verwijder de vulling, die er een beetje moet uitzien als gehaktbrood, en zet deze apart. Serveer de kip in vieren of in plakken gesneden met plakken of brokken vulling erbij.

U kunt de soep met de vermicelli, kip, vulling en groenten erin als eenpansmaaltijd serveren in diepe soepborden. In dat geval hebt u een mes, vork en lepel nodig. Of serveer de soep als eerste gang met vermicelli en geef er sneetjes geroosterd brood erbij. Serveer daarna de kip, de in plakken gesneden vulling en de groenten met een beetje bouillon erover op platte borden. Strooi er wat peterselie over en geef er aan tafel grof zout bij.

VOOR 4 PORTIES ALS HOOFDGERECHT

Variaties

ELZASSER KIPPENSOEP
Bouillon de Poule Alsacienne

Maak de Basiskippensoep (bladzijde 38) met 2,5 à 3 liter water en 2250-2500 g soepkip of poularde en naar keuze een kalfsbot, preien, een raapje, pastinaak, selderieknol, peterseliewortel, tijm, laurierblad en kruidnagels in de aangegeven hoeveelheid, plus 1 heel gepeld teentje knoflook. Bereid de soep op dezelfde wijze als in het hoofdrecept, verwijder de botten en het vel, gooi de groenten weg en schep het vet af. Garneer met griesmeel of mergknoedels (zie hieronder en hierna).

VOOR 6 à 8 PORTIES

ELZASSER KIPPENSOEP MET GRIESMEEL
Consommé à la Semoule

2 liter hete ontvette Basiskippensoep (bladzijde 38)
1 eetlepel neutrale plantaardige olie
$^2/_3$ kop (1,6 dl in maatbeker) griesmeel
Versgehakte peterselie

Breng de soep met het deksel op de pan zachtjes aan de kook. Verhit de olie in een koekenpan van 20 cm en roer er het griesmeel door. Laat het griesmeel al roerend in circa 5 minuten lichtgeel verkleuren. Voeg toe aan de soep en laat met het deksel schuin op de pan 15 minuten zachtjes koken. Serveer in koppen of kommen en strooi over elke portie een beetje peterselie.

VOOR 6 à 8 PORTIES

Mijn moeder maakte op zaterdag altijd een pot-au-feu met vele soorten vlees of een poule-au-pot met kip. Die maakte ze klaar in echte Elzasser stijl met een heleboel knolgroenten. De eerste dag aten we de helft van de bouillon en daarna kookte zij op zondag de rest met griesmeel dat een beetje bruin was gebakken. Het was heerlijk en soms moet ik er op zondag nog steeds aan denken. Af en toe maakte ze ook Elzasser kippensoep met mergknoedels.

– André Soltner, de legendarische vroegere kok-eigenaar van Lutèce in New York.

Elzasser mergknoedels
Quenelles à la Moelle

Ongekookt merg uit vier à vijf rundermergpijpjes van 5 cm lang
Ongezouten zachte boter, zoveel als nodig is
2 koppen (5 dl in maatbeker) vers wit broodkruim
$1/3$ kop (0,8 dl in maatbeker) griesmeel
2 eieren, licht geklopt
$3/4$ theelepel geraspte nootmuskaat
Zout en peper, naar smaak
2 eetlepels versgehakte peterselie en/of kervel

Schep vijf à zes uur voordat u dit recept gaat bereiden het merg uit de botten. Doe het in een pannetje met een zware bodem en laat het langzaam smelten. Dat duurt ongeveer 7 à 8 minuten. Giet het merg door een zeef bekleed met een dubbele laag nat kaasdoek. Laat in de koelkast 3 à 5 uur opstijven. U moet circa 0,5 kop (1,25 dl in maatbeker) merg overhouden. Als het minder is, ongezouten boter toevoegen tot u de juiste hoeveelheid hebt. Bewerk het met een vork tot een romige massa.

Roer er het broodkruim, griesmeel, de eieren, nootmuskaat, het zout, de peper en kruiden door. Meng alles goed en zet 30 minuten tot 1 uur in de koelkast.

Vorm het mengsel met natte handen of twee dessertlepels tot ronde of ovale balletjes met een doorsnee van circa 2 cm. Vorm alle balletjes voordat u ze kookt. Laat de balletjes in de zachtjes kokende soep vallen en kook ze circa 10 minuten met het deksel schuin op de pan of totdat ze naar boven komen drijven en een balletje dat u proeft door en door gaar is.

U kunt deze knoedels het beste direct eten, maar ze kunnen zo nodig uit de soep worden geschept en circa 30 minuten warm worden gehouden. Doe ze vlak voor het serveren terug in de hete soep.

VOOR 36 KNOEDELS; VOOR 6 à 12 PORTIES SOEP

Duitsland, Oostenrijk en Zwitserland

Kippenbouillon of -soep in Duitse stijl
Hühnerkraftbrühe of Hühnersuppe

Dit is Basiskippensoep (bladzijde 38), bereid met een kalfsbot en alle wortelgroenten naar keuze in de aangegeven hoeveelheden. De wortelgroenten bepalen de smaak van deze soep en aan de traditionele Duitse versie worden zelden kruiden als tijm en laurierblad toegevoegd, maar eventueel wel 4 à 5 kruidnagels in de ui gestoken en een snufje foeliepoeder en zout en peper.

Serveer met een van de volgende garneringen: leg 1 of 2 rauwe eierdooiers in elke kom voordat u de soep erin schept; geef er Eierpasta, Pastavlokken, Soepsoesjes, Royale, Eierdruppels of Reepjes flensjes (bladzijde 43 tot en met 49) bij. Mergknoedels (bladzijde 124) en griesmeel zoals die wordt bereid voor de Elzasser kippensoep met griesmeel (bladzijde 123) zijn ook heel geliefd in Duitsland, Oostenrijk en Duitstalig Zwitserland, net als Leverknoedels (bladzijde 130). Gekookte aspergepunten, heel fijne doperwtjes en/of kleine gekookte bloemkoolroosjes zijn ook populair, vooral in het voorjaar, net als gehakte peterselie en kervel.

Een koude, regenachtige avond in Hamburg

◆ ◆ ◆

Een van mijn onvergetelijkste en dierbaarste herinneringen aan kippensoep gaat terug tot een regenachtige avond in 1953 in Hamburg. Nadat ik de hele dag over de Lüneburger Heide had gereden kwam ik vlak voor middernacht aan bij mijn hotel, ijskoud en uitgehongerd. Ik wist dat het eten al uren eerder was opgediend. Toen ik mijn situatie uitlegde aan het kamermeisje, bood ze me Hühnerkraftbrühe, oftewel kippensoep aan. Terneergeslagen maar berustend nam ik haar aanbod aan en ik werd beloond met een diepe, witte porseleinen kom vol dampende, goudkleurige bouillon. Terwijl ik erin roerde, vond ik nog een extraatje – in de kom lagen twee rauwe eierdooiers die toen ik ze kapot maakte fijne draden trokken. Zelden heb ik lekkerder of gezonder geslapen.

Romige kippensoep met karwij
Hühnercremesuppe mit Kümmel

De karwij geeft deze milde soep een exotisch accent. Ze lijkt heel veel op de soep die mijn grootmoeder vroeger 's winters bij het ontbijt serveerde. In oma's soep zat geen wijn, maar ze garneerde die van haar met kleine vierkantjes toost.

> 2 liter Kippensoep in Duitse stijl (bladzijde 125)
> 4 eetlepels ongezouten boter
> 5 eetlepels bloem
> Zout en witte peper, naar smaak
> 2 theelepels karwijzaadjes
> 2 eierdooiers, licht geklopt (naar keuze, zie Noot)
> 2,5 dl room
> 1,25 dl droge witte wijn, verwarmd

Laat de soep aan de kook komen. Laat voor een roux de boter smelten in een pan. Roer de bloem door de hete boter. Laat al roerend circa 5 minuten smoren of totdat de bloem goudgeel maar niet bruin is. Giet er 1 liter hete soep bij en roer tot een gladde massa. Giet deze bij de resterende soep en laat 10 minuten zachtjes koken. Breng op smaak met zout en peper en de in een vijzel gekneusde karwijzaadjes. Heeft u geen vijzel of een specerijenmolen, wikkel de zaadjes dan in kaasdoek, maak er een klein balletje van, leg dit op een snijplank en sla het plat met een vleeshamer of gewone hamer.

De soep kan tot hiertoe 1 uur voor het serveren worden gemaakt en op kamertemperatuur worden bewaard.

Warm de soep vlak voor het serveren op. Klop de eierdooiers met de room in een kom. Schep er onder voortdurend kloppen langzaam hete soep bij, in totaal circa 5 dl. Neem de soep van het vuur en giet er onder voortdurend kloppen het dooiermengsel bij. Voeg de warme wijn toe maar laat niet meer koken. Serveer in verwarmde koppen of soepkommen.

VOOR 6 à 8 PORTIES

Noot: Laat de eierdooiers eventueel weg en maak in dat geval een roux van 5 eetlepels boter en 6 eetlepels bloem. Volg verder de aanwijzingen in het recept.

Kippenragoutsoep
Hühnerragoutsuppe

Zuinig kan toch lekker zijn, zoals deze soep bewijst die in heel Midden-Europa geliefd is.

VOOR DE SOEP
500 g kippenmaagjes en -hartjes
500 g kippenvleugels, -nekjes en -ruggen
2-2,25 liter water, zoveel als nodig is
1 flinke theelepel zout
6-8 zwarte peperkorrels
1 middelgrote ui, met daarin 4 kruidnagels gestoken
3 eetlepels ongezouten boter
2 middelgrote wortels, in blokjes gesneden
1 kleine peterseliewortel of 0,5 pastinaak, in blokjes gesneden
$1/4$ kleine knolselderie, in blokjes gesneden
2 stengels selderie, in blokjes gesneden
2 eetlepels bloem
Snuf suiker, indien nodig

VOOR DE GARNERING NAAR KEUZE
1,6 dl zure room
6 kippenlevers
Gekookte roosjes van 1 kleine bloemkool
125 g paddestoelen, gesmoord

Doe al het kippenvlees in een pan en giet er zoveel water op dat het onderstaat, maar niet meer dan 2,25 liter. Voeg het zout, de peperkorrels en de met kruidnagels bestoken ui toe. Breng aan de kook, zet het vuur laag en schep het schuim af dat naar de oppervlakte komt. Laat de soep na het afschuimen nog 30 minuten zachtjes koken.

Verhit de boter in een koekenpan van 25 cm doorsnee en smoor de groenten onder voortdurend roeren 3 à 4 minuten, of totdat ze licht van kleur en zacht worden. Strooi er de bloem over en roer op laag vuur totdat de bloem is opgenomen en geel begint te verkleuren, circa 2 minuten. Meng dit mengsel kloppend door de zacht kokende soep. Schep een beetje soep in de koekenpan, schraap alle aanzetsel bij elkaar en doe weer terug in de soeppan.

Laat met het deksel schuin op de pan zachtjes 30 minuten koken totdat alle kippenvlees heel gaar is. Haal alle vlees en de ui uit de soep. Gooi de ui met de kruidnagels weg. Hak het zachte vlees van de maagjes en hartjes in grove stukken; gooi taaie stukjes weg. Haal het vlees van de nekjes, vleugeltjes en ruggen. Hak het grof en doe het terug in de soep. Laat 10 minuten zacht koken en breng op smaak met zout en peper. Voeg een klein snufje suiker toe als de soep een tikkeltje zuur smaakt.

Serveer in kleine soepkommen. Garneer elke portie met een eetlepel op kamertemperatuur gebrachte zure room. Of hak de kippenlevers, smoor ze in 3 eetlepels boter en verdeel ze over de verschillende porties. Of doe hetzelfde met de bloemkoolroosjes of paddestoelen.

VOOR 6 à 8 PORTIES

Variaties

ROMIGE SOEP VAN ORGAANVLEES

Een verfijnd alternatief. Kook het kippenvlees met de ui als boven, voeg na 30 minuten de rauwe groenten toe en laat nog 30 minuten koken. Bereid een saus door 4 eetlepels boter te verhitten en daar 4 eetlepels bloem doorheen te roeren. Laat al roerend circa 4 minuten smoren, totdat de bloem goudgeel maar niet bruin is. Giet er 5 dl van de bouillon bij en klop tot een gladde saus, giet deze onder voortdurend kloppen bij de soep. Laat 10 minuten zachtjes koken, roer er 1,2 dl room of geklopte zure room door.

RAGOUTSOEP MET PADDESTOELEN EN GORT

Deze rijke goudkleurige soep wordt op dezelfde wijze bereid als het hoofdrecept, maar met de volgende toevoegingen. Week 3 à 4 zwarte paddestoelen (bij voorkeur Poolse of Russische, maar Italiaanse *porcini* of eekhoorntjesbrood is prima) 30 minuten in 2,5 dl water, giet af en hak in grove stukken. Voeg toe aan de soep met de groenten en 4 eetlepels afgespoelde parelgort. Laat alles 30 minuten zachtjes koken. Garneer met versgehakte dille of peterselie (of beide) en eventueel 3 theelepels zure room op elke portie.

Romige kip-kerriesoep
Hühnersuppe mit Curry

Kerrie, exotisch van oorsprong, is in heel Duitsland, Oostenrijk, Zwitserland en Scandinavië erg populair.

VOOR DE SOEP
Een kip van 1,75-2 kg
5 eetlepels ongezouten boter
2 middelgrote uien, gehakt
1 middelgrote selderieknol, in blokjes gesneden
2 eetlepels kerriepoeder van goede kwaliteit
Snufje cayennepeper (naar keuze)
Snufje kurkuma (naar keuze)
2 liter water, zoveel als nodig is
1 flinke theelepel zout
Witte peper, naar smaak
2 eetlepels rijstebloem of aardappelmeel
3 eetlepels koud water
2,5 dl room
Cayennepeper, naar smaak
2 koppen (5 dl in maatbeker) gekookte witte rijst

VOOR DE GARNERING NAAR KEUZE
Gehakte pistachenoten of geroosterde kokosvlokken

Verdeel de kip in 8 stukken. Zet ze voordat u begint te koken 30 minuten weg op kamertemperatuur en dep ze heel droog.

Verhit de boter in een soeppan van 5 liter. Bak de stukken kip met een paar tegelijk in de hete boter. Dat duurt circa 7 minuten per partij. Laat de kip aan alle kanten bruin worden. Zet de gebakken stukken opzij. Is alle kip aangebraden, doe dan de uien en knolselderie in de resterende boter en laat ze langzaam 6 à 7 minuten fruiten totdat de groenten zacht en geel worden. Doe de kip terug in de pan en roer er het kerriepoeder, de cayennepeper en kurkuma door; laat al roerende zachtjes 7 à 8 minuten smoren met de groenten.

Doe er zoveel water bij dat de kip onderstaat en voeg zout en versgemalen peper toe. Laat zachtjes 1 uur koken of totdat de kip gaar is. Haal de stukken kip eruit. Bewaar het donkere vlees voor een andere keer. Verwijder alle vel, bot en kraakbeen van het witte vlees en verdeel dit in op te lepelen stukken.

Schep het vet van de soep en giet de soep door een zeef terug in de schoongemaakte pan. Maak de rijstebloem of het aardappelmeel aan met het koude water en roer dit mengsel door de soep. Laat zachtjes koken totdat de soep bindt. Roer er de room door. Laat warm worden maar niet meer koken. Proef op smaak en voeg de cayennepeper toe. Leg in elke soepkom een beetje kip en gekookte rijst en schep de hete soep eroverheen. Strooi er een garnering naar keuze over.

VOOR 8 KLEINE PORTIES

LEVERKNOEDELS
Leberknödel

Dit is een heel populair garnituur voor soep in Duitsland, Oostenrijk en heel Oost-Europa. Meestal wordt varkenslever gebruikt, maar runder- of kippenlever zijn ook geschikt. Dit is een bewerking van een recept uit mijn boek *The German Cookbook*.

375 g varkens-, runder- of kippenlever
5 sneetjes witbrood met korst, of een gelijke hoeveelheid knapperig Italiaans brood of broodjes
2,5 dl warme kippenbouillon of melk
2 eetlepels boter of spekvet
1 kleine ui, gehakt
2 eieren
1 flinke theelepel zout
$^{3}/_{4}$ theelepel geraspte nootmuskaat
$^{3}/_{4}$ theelepel gedroogde tijm (naar keuze)
Geraspte schil van 1 citroen
$^{1}/_{2}$ kop (1,25 dl in maatbeker) versgehakte peterselie (naar keuze)
Droog wit broodkruim, zoveel als nodig is
2,5 liter water of heldere kippenbouillon, zelfgemaakt of uit pot of blik

Maak de lever goed schoon en verwijder alle vliezen. Dit moet grondig gebeuren, anders is de lever moeilijk te malen. Week het brood in kippenbouillon of melk, totdat de vloeistof is afgekoeld en helemaal is opgenomen. Maal de lever, het brood, de boter of het vet en de ui in een vleesmolen op de fijnste stand. U kunt alles ook malen in een keukenmachine, maar doe dit snel en voorzichtig en met korte stoten, anders wordt de lever vloeibaar.

Klop de eieren, het zout, de nootmuskaat, tijm, citroenrasp en peterselie door het mengsel. Voeg met één eetlepel tegelijk zoveel broodkruim toe tot het mengsel te hanteren maar nog wel vochtig is. Vorm met natte handen ronde knoedels van bijna 4 cm doorsnee.

Laat een proefballetje in lichtgezouten kokend water vallen of in bouillon die u niet serveert. Laat met het deksel op de pan 18 à 20 minuten zachtjes koken. De knoedel moet boven komen drijven en door en door gaar zijn. Kook de resterende knoedels, met 6 à 8 tegelijk. Laat uitlekken en houd tot het serveren warm in kippenbouillon.

U kunt de knoedels een paar uur bewaren, daarna worden ze slap. Warm ze een paar minuten op in de soep.

VOOR 10 à 12 KNOEDELS; VOOR 5 à 6 PORTIES SOEP

ITALIË

❊ ❊

KIPPENSOEP IN ITALIAANSE STIJL
Brodo di pollo

Lidia Bastianich, die in haar goede New-yorkse restaurant Felidia de leiding heeft over de bereiding van gerechten uit Istrië en Friuli, de streken waar zij opgroeide, herinnert zich in haar aardige autobiografische kookboek La Cucina di Lidia: 'Als er iemand ziek of pas bevallen was vulde het aroma van kippensoep het huis, in overeenstemming met het aanvaarde volksgeloof.'

Gezien de ontelbare soorten Italiaanse pasta zal het niet verbazen dat ook in kippensoep pasta wordt geserveerd, in verschillende maten, zoals de kleine vierkantjes die *quadrettini* heten, of gevulde pasta zoals tortellini of cappelletti. Ook gedroogde pasta is populair, bijvoorbeeld pastina, de rijstvormige orzo, de wel wat op zaadjes lijkende semini, de kleine buisvormige ditalini en zelfs grotere vormen zoals *orecchiette*, de 'oortjes' uit Apulië.

VOOR DE SOEP
Ingrediënten voor Basiskippensoep (bladzijde 38), zonder peterselie
4-6 hele kruidnagels
2 Italiaanse pruimtomaten uit blik
2 kleine of 1 groot laurierblad
2 teentjes knoflook (naar keuze)
2 kleine preien, het wit en het groen (naar keuze)

1 middelgrote aardappel, geschild (naar keuze)
4-5 grote blaadjes salie, of 1 takje salie (naar keuze)

VOOR DE GARNERING
Pasta zoals beschreven op bladzijde 131
Versgehakte peterselie
Geraspte parmezaanse kaas

Steek de kruidnagels in de ui die wordt voorgeschreven in het basisrecept. Doe deze samen met de tomaten en laurierbladeren, de groenten en de salie bij de soep en vervolg het basisrecept. Serveer met een van de voorgestelde garneringen of gebruik een van de garneringen uit de volgende recepten.

VOOR 6 à 8 PORTIES

Bouillon van kapoen
Ristretto di Cappone

Het recept voor deze versterkende, rijk aromatische bouillon is afkomstig van de briljante Italiaanse kok Theo Schoenegger, die toen ik dit schreef bij het bijzondere restaurant San Domenico in New York werkte. Hij is afkomstig uit de bergachtige Tiroolse provincie Alto Adige, vlakbij de Oostenrijkse grens, en serveert deze soep met tortellini uit zijn geboortestreek.

VOOR DE SOEP
Een kapoen van 3-3,5 kg, goed schoongemaakt (zie Noot)
3-3,5 liter water, zoveel als nodig is
2 stengels selderie met blad
2 middelgrote wortels
2 Italiaanse pruimtomaten uit blik
2 middelgrote preien, het wit en het groen
4 à 5 hele kruidnagels
1 takje verse salie (5-6 blaadjes), of 3-4 blaadjes gedroogde salie
2 laurierbladeren
2 flinke theelepels zout, naar smaak

VOOR DE GARNERINGEN NAAR KEUZE
Versgehakte peterselie
Geraspte parmezaanse kaas

> *Als hun gasten daar geen aanstoot aan nemen lossen echte Montovanen een paar minuten voordat ze aan tafel gaan een flinke hoeveelheid geraspte parmezaan op een in kom hete kippensoep en gieten er een half glas mousserende witte wijn bij, bijvoorbeeld lambrusco. Met zijn bruisende witte schuim kan dit op tegen het beste aperitief.*
>
> *– Uit Cucina Montovana, di Principe e di Popoli (De Keuken van Mantua, van vorsten en van het volk)*

Tortellini (bladzijde 142), vermicelli of kleine pasta
Italiaanse kipgehaktballetjes (bladzijde 144)

Leg de kapoen in een goed passende soeppan van 8 à 10 liter van geëmailleerd gietijzer of roestvrij staal. Voeg zoveel water toe dat de kip onder staat, maar niet meer dan 3,5 liter. Breng aan de kook, zet het vuur laag en schep het schuim af dat naar de oppervlakte komt. Is alle schuim afgeschept, voeg dan alle groenten, kruidnagels en kruiden en het zout toe. Doe het deksel schuin op de pan en laat heel zachtjes 4 uur koken of totdat het vlees van de botten valt. Schep tijdens de kooktijd af en toe het vet van het oppervlak.

Haal de kip, kruiden en groenten uit de soep. Bewaar de kip om in de soep te serveren of te gebruiken bij een andere gelegenheid. Gooi de groenten weg.

Laat de soep enkele uren afkoelen, schep er dan zoveel mogelijk vet af. Breng tegen de kook aan en laat zonder deksel 1 à 2 uur koken totdat de soep voor de helft is ingekookt. Voeg zout naar smaak toe. Laat zonder deksel afkoelen op kamertemperatuur, dek de soep dan af en bewaar haar een nacht in de koelkast. Verwijder alle gestolde vet en werk de soep verder af zoals in de verschillende recepten staat aangegeven.

Deze soep kan opgewarmd worden geserveerd, met of zonder peterselie eroverheen gestrooid. Of geef er een van de pastagarnituren bij.

VOOR 6 à 8 PORTIES

Noot van de vertaler: Een kapoen is in ons land niet alleen niet verkrijgbaar, maar bestaat volgens de EG-regels zelfs helemaal niet meer. U zult u dus tevreden moeten stellen met een mooie soepkip.

WIJNSOEP
Zuppa di Vino, of Ginestrata

Kippenbouillons met een scheut wijn erin zijn in Italië al sinds de Renaissance populair als lekkernij en als middel om aan te sterken of de eetlust te stimuleren. De soep, die vaak wordt gebonden met eierdooiers, heeft een lichtgele glans. Zoals de erudiete Giuliano Bugialli in zijn grote klassieke boek *The Fine Art of Italian Cooking* uitlegt, vormt die kleur de verklaring voor de oude naam van de soep, *ginestrata*, van de bloemen van de brem, ginestre.

Ook dit verfijnde recept is afkomstig van Theo Schoenegger.

VOOR DE SOEP
5 dl Bouillon van kapoen, voor de helft ingekookt (bladzijde 132)
5 dl droge witte wijn
6 eierdooiers
2,5 dl room
$^3/_4$ theelepel zout, naar smaak

Snufje versgemalen zwarte peper, naar smaak
Snufje kaneelpoeder, naar smaak
Snufje versgeraspte nootmuskaat, naar smaak

VOOR DE GARNERING
1 eetlepel fijngehakt bieslook
$^1/_2$ kop (1,25 dl in maatbeker) kleine croûtons

Warm de ingekookte bouillon op. Doe de wijn in een pan en laat hem zonder deksel op hoog vuur inkoken tot 1,25 à 2,5 dl. Doe er de ingekookte bouillon bij en laat circa 15 minuten afkoelen.

Klop de eierdooiers licht in een kom, klop er de room en alle kruiderij door, behalve de bieslook. Breng de wijnbouillon tegen de kook aan en giet onder voortdurend kloppen de helft ervan bij het dooiermengsel. Neem de resterende bouillon van het vuur en giet er onder voortdurend kloppen het aangelengde dooiermengsel bij.

Laat alles goed heet worden maar niet koken. Serveer in verwarmde koppen of kommetjes en strooi op elke portie wat bieslook en croûtons.

VOOR 2 à 4 PORTIES

Variaties

1. Door de witte wijn te vervangen door marsala en aan het einde van de kooktijd een snufje suiker toe te voegen krijgt de bouillon een zoete smaak die heel vertroostend is voor zieken.

2. Verkruimel voor een goudgele soep met een exotische smaak 3 à 4 draadjes saffraan en laat deze 7 à 8 minuten in de bouillon meetrekken voordat u de wijn toevoegt. Deze toevoeging was kenmerkend voor de *ginestrata* uit de Renaissance.

BOUILLON MET KIPPENLEVERS, DOPERWTEN EN RIJST OF PASTA
Pasta in Brodo con Fegatini e Piselli

Dit is een specialiteit uit de Italiaanse provincie Veneto en erg geliefd in de streek tussen Verona en Venetië. U krijgt het beste resultaat als u de soep vlak voor het serveren bereidt; als de levers er te lang in blijven wordt de soep troebel en bitter.

Aan de meeste Italiaanse kippensoepen wordt kaas toegevoegd en net als in heel Europa gebruikt men eieren om soepen textuur, kleur en voedingsstoffen te geven. Hetgeen duidelijk maakt dat de cholesterolbrigade die het mediterrane voedingspatroon prijst omdat het zo weinig vet bevat alleen oog lijkt te hebben voor bewijzen die haar standpunt ondersteunen en alles negeert wat dit zou kunnen ontkrachten. Als u op het vet in uw voeding moet letten kunt u de meeste van de soepen die op deze bladzijden volgen ook maken zonder ei en kaas, al zal het resultaat magerder en minder bevredigend zijn.

VOOR DE SOEP
1,5 liter Kippensoep in Italiaanse stijl (bladzijde 131)
1 kop (2,5 dl in maatbeker) rijst of kleine pasta zoals risone of orzo
300 g doperwten, vers of uit de diepvries
6 kippenlevers, in stukjes van ruim 1 cm
3-4 blaadjes verse of 2-3 blaadjes gedroogde salie (geen saliepoeder)
2 eetlepels boter
Zout en peper, naar smaak

VOOR DE GARNERING
Versgehakte peterselie
Geraspte parmezaanse kaas

Laat de bouillon heet worden en voeg de gekookte rijst of pasta en de doperwten toe. Laat sudderen tot de erwten zacht maar nog stevig zijn, circa 5 minuten. Smoor intussen de stukjes lever in de boter totdat ze er niet meer rood uitzien en goed gaar zijn. Laat ze niet bruin worden, dan worden ze hard. Schep de stukjes lever met een schuimspaan vanuit de pan in de soep en gooi het kookvocht dat in de pan achterblijft weg. Voeg ook de salie toe. Laat circa 8 minuten sudderen en proef of er zout en peper bij moet. Schep de soep in voorverwarmde soepkommen en strooi er peterselie over. Geef er aan tafel kaas bij.

Kippensoep met andijvie
Scarola in Brodo

Deze gezonde groene soep wordt vanouds gegeven als eerste gang. Met een garnering van kip en rijst of pasta vormt ze een verfijnd en licht hoofdgerecht voor een lunch. Geef erna bijvoorbeeld vruchten- of citroentaart.

VOOR DE SOEP
2 liter Kippensoep in Italiaanse stijl (bladzijde 131)
1 krop zeer verse krulandijvie, circa 500 à 750 g
Zout, naar smaak
2 eetlepels ongezouten boter
Versgemalen zwarte peper, naar smaak

VOOR DE GARNERING NAAR KEUZE
1 kop (2,5 dl in maatbeker) gekookte rijst of gekookte kleine pasta, zoals orzo of de kleine strikjes met de naam tripolini
1 kop (2,5 dl in maatbeker) in blokjes gesneden gekookte kippenborst of Kipgehaktballetjes (bladzijde 144)
Geraspte parmezaanse kaas

De kippensoep moet helder gezeefd en goed ontvet zijn. Breng de soep tegen de kook aan terwijl u de andijvie klaarmaakt.

Verwijder taaie of lelijke buitenste bladeren. Snijd de bruine onderkant van de stengel eraf en haal de bladeren uit elkaar. Spoel alle zand eruit. Leg de groente in een grote pan, bij voorkeur van geëmailleerd gietijzer of roestvrij staal, en voeg zoveel koud water toe dat ze net onderstaat. Voeg een snufje zout toe en breng met het deksel schuin op de pan aan de kook. Laat 5 à 7 minuten koken totdat de bladeren slap worden. Laat uitlekken en een beetje afkoelen, totdat u er zoveel mogelijk vocht uit kunt knijpen. Druk hiervoor de groente met een houten lepel tegen de zijkant van een vergiet of knijp de stronkjes in uw handen uit. Snijd de bladeren schuin in grote repen.

Smelt boter in de goed afgedroogde pan waarin u de groente hebt gekookt. Roer er de andijvie door en voeg een beetje zout en peper toe. Laat onder af en toe roeren met het deksel op de pan 4 à 5 minuten op heel laag vuur smoren.

Breng de soep zachtjes aan de kook en voeg de groente toe met aanhangend vocht, hetgeen heel weinig moet zijn. Laat met het deksel schuin op de pan circa 10 minuten zachtjes koken totdat de andijvie zacht is maar niet tot moes is gekookt.

Gebruikt u gekookte rijst of pasta, voeg deze dan de laatste 5 minuten van de kooktijd toe aan de soep. Gebruikt u blokjes kip, zet deze dan op een warm plekje zodat ze niet te koud zijn, maar warm ze niet in de soep op. Verdeel de kip over de schaaltjes en schep de soep met de andijvie en rijst of pasta eroverheen. Serveert u deze soep alleen met andijvie en zonder verdere garneringen, geef er dan aan tafel geraspte kaas bij.

VOOR 6 à 8 PORTIES ALS EERSTE GANG

ITALIAANSE SOEP MET EIER-KAASDONS
Stracciatelle

Deze soep is vooral geliefd in Rome. Het griesmeel zorgt voor de donzigheid van het eimengsel en de spinazie geeft er een frisse, groene toets aan, maar dat is niet traditioneel. Soms wordt in plaats van griesmeel bloem gebruikt, hetgeen een zachter resultaat oplevert zoals wordt beschreven bij de Eiervlokken (bladzijde 47). Ik houd echter wel van de stevigheid die griesmeel geeft.

- 1,5 liter Kippensoep in Italiaanse stijl (bladzijde 131)
- 2 eieren
- 2 eetlepels geraspte parmezaanse kaas
- 2 eetlepels griesmeel (naar keuze)
- 150 g gehakte spinazie uit de diepvries, ontdooid en goed uitgelekt (naar keuze)

Breng de soep zachtjes aan de kook. Klop de eieren licht in een kom met de geraspte kaas en het griesmeel als u dat gebruikt. Roer langzaam 2,5 dl van de hete bouillon door dit mengsel en meng alles goed.

Gebruikt u spinazie, laat deze dan 2 minuten meekoken in de soep. Breng de soep zachtjes aan de kook en klop het eimengsel er met een vork doorheen, zodat het in klonters uiteenvalt. Laat nog zachtjes 2 à 3 minuten koken en serveer direct.

VOOR 4 à 6 PORTIES

OVER OPRECHTE WELLUSTELING

De Honesta Voluptate (Over oprechte wellust), dat in 1475 in Venetië verscheen, is het werk van Bartolomeo de Sacchi di Piadena, beter bekend als Platina. Het bevat veel recepten voor soepen, met name kapoenenbouillon. Deze moet, typisch voor de aromatische gerechten die in die tijd populair waren, zeven uur lang koken met spek, peper, kaneel, kruidnagel, salie en laurierbladeren. Volgens Platina kan hij zowel aan zieken als aan gezonden worden geserveerd maar, zo waarschuwt hij: 'Pas op met het toevoegen van zout, want dat kan leiden tot vele kwalen. Er is niets tegen een paar specerijen, maar gebruik niet te veel als deze bouillon wordt geserveerd aan een zieke.'

Voor zijn sobere recept voor soep van kapoenenvel moet het vel van een gekookte kapoen in kleine stukjes worden gesneden en een half uur koken in de eerder gemaakte kapoenenbouillon, met een paar draadjes saffraan voor een gouden kleur. 'Doe het in borden en strooi er specerijen en kaas over. Onze Archigallus kon hiervan genieten als de omstandigheden het toelieten.' Die omstandigheden waren, vermoed ik, dat hij aan het vel van een gekookte kapoen kon komen.

Kippensoep met gepocheerd ei
Zuppa alle Pavese

Al kan deze soep worden bereid met een ei dat vooraf gepocheerd is in water of extra bouillon, het is verfijnder en authentieker de hete soep in de soepkom zelf het ei te laten koken. Gebruik daarom liever een diepe, ronde soepkom dan een diep bord, zodat het ei snel stolt. Dit is vanouds een voorgerecht of een tussendoortje voor iedereen die even een opkikkertje nodig heeft. Met een groene salade of wat vers fruit is het een lekkere lichte lunch of maaltijd.

VOOR ELKE PORTIE
3,5-5 dl hete Kippensoep in Italiaanse stijl (bladzijde 131)
1 sneetje witbrood van goede kwaliteit, zonder korst
1 eetlepel boter
1 ei

VOOR DE GARNERING
Versgehakte peterselie
Geraspte parmezaanse kaas

Zorg dat de soep heet klaarstaat in een pan. Laat de sneetjes vierkant of snijd voor een eleganter resultaat het brood tot rondjes die op de bodem van uw soepkom passen. Laat boter heet worden in een kleine koekenpan en bak het sneetje brood aan beide kanten bruin. Dat duurt 2 à 3 minuten voor elke kant.

Leg het geroosterde brood in een soepkom en breng de soep aan de kook. Breek een ei boven op de toost en giet er de kokende soep overheen. Strooi er peterselie overheen en geef er aan tafel desgewenst geraspte kaas bij.

Het eiwit is binnen een paar seconden gekookt. Breek terwijl u de soep eet de dooier met een lepel kapot, zodat hij uitloopt en draden trekt.

Noot: Rooster, als u meerdere porties van deze soep bereidt, eerst alle toost en leg deze in de kommen. Breek op elk stukje brood een ei en giet er op het laatste moment de soep overheen.

GROENE MINESTRONE MET KIP EN PESTO
Minestrone Verde al Pesto

Pestosaus, die geurige drie-eenheid van knoflook, basilicum en parmezaan, geeft deze van witte en groene groenten gemaakte soep een uitgesproken Ligurisch accent. Het gebruik van kip, hoewel niet origineel, bleek erg goed uit te pakken en gaf de bouillon een verrukkelijk milde smaak. Zonder kippenvlees is deze soep een voedzame eerste gang. Met het kippenvlees erin is het een stevig hoofdgerecht. Bij een dergelijke maaltijd hoeft u geen groenten of kaas meer te geven. Met een voorgerecht van koude schaal- en schelpdieren of boerenpaté en een simpele notentaart of knapperige koekjes toe hebt u een lekker complete maaltijd. Spliterwten vormen een smeuïge basis voor de andere groenten, maar u kunt ze weglaten als u een lichtere, meer zomerse soep wenst. De pestosaus bevat in tegenstelling tot de klassieke variant geen pijnboompitten, omdat ik deze qua smaak en substantie niet lekker vind in een soep. U kunt ook de kaas weglaten in de pesto en deze er aan tafel apart bij geven.

VOOR DE SOEP
Een kip van 1,75-2 kg, in vieren gesneden, met de nek en alle ingewanden behalve de lever
2,5 liter water, of zoveel als nodig is
3 stengels selderie, waarvan 1 hele met blad, de rest in blokjes gesneden
1 kleine wortel
1 kleine ui, heel en 1 middelgrote ui, gehakt
3 takjes peterselie
8-10 zwarte peperkorrels
$2/3$ kop (1,6 dl in maatbeker) groene spliterwten (naar keuze)
2 eetlepels boter en 2 eetlepels milde olijfolie, of 4 eetlepels olijfolie
2 grote preien, alleen het wit, in dunne rondjes gesneden
250 g sperziebonen, afgehaald en in stukjes van 1,5 cm gesneden
500 g kleine courgettes
1 klein groen kooltje, bij voorkeur savooienkool (circa 750 g)
Bladeren van 1 stronk malse jonge kardoen, goed gewassen en grof gehakt (naar keuze)
125 g rijst of 4 middelgrote aardappels, geschild en in blokjes gesneden
Zout en peper, naar smaak

VOOR DE GARNERING NAAR KEUZE
Pestosaus (bladzijde 141)
Geraspte parmezaanse kaas

Leg de kip met de ingewanden in een goed passende soeppan van ruim 5 liter, bij voorkeur van geëmailleerd gietijzer, en voeg ten hoogste 2,5 liter water toe; de kip moet onderstaan. Breng met het deksel schuin op de pan aan de kook, zet het vuur laag en schep het schuim af dat naar de oppervlakte komt. Is alle schuim weg, voeg dan de hele selderiestengel, wortel, hele ui, peterselie en peperkorrels toe. Laat circa 3 uur zachtjes koken, om de 30 minuten even roerend, totdat de kip loslaat van het bot. Vul eventueel nog wat water toe als de kip de eerste 2 uur van de kooktijd niet onderstaat.

Bereid intussen de spliterwten voor. Was ze tweemaal en controleer ze op steentjes of lelijke erwten. Kook de erwten 2 à 3 minuten in circa 0,75-1 liter water. Giet af en spoel de erwten af. Voeg 0,75-1 liter vers water toe en breng weer aan de kook; doe het deksel erop, zet het vuur uit en laat 30 minuten staan.

Haal de kip uit de soep en gooi de ingewanden, groenten en peperkorrels weg. Wilt u de kip in de soep serveren, verwijder dan het vel, de botten en het kraakbeen en verdeel het vlees in op te lepelen stukjes. Zeef de soep en schep er het vet af. Doe de soep terug in de schoongemaakte pan en voeg de geweekte en uitgelekte spliterwten toe. Laat met het deksel schuin op de pan circa 20 minuten koken, terwijl u de andere groenten voorbereidt.

Laat de boter en olie heet worden in een koekenpan van 25 cm. Voeg de gehakte ui, preien en in blokjes gesneden selderie toe en laat al roerend 8 à 10 minuten fruiten, totdat de groenten zacht maar niet bruin zijn. Doe ze bij de soep samen met de sperziebonen en laat met het deksel schuin op de pan circa 10 minuten koken.

Was de courgettes, snijd er de uiteinden af en verdeel in de lengterichting in vieren. Verwijder met een mesje of lepel de zaden. Snijd de courgettes in plakken van 2 cm.

Snijd de kool in vieren, was hem en verwijder de stronk. Snijd de kool heel fijn en gooi grove stukken weg. Doe de courgette en kool bij de soep en laat nog 20 minuten zachtjes koken.

Gebruikt u kardoen, verwijder dan de witte stengels en nerven. Bereid deze een andere keer als groente. Was de bladeren en hak of snijd ze grof. U moet 3-4 koppen (0,75-1 liter in maatbeker) overhouden. Kook de groente met voldoende water een minuut of 3 voor, totdat de bladeren slinken. Laat goed uitlekken en doe de blaadjes zonder het kookvocht bij de soep.

De soep kan tot hiertoe van tevoren worden bereid en afgedekt maximaal 24 uur in de koelkast worden bewaard. Breng voor het opwarmen op kamertemperatuur. Voeg 20 minuten voor het serveren de rijst of aardappels toe en kook deze gaar. Breng op smaak met zout en peper, maar gebruik niet te veel zout, aangezien de pesto er nog in moet.

Serveer in verwarmde kommen, met of zonder kippenvlees. Geef de pestosaus er aan tafel bij. Ik strooi er liever niet nog eens extra kaas overheen, maar u kunt er aan tafel geraspte kaas bij serveren.

Restjes minestrone kunnen in de koelkast 24 uur worden bewaard en in de diepvries 6 weken. De rijst zwelt dan aanzienlijk op zodat de soep bij het opwarmen moet worden aangelengd met water of bouillon. De aardappels kunnen wat uiteenvallen, maar dat is eigenlijk wél zo lekker.

VOOR CIRCA 8 PORTIES ALS EERSTE GANG, ZONDER KIP;
6 PORTIES ALS HOOFDGERECHT MET KIP

Pestosaus

4 teentjes knoflook
1 flinke theelepel grof zout
2 koppen (5 dl in maatbeker niet aangedrukt) goed gewassen
  hele basilicumblaadjes
1,25 dl olijfolie
4 eetlepels geraspte parmezaanse kaas (naar keuze)
Zout, naar smaak

    Snijd de teentjes knoflook verticaal doormidden en verwijder eventueel de groene scheut. Snijd de knoflook in stukjes en maal of wrijf hem in een blender of vijzel met het grove zout tot een gladde massa. U kunt de knoflook ook door de pers drukken en daarna met het zout mengen. Snijd de basilicumblaadjes en doe ze bij de knoflook. Werkt u met een vijzel, giet er dan druppelsgewijs de olijfolie bij en meng de saus alsof u mayonaise maakt. Gebruikt u een blender, voeg dan 0,8 dl olie toe en laat de machine op matige snelheid draaien totdat u een gladde saus heeft. Voeg dan geleidelijk de rest van de olie toe.
    Roer de kaas er met de hand doorheen. Voeg desgewenst nog zout toe.
    Doe een restje pesto over in een potje of schaaltje en giet er een laagje olie van 1 cm op. Bewaar maximaal 1 week afgedekt in de koelkast of 1 maand in de diepvries.

VOOR CIRCA 2,5 DL; VOLDOENDE VOOR 6 à 8 PORTIES SOEP

Variatie

Kaasloze pestosaus kan gemakkelijk gemaakt worden door de knoflook en de basilicumblaadjes te blenderen; zoals hierboven beschreven staat, alleen dan met 0,8 dl olijfolie of zoveel olie als het groene mengsel absorbeert zonder te lekken of uiteen te vallen.

✽ ✽ ✽

Pastaknoedels met vleesvulling
Tortellini en Cappelletti

> *Kipknoedels worden smeuïger als u een beetje donker vlees toevoegt.*

Volgens sommigen horen tortellini vierkant en hoekig te zijn en cappelleti rond; volgens anderen is het precies andersom. Kies zelf maar, de vorm maakt namelijk niets uit voor de bereiding of de smaak van het uiteindelijke resultaat. Als dat iets uitmaakt voor uw keus: vierkantjes zijn makkelijker te snijden en te vouwen.

De vulling van de tortellini is afgeleid van de hartige vulling die Theo Schoenegger maakt in restaurant San Domenico in New York.

VOOR DE VULLING
2 eetlepels rundermerg, uit 3-4 dunne plakken mergpijp (naar keuze)
2-3 eetlepels ongezouten boter
circa 50 g kipfilet, bij voorkeur één stuk
circa 50 g mager varkensvlees, bij voorkeur één stuk
1-2 dunne plakken (circa 30 g) Italiaanse mortadella
$1/2$ kop (1,25 dl in maatbeker) geraspte kaas
1 ei
Snufje geraspte nootmuskaat, naar smaak
Zout, naar smaak
Snufje gemalen zwarte peper, naar smaak

VOOR DE PASTAWIKKELS
Pastadeeg (bladzijde 43) bereid van 225 g bloem, 1 heel ei en 1 eierdooier, $3/4$ theelepel zout en 1 eetlepel water

Maak de vulling klaar 3 à 5 uur voordat u de pasta maakt. De mergpijpjes moeten koud zijn, maar laat ze als ze uit de diepvries komen ontdooien. Schraap met een puntig mesje het merg eruit. U heeft circa 2 eetlepels kruimig merg nodig.

Laat in een koekenpan van 20 cm 2 eetlepels boter heet worden, of als u geen merg gebruikt 3 eetlepels. Smoor het merg, de kipfilet en het varkensvlees zachtjes. Keer het vlees een paar maal om, zodat het gaar wordt maar wel smeuïg blijft. Dat duurt 8 à 10 minuten.

Leg het vlees met het bakvocht en de mortadella in een vleesmolentje of de kom van een keukenmachine. Maal het op de fijnste stand of laat de keukenmachine al stotend 4 minuten draaien, totdat het vlees goed gemengd en fijngemalen is, maar niet al te fijn. Schraap de zijkanten van de kom tijdens het malen een- à tweemaal schoon.

Meng het vleesmengsel in een kom met de kaas, het ei en de specerijen. U kunt het rustig proeven, want het vlees is al gekookt. Breng op smaak en zet losjes afgedekt 3 à 5 uur in de koelkast.

Bereid het deeg volgens de aanwijzingen. Rol het uit tot een vierkant van circa 30 cm groot en 3 mm dik. Maak de tortellini zodra u het deeg hebt uitgerold. Snijd het deeg met behulp van een deegsnijder in vierkantjes of rondjes van 5 cm.

Leg circa 1 theelepel vulling aan één kant van elk vierkant of rondje. Vouw vierkantjes om tot een driehoek. Vouw rondjes doormidden en knijp de randen daarbij op elkaar. Trek de buitenste punten van de driehoekjes of halve cirkels zorgvuldig naar elkaar toe zodat een ring ontstaat. Hebt u rondjes gevouwen, vouw de bovenkant dan naar beneden, hebt u vierkantjes gemaakt, laat de punt dan omhoog staan.

Rol het resterende deeg opnieuw uit en vul het op dezelfde manier. Bent u klaar met vullen, leg de deegvormpjes dan op een schone theedoek en laat ze 2 uur drogen op kamertemperatuur. Keer ze een paar maal om, zodat ze aan alle kanten droog worden. Of leg er nog een schone theedoek overheen en laat ze 5 à 6 uur of een hele nacht staan. U kunt ze ook invriezen maar laat ze in dat geval 2 uur drogen voordat u ze in zakjes of dozen pakt en laat ze voor het bereiden niet ontdooien.

Breng ruim 4 liter water aan de kook en voeg 2 flinke theelepels zout toe. Laat de tortellini er voorzichtig in vallen. Laat ze bij voorkeur van de theedoek in het water rollen, zodat u ze niet meer hoeft vast te pakken waarbij de vorm misschien kapotgaat. Laat de pasta met het deksel schuin op de pan 7 à 12 minuten koken. Hoe verser hoe korter de kooktijd, maar laat de pasta niet te zacht worden.

Haal de pasta met een schuimspaan uit het water en verdeel over de soepkommen. Giet er de hete bouillon op en serveer.

VOOR CIRCA 80 TORTELLINI OF 125 CAPPELLETTI;
VOOR 8 à 12 PORTIES SOEP

Variatie

Cappelletti, oftewel hoedjes, zijn kleine tortellini die makkelijk zijn op te lepelen. Snijd het deeg in vierkantjes van 3,5 cm en gebruik $^3/_4$ *theelepel vulling.*

Italiaanse kipgehaktballetjes
Polpettini di Pollo

Deze balletjes zijn hetzelfde als de balletjes die werden genoemd als garnering bij de kippensoep die de Toscaanse joden met Pasen maken (bladzijde 55). Joden die de voedselwetten in acht nemen laten de kaas weg.

> 250 g kippenvlees zonder vel of bot, bij voorkeur licht en donker vlees samen
> 1 ei, licht geklopt
> 3-5 eetlepels gedroogd broodkruim, zoveel als nodig is
> 3 eetlepels geraspte parmezaanse kaas
> 1 eetlepel fijngehakte bladpeterselie
> $3/4$ theelepel zout, of naar smaak
> Mespunt versgemalen zwarte peper, of naar smaak
> Geraspte schil van $1/2$ citroen

Maal het witte en donkere vlees samen in een vleesmolen, of in een keukenmachine. Laat de machine al stotend 3 à 4 minuten draaien tot de massa glad maar nog wel stevig is.

Meng er het ei en 3 eetlepels broodkruim, de kaas en de overige ingrediënten door. Voeg geleidelijk meer broodkruim toe totdat het mengsel de consistentie heeft van een dikke pap. Maak om te proeven met natte handpalmen een balletje van ruim 1 cm doorsnee en laat dit zachtjes in bouillon of water met zout 7 à 8 minuten koken of totdat het gaar is. Proef en voeg eventueel nog zout en peper toe. Proef niet van het rauwe mengsel.

Vorm met behulp van 2 dessertlepels of natte handpalmen balletjes van circa 2,5 cm doorsnee. Laat deze met het deksel schuin op de pan circa 10 minuten koken in de soep totdat ze boven komen drijven en een proefballetje gaar is.

VOOR CIRCA 12 BALLETJES;
VOOR CIRCA 6 PORTIES SOEP

Pastaknoedels met brood en kaas
Passatelli of Passetini

Passatelli zien eruit als slordige, bruinkleurige pasta, maar het zijn eigenlijk knoedels. Ze worden gemaakt van broodkruim, eieren en kaas die tot een dikke pasta worden gemengd en dan door een molen of aardappelknijper in de hete bouillon worden gedrukt. Aan dat doorgedrukt zijn ontlenen ze ook hun naam: *passato*.

Sommige koks gebruiken een grotere hoeveelheid kaas dan broodkruim, maar komen uiteindelijk uit op dezelfde hoeveelheid deeg als hieronder wordt aangegeven. In *Mangiari di Romagna*, een oud kookboek uit deze streek, wordt uitgelegd dat armere families een grotere hoeveelheid broodkruim gebruikten terwijl degenen die het zich konden veroorloven meer kaas gebruikten. De resulterende passatelli waren dus klassegebonden.

Giancarlo Quadalti was de bekwame kok van het Newyorkse restaurant Amarcord dat nu helaas gesloten is. Nadat ik zijn lichte maar pittige passatelli geproefd had, vroeg ik hem het recept, hetgeen hij bereidwillig afstond. Peterselie is in passatelli niet origineel, maar een speciale toevoeging van Giancarlo. In het klassieke kookboek *La scienza in cucina e l'arte di mangiar bene* (In het Nederlands verschenen als *De wetenschap in de keuken en de kunst om goed te eten*) stelt Pellegrino Artusi, de Escoffier van de Italiaanse keuken, voor de nootmuskaat te vervangen door een beetje zeer fijngeraspte citroenschil, een typisch Italiaans smaakaccent.

Deze knoedels zijn snel en makkelijk te bereiden als u de slag eenmaal te pakken hebt, maar het is verstandig ze een keer uit te proberen voordat u ze aan gasten serveert.

> 'Ga naar Cesarina,' raadde Federico Fellini mij aan toen ik hem jaren geleden interviewde voor een artikel in Vanity Fair. 'Die zijn gespecialiseerd in het eten uit mijn geboortestreek, Emilia-Romagna, bijvoorbeeld Passatelli in brodo, precies zoals mijn moeder die maakte.' Natuurlijk volgde ik zijn advies op en ik raakte onder de bekoring van dit ongewone en verrukkelijke soepgarnituur in het restaurant dat veel wordt bezocht door de medewerkers van Cinecittá uit Rome.

2 eieren
$2/3$-$3/4$ kop (1,6-1,8 dl in maatbeker) versgeroosterd broodkruim, zoveel als nodig is
$2/3$-$3/4$ kop (1,6-1,8 dl in maatbeker) versgeraspte parmezaanse kaas, zoveel als nodig is
1 eetlepel zeer fijngehakte bladpeterselie
Mespunt gemalen witte peper, of naar smaak
$1/3$ theelepel geraspte nootmuskaat of 1 flinke theelepel fijngeraspte citroenschil
2-2,5 liter Kippensoep in Italiaanse stijl (bladzijde 131)
Geraspte parmezaanse kaas

Het beste gereedschap om passatelli te maken is een groentemolen uitgerust met de schijf met de grootste gaatjes. Gebruik eventueel een aardappelknijper of vergiet met gaten die tussen de 6 en 9 mm groot zijn. Bij gebruik van een vergiet hebt u een houten lepel, spatel of platte houten hamer nodig om het deeg door de gaatjes te drukken. Bij gaatjes die kleiner zijn dan 6 mm worden de passatelli te dun.

Breek de eieren in een kom, klop ze licht en roer er $2/3$ kop broodkruim en $2/3$ kop kaas doorheen, samen met de peterselie, witte peper en nootmuskaat. Meng en kneed alles met de hand tot een smeuïge, stevige massa, die er een beetje kruimig uitziet als u hem openbreekt.

Dit deeg kan tot 30 minuten van tevoren worden bereid en afgedekt in de koelkast worden bewaard. Laat het 10 minuten op kamertemperatuur komen voordat u het gaat koken.

Breng de soep aan de kook, zet het vuur laag. Doe het deeg in de molen of in het andere gerei dat u gebruikt, houd dit boven de soep en druk of wrijf het deeg door de molen of knijper, waarbij de lange, onregelmatige slingers deeg rechtstreeks in de soep moeten vallen. Laat circa 1 minuut zachtjes koken, zet het vuur uit en laat nog 2 à 3 minuten staan voor het serveren. De soep mag niet koken, anders vallen de passatelli uit elkaar.

Lukt het niet goed het deeg door de gaatjes te krijgen, stop dan na 1 minuut en schep de gekookte passatelli met een zeef of schuimspaan uit de soep. Zet ze opzij terwijl u de rest van het deeg in de soep drukt. Zijn alle passatelli klaar, doe ze dan terug in de soep en laat deze zonder te koken nog 2 à 3 minuten staan.

Passatelli zijn het lekkerste en lichtste als ze direct worden geserveerd, maar u kunt ze 30 minuten van tevoren bereiden. Haal ze in dat geval na een kooktijd van 2 minuten met een zeef of schuimspaan uit de bouillon. Bewaar ze op een warme plaats en warm ze 2 à 3 minuten op in de zeer hete (maar niet kokende) soep.

Schep de soep met de passatelli in verwarmde kommen en geef er aan tafel extra geraspte parmezaanse kaas bij.

VOOR 6 à 8 PORTIES

Portugal

✸ ✸

KIPPEN-RIJSTSOEP MET EI, CITROEN EN MUNT
Canja

In *A Taste of Portugal* schrijft Shirley Sarvis dat het Portugese woord *canja* wordt gebruikt voor alle kippensoepen in dat land, maar er bestaat een heel andere verklaring in verband met de totaal andere Braziliaanse Canja (bladzijde 83). Kippensoep met ei en citroen is overigens een van de nationale gerechten van Portugal, duidelijk een erfenis van de Moren, of misschien wel overgenomen tijdens Portugese ontdekkingstochten in Arabische landen. Ze wordt op precies dezelfde wijze bereid als Basiskippensoep met ei en citroen (bladzijde 174) en gegarneerd met flinterdunne schijfjes citroen en verse munt. Zoals u hieronder kunt zien kent de Portugese streek Alentejo een steviger kippensoep met rijst, maar zonder ei en citroen.

KIPPENSOEP MET WORST EN RIJST UIT ALENTEJO
Canja de Galinha à Alentejana

Deze dikke maaltijdsoep met kippenvlees, bacon en varkensworst is kenmerkend voor de Portugese streek Alentejo. Ze lijkt wel wat op vloeibare jambalaya. Vooraf kunt u het beste een groene salade geven of koude groenten zoals artisjokken, paddestoelen of asperges met vinaigrette. Als dessert is een sorbet of vers fruit erg lekker. Een licht soort wit brood met een stevige korst, bijvoorbeeld ciabatta, past er goed bij. In plaats van bacon kunt u ook een tamelijk droge rauwe ham gebruiken; die geeft veel smaak en is niet zo vet.

VOOR DE SOEP
Een hele kip van 1,75-2 kg
2-2,5 liter water, zoveel als nodig is
2 middelgrote uien, gehalveerd
2 takjes verse of 1 flinke theelepel gedroogde tijm
2-3 takjes koriander of 2-3 takjes peterselie
1 laurierblad
1 flinke theelepel zout
8-10 peperkorrels
125 g Portugese linguiça-worst of Spaanse chorizo
125 g zeer magere gerookte bacon, spek of droge Italiaanse prosciutto, aan één stuk
2 teentjes knoflook
1 flinke theelepel grof zout
1 flinke theelepel paprikapoeder, heet of mild of een combinatie
3 eetlepels gezeefde tomaten of 1,5 eetlepel tomatenpuree
2,5 dl droge rode wijn, of naar smaak
300 g witte rijst, bij voorkeur kortkorrelig

VOOR DE GARNERING
Versgehakte peterselie of koriander
Italiaans brood

Leg de kip in een goed passende soeppan van 5 liter en voeg 2 liter water toe, eventueel meer als de kip nog niet onderstaat, maar niet meer dan 2,5 liter. Breng aan de kook, zet het vuur laag en schep het schuim af dat naar de oppervlakte komt. Voeg als de soep grondig is afgeschuimd de uien, tijm, peterselie of koriander, het laurierblad, zout en de peperkorrels toe. Laat met het deksel schuin op de pan 1 uur zachtjes koken.

Kook de worst circa 15 minuten voor in 1 liter water. Voeg de bacon toe en laat nog 5 minuten koken. Gooi het water weg en doe het vlees bij de soep. Laat de soep met het deksel schuin nog 1 à 1,5 uur zachtjes koken of totdat het vlees loslaat van het bot. Haal de kip, worst, bacon, ui, kruiden en peperkorrels er met een schuimspaan uit.

Snijd de knoflook in kleine stukjes. Wrijf de knoflook met het grove zout fijn in een vijzel. Meng er het paprikapoeder door, zoet als u van mild houdt, heet als u van pittig houdt of een combinatie van de twee. Proef de soep om te bepalen hoeveel pit er nodig is. Roer het mengsel door de soep, evenals de gezeefde tomaten of tomatenpuree. Voeg de wijn toe en laat zachtjes 10 minuten koken of totdat alle smaken zijn gemengd; proef of er zout en peper bij moet. Laat 30 minuten afkoelen; schep het vet af.

Doe de rijst bij de soep en laat met het deksel schuin nog circa 30 minuten koken of totdat de rijst heel zacht is en de soep er romig en ondoorzichtig uitziet.

Haal intussen alle vel, bot en kraakbeen van het kippenvlees en verdeel het in op te lepelen stukjes. Haal het vel van de worst en snijd deze in plakjes van 1 cm. Snijd de bacon of ham in blokjes. Doe het vlees terug in de soep, proef en voeg zo nodig zout, peper of wijn toe. Laat nog 10 à 15 minuten zachtjes koken en serveer. Verdeel de kip, het andere vlees en de rijst over de verschillende porties en garneer deze met peterselie of koriander. Geef er aan tafel brood bij.

Deze soep wordt nog rijker van smaak als u haar een dag van tevoren bereidt en afgedekt in de koelkast bewaart. Bent u dat van plan, voeg dan nog geen rijst toe, anders zwelt deze te zeer op en wordt de soep te dik. Kook de rijst liever tijdens het opwarmen 20 minuten mee. Verwijder na het afkoelen alle vet, laat de soep op kamertemperatuur komen en warm haar dan pas op. Laat met het deksel schuin op de pan zachtjes warm worden, liefst op een vlamverdeler om aanzetten te voorkomen. Roer de soep om, proef of er zout en peper bij moet en voeg een beetje wijn, water of bouillon toe als de soep te dik wordt.

VOOR 6 PERSONEN ALS HOOFDGERECHT

Spanje

❊ ❊

Maaltijdsoep met kip, worst en groenten uit Madrid
Cocido Madrileño

Cocido is een maaltijdsoep die je in heel Spanje, Mexico en elders in Zuid-Amerika vindt. De gebruikte soorten vlees en groenten variëren, evenals de kruiderij. In de klassieke Madrileense versie wordt rundvlees gebruikt, maar ik heb dat weggelaten om de soep wat lichter te maken. Dit recept is een bewerking van een recept uit *Adventures in Taste: The Wines and Folk Food of Spain* van D.E. Pohren, het interessantste en meest informatieve boek over Spaans eten dat ik ken. Helaas weet ik niet wie het heeft uitgegeven en ben ik bang dat het niet meer in de handel is.

VOOR DE SOEP

250 g gedroogde kikkererwten (garbanzos)
2,5 kg soepkip of poularde, in vieren gesneden, met alle slachtafval en ingewanden behalve de lever
2 stukjes kalfs- of rundermergpijp (naar keuze)
2,5 liter water, zoveel als nodig is
125 g mager gerookt of gezouten spek, aan 1 stuk en zonder zwoerd
250 g serrano-ham, prosciutto of rauwe ham, aan 1 stuk
2 middelgrote preien, het wit en het groen
3 middelgrote wortels, geschrapt
1 grote ui
2 kleine raapjes, geschrapt
1 grote teen knoflook
1 klein laurierblad
3-4 takjes peterselie
2 takjes verse tijm of munt, of naar smaak
6-8 peperkorrels
6 chorizo-worstjes (circa 500 g)
1 klein groen kooltje (circa 750 g), de stronk verwijderd en in fijne reepjes gesneden
6 kleine nieuwe aardappels, geschild
Cayennepeper of verkruimelde gedroogde pepertjes, naar smaak (naar keuze)

VOOR DE GARNERING NAAR KEUZE

250 g gekookte vermicelli
5 dl hete bouillon aangelengd met 3 eetlepels gezeefde tomaten (geen tomatenpuree) als saus voor het hoofdgerecht

Was de kikkererwten en controleer ze op steentjes en lelijke erwten. Doe ze in een kom met 1 liter water en laat 5 à 6 uur of een hele nacht weken.

Giet het overtollige water eraf en doe de erwten samen met de kip, het slachtafval en de ingewanden en de mergpijp in een goed passende soeppan van ruim 7 liter. Voeg zoveel water toe dat de kip onderstaat. Breng aan de kook en schep het schuim af dat naar de oppervlakte komt. Laat de soep na het afschuimen met het deksel schuin op de pan 1,5 uur zachtjes koken. Voeg eventueel extra water toe als de kip niet onderstaat.

Blancheer intussen het spek 5 minuten in ruim kokend water, laat uitlekken. Voeg samen met de ham, preien, wortels, ui, raapjes, knoflook, het laurierblad, de peterselie, tijm of munt en peperkorrels toe aan de soep. Laat met het deksel schuin op de pan circa 40 minuten zachtjes koken of totdat de kikkererwten gaar zijn.

Prik terwijl de soep kookt de worstjes met een vork of prikker en bak ze in circa 5 minuten bruin in een koekenpan. Voeg de gesneden kool toe en 2,5 dl water of zoveel dat de bodem van de pan goed bedekt is. Laat met een deksel schuin op de pan onder af en toe roeren zachtjes 10 minuten koken totdat de kool zacht begint te worden.

Voeg samen met de aardappels toe aan de soep. Laat met het deksel schuin 25 minuten zachtjes koken totdat de kool en aardappels gaar zijn. Haal de kip, het vlees, de mergpijp en kruiden uit de soep. Gooi de mergpijp en kruiden weg. Haal het vel en de botten van de kip. Wilt u de kip in de soep serveren, verdeel het vlees dan in op te lepelen stukken; anders mag het groter blijven. Verdeel de bacon en ham in stukken en houd warm.

Schep al het vet van de soep. Breng op smaak, voeg zout naar smaak toe en afhankelijk van de pittigheid van de worst cayennepeper of verkruimelde pepertjes.

De bouillon kan als eerste gang worden geserveerd met een beetje gekookte vermicelli in elke portie. Serveer de kip en het vlees samen met de kikkererwten, kool, plakken wortels en hele aardappels als tweede gang. Geef er een soepkom bij met hete bouillon gemengd met gezeefde tomaten om als saus over de verschillende porties te scheppen.

U kunt ook alle vlees en groenten in stukken snijden en samen in de soep serveren als eenpansmaaltijd. Verwijder in dat geval het vel van de worst en snijd de worst in plakken.

Deze soep smaakt het beste als ze 24 uur van tevoren wordt bereid. Bewaar haar afgedekt in de koelkast, maar voeg nog geen vermicelli toe. Laat deze meekoken als u de soep na het ontvetten opwarmt.

VOOR 4 à 6 PORTIES ALS HOOFDGERECHT

OOST-EUROPA & RUSLAND

◆

*Georgië, Hongarije, Joegoslavië,
Moldavië, Oekraïne, Polen,
Roemenië, Rusland, Tsjechië*

OOST-EUROPESE KIPPENSOEP

Het recept voor de met soepgroenten bereide Basiskippensoep (bladzijde 38) is hier van toepassing. Er kunnen al dan niet botten worden gebruikt. Traditionele garneringen zijn de verschillende soorten Eierpasta (bladzijden 43-46), knapperballetjes of soepsoesjes (bladzijde 48) en Flensjes in reepjes (bladzijde 49), leverknoedels, vooral populair in Tsjechië (zie bladzijden 156 en 162), en met vlees gevulde deegflapjes, Pirosjki of Pierogi, in Polen, Rusland en de Oekraïne (bladzijde 168).

KIPPEN-GROENTESOEP UJHÁZY
Ujházyleves

De Hongaarse acteur Ede Ujházy was in het begin van deze eeuw een trouw bezoeker van het historische en nog steeds uitstekende restaurant Gundel in Boedapest. Naar verluidt was kippensoep zijn lievelingsgerecht en geleidelijk aan ontstond dit succesvolle geheel dat zijn naam draagt. In sommige recepten worden runderbotten en tomaten gebruikt, maar ik vind de soep lekkerder zonder. Naast griesmeelknoedels gaan er leverknoedels in, maar het resultaat is dan nogal zwaar. Ik gebruik liever vermicelli en/of leverknoedels.

VOOR DE SOEP
Een kip van 2-2,5 kg, in vieren, met nek en alle ingewanden behalve de lever
Een runderbot van 7,5-10 cm (naar keuze)
2,5-3 l water, zoveel als nodig is
2 middelgrote wortels, geschild
$1/2$ kleine knolselderie, of 2 stengels selderie met blad
1 kleine pastinaak of $1/2$ pastinaak en 1 klein raapje, geschild
1 middelgrote ui
4 takjes peterselie
1 grote teen knoflook, ongepeld
10 zwarte peperkorrels
Zout, naar smaak

> *Kippenbouillon is in de Oekraïne bijna net zo populair als borsjt... Kippenbouillon is bij arm en rijk een speciaal gerecht voor de zondag. Bij feestelijke gelegenheden wordt kippensoep beschouwd als een wezenlijk onderdeel van het menu... onovertroffen voor een rijk, evenwichtig vleesextract, delicaat van smaak en aroma.*
>
> *– Savella Stechishin,*
> *The Ukrainian Cookbook*

2 kleine koolrabi's, geschild en in luciferdunne reepjes gesneden; of
$1/2$ bloemkool, in roosjes gesneden; of
$1/2$ klein savooienkooltje, in fijne reepjes gesneden
1 kleine groene paprika, zonder zaden en in repen gesneden
2 eetlepels gezeefde tomaten (geen tomatenpuree) of 2 gepelde tomaten, vers of uit blik, in stukken gesneden (naar keuze)
2 eetlepels ongezouten boter
125 g verse paddestoelen, in dunne plakjes gesneden
1 kop (2,5 dl in maatbeker) doperwtjes, vers of uit de diepvries

VOOR DE GARNERING NAAR KEUZE
Versgehakte peterselie of bieslook
1 gepocheerd ei per portie
125 g gekookte vermicelli en/of Hongaarse leverknoedels (bladzijde 156)

Doe de kip, ingewanden en het bot in een geëmailleerde of roestvrijstalen soeppan van 6 à 7 liter. Voeg circa 2,5 liter koud water toe; de kip moet onderstaan. Breng aan de kook, zet het vuur laag en schep het schuim af dat naar de oppervlakte komt. Voeg na het afschuimen de wortels, selderieknol, pastinaak, ui, peterselie, knoflook, peperkorrels en het zout toe. Gebruik niet meer dan 2 flinke theelepels zout.

Laat met het deksel schuin op de pan zachtjes circa 2 uur koken of totdat de kip helemaal gaar is. Als u poulardes gebruikt gaat dit 30 à 45 minuten sneller dan bij een soepkip. Zorg dat het water op het oorspronkelijke peil blijft. Haal de kip, ingewanden en botten eruit. Gooi de botten weg, evenals het vel. Verdeel het kippenvlees in stukken van lepelformaat en verwijder daarbij alle aders, pezen en kraakbeen. Snijd de vlezige stukjes ingewanden in blokjes en zet ze samen met het kippenvlees opzij.

Zeef de soep in een grote kom en druk daarbij alle vocht uit de groenten. Gooi de peperkorrels, peterselie, ui en knoflook weg. De andere groenten kunt u in blokjes gesneden bij de soep doen; gebruik ze alleen als ze niet te vet of uitgekookt zijn. Schep het vet van de soep en doe haar terug in de schoongemaakte pan. Voeg de kip en de koolrabi, bloemkool of kool en groene paprika toe, evenals de gezeefde tomaten als u die gebruikt. Laat met het deksel schuin 15 à 20 minuten zachtjes koken of totdat de groenten gaar zijn.

Laat intussen boter heet worden in een kleine koekenpan en smoor de paddestoelen al roerend op niet te hoog vuur totdat ze een mooi bruin kleurtje beginnen te krijgen. Voeg de paddestoelen met hun vocht toe aan de soep.

De soep kan tot hiertoe 1 uur voor het serveren worden bereid. Leg het deksel schuin op de pan en zet weg op kamertemperatuur.

Breng 15 minuten voor het serveren de soep zachtjes aan de kook en voeg de erwtjes toe. Laat verse erwtjes circa 8 minuten meekoken, ontdooide diepvrieserwtjes zijn in 1 à 2 minuten gaar, bevroren erwtjes hebben 4 minuten nodig. Breng op smaak met zout en peper.

Serveer met een of meer garneringen. Garneert u de soep met eieren, laat deze dan tijdens het koken van de erwtjes 4 minuten in de soep pocheren. Reken op 1 ei per portie.

VOOR 6 à 8 PORTIES ALS EERSTE GANG;
VOOR 4 à 6 PORTIES ALS HOOFDGERECHT.
HET AANTAL PORTIES HANGT AF VAN DE GEBRUIKTE GARNERINGEN

Hongaarse leverknoedels
Majas Gomboc

Volg het recept voor Leverknoedels op bladzijde 130. Laat de nootmuskaat weg en vervang de tijm door gedroogde marjolein, in dezelfde hoeveelheid. Vorm balletjes van 2,5 cm doorsnee en kook deze zoals aangegeven. Serveer in een soep die als eerste gang wordt gegeten circa 3 knoedels, in een maaltijdsoep circa 5.

VOOR 18 à 20 KNOEDELS

Goulashsoep
Gulyasleves

Goulashsoep wordt vanouds gemaakt met rundvlees, maar ik merkte dat donker kippenvlees een magerder, smakelijker resultaat geeft. Wit vlees is te droog en te mild van smaak om op te kunnen tegen de andere krachtige smaken. Voeg geen zout toe totdat de soep helemaal klaar is vanwege het zout in de bouillon.

Dit is een maaltijdsoep die wordt geserveerd met rogge- of pompernikkelbrood. Wilt u iets vooraf geven, dan is een groene salade het meest geschikt, en als dessert is een sorbet of vers fruit het lekkerste.

VOOR DE SOEP
1,75-2 kg kippendijen en drumsticks
1,5-2 liter Basiskippensoep (bladzijde 38) of heldere kippensoep
  uit blik of pot, zoveel als nodig is
2 eetlepels boter of lichte plantaardige olie
2 middelgrote uien, grof gehakt
1 grote groene paprika, zonder zaden en in blokjes gesneden
$^3/_4$ theelepel gemalen zwarte peper
1,5 eetlepel zoet Hongaars paprikapoeder
$^1/_3$-$^3/_4$ theelepel scherp Hongaars paprikapoeder, of naar smaak
  (naar keuze)
1 eetlepel karwijzaad, licht gekneusd
2 grote tenen knoflook
1 flinke theelepel gedroogde marjolein of tijm
2 kleine tomaten uit blik, gehakt, of 4 eetlepels gezeefde
  tomaten (geen tomatenpuree)
3 middelgrote aardappels, geschild en in blokjes gesneden
Zout, naar smaak

VOOR DE GARNERING NAAR KEUZE
125 g gekookte Pastavlokken (bladzijde 45), Eierpasta (bladzijde
  35) of gort (zie bladzijde 51), en zure room

Ontbeen de stukken kip en haal het vel eraf. Snijd zoveel mogelijk vlees van het bot en gooi vet en pezen weg. Snijd 2 eetlepels rauw kippenvet van de stukken kip en zet apart. Snijd het vlees in blokjes van ruim 1 cm. U moet 2,5-3 koppen (6,25-7,5 dl in maatbeter) kippenvlees krijgen. Zet opzij op kamertemperatuur. Kook het vel en de botten zachtjes 30 minuten in zelfgemaakte bouillon of bouillon uit blik of pot. (Voeg geen zout toe.) Schep het schuim eraf dat naar de oppervlakte komt. Haal het vel en de botten eruit en zeef de bouillon. Laat even afkoelen, schep het vet af en bewaar de bouillon. Snijd stukjes gekookt vlees van de botten en bewaar deze. Gooi de botten en het vel weg.

Doe het rauwe kippenvet in een pan van circa 4 liter, bij voorkeur geëmailleerd of van roestvrij staal met een zware bodem. Laat het vet smelten en voeg de boter of olie toe. Laat heet worden, voeg de uien toe en fruit deze al roerend zachtjes circa 7 minuten of totdat ze zacht worden maar niet verkleuren. Voeg de groene paprika toe en laat onder voortdurend roeren 3 à 4 minuten smoren.

Roer er de peper, de beide soorten paprikapoeder, het gekneusde karwijzaad, de knoflook en marjolein of tijm bij. Laat zachtjes 2 à 3 minuten smoren en roer er dan de kip door, totdat de stukken goed bedekt zijn met de kruiden. Leg het deksel schuin op de pan en laat circa 10 minuten zachtjes smoren op heel laag vuur, totdat de kip er niet meer rauw uitziet.

Voeg 1,5 liter hete kippenbouillon toe, evenals de stukjes gaar kippenvlees die u van de botten hebt gesneden en de (gezeefde) tomaten. Bewaar de overige bouillon. Laat de soep met het deksel op de pan zachtjes 25 à 30 minuten koken of totdat de kip bijna gaar is.

Laat zonder deksel circa 1 uur afkoelen en schep er dan het vet af. Breng aan de kook, voeg de aardappels toe en laat met het deksel schuin 15 à 20 minuten sudderen of totdat de kip en aardappels gaar zijn. Voeg de bewaarde kippenbouillon toe als de aardappels de soep te dik maken.

Schep het vet van het oppervlak. Breng op smaak met zout en peper en serveer met of zonder de garneringen naar keuze. Serveert u zure room bij de soep, laat deze dan op kamertemperatuur komen en geef hem er aan tafel bij.

Deze soep kan afgedekt 3 dagen in de koelkast worden bewaard en is ook goed in te vriezen. De aardappels kunt u echter het beste pas vlak voor het serveren meekoken.

VOOR 6 à 8 PORTIES ALS EERSTE GANG;
3 à 4 PORTIES ALS HOOFDGERECHT

KIPPENSOEP MET ZUURKOOL

Versies van deze fluwelige, pikante witte soep zijn vooral populair in Polen, Tsjechië en Hongarije. De eerste versie is in wezen Hongaars, daarna volgen Poolse en Tsjechische varianten. In het verlokkelijke en bijzondere kookboek *Transylvanian Cuisine* beschrijft Paul Kovi, die geboren werd in Transsylvanië en mede-eigenaar is van het Newyorkse restaurant Four Seasons, een Saksische soep met zuurkool en kip die wel wat lijkt op die hieronder. Ze staat bekend als *szász káposztaleves tyúkússal* of als *kriläwend*. Onder deze laatste naam, zo schrift Kovi, 'is het een delicatesse van de Transsylvaans-Saksische keuken, die aan het eind van de winter bij kerkelijke feesten wordt bereid.'

VOOR DE SOEP
Een soepkip van 3 kg, of twee kippen van 1,5 kg, met nek en alle ingewanden behalve de lever
2,5-3 liter water, zoveel als nodig is
2 grote wortels, geschrapt
$^1/_2$ middelgrote knolselderie, geschild
2 stengels selderie met blad
2 preien, het wit en het groen, in de lengte gehalveerd
1 kleine pastinaak of 2 peterseliewortels, geschrapt
1 laurierblad
3-4 stukjes geplette gedroogde gember, of $^3/_4$ theelepel gemberpoeder
8-10 zwarte peperkorrels
1 kg zuurkool, bij voorkeur uit het vat of uit plastic zakjes, maar niet uit blik, met het vocht

4 eetlepels ongezouten boter
2 middelgrote uien, grofgehakt
3 eetlepels bloem
3 kleine wortels, in blokjes (naar keuze)
2 grote stengels selderie, in blokjes gesneden (naar keuze)
1 middelgrote ui, grof gehakt; of het wit van 2 kleine preien, in dunne ringen gesneden (naar keuze)
4 eierdooiers, of 4 eetlepels bloem
2,5 dl zure room
1 eetlepel versgeraspte mierikswortel
Zout, naar smaak
Versgemalen zwarte peper, naar smaak

VOOR DE GARNERING NAAR KEUZE
Hete geschilde gekookte aardappels, in blokjes gesneden of heel als ze klein zijn
Pierogi (bladzijde 168)

> *Ik ben al vanaf mijn kinderjaren dol op kippensoep, maar helaas doen ze tegenwoordig niet meer met de kip wat mijn moeder ermee deed, dus tegenwoordig is kippensoep, hoewel nog steeds iets speciaals, toch niet meer wat het was. Mijn moeder kocht altijd een kip met ongelegde eieren erin, en een heleboel vet. Het vet werd uitgesmolten en daarin werden de ongelegde eieren gebakken met uien. Dat aten we als een soort hapje vooraf, samen met de kaantjes die wij 'gribbenes' noemden. Ik kan je verzekeren dat die gribbenes en ongelegde eieren lekkerder waren dan het duurste merk chocolade.*
>
> *– Edward I. Koch, voormalig burgemeester van New York*

Gebruikt u een soepkip, snijd deze dan in 8 stukken. Snijd 2 eetlepels rauw vet van de kip en zet opzij. Hak de borst- en dijstukken met bot en al doormidden. Spoel af en leg in een geëmailleerde of roestvrijstalen soeppan van 8 liter. Voeg de ingewanden en 2,5 liter water toe, zoveel als nodig is om de kip onder te zetten. Doe het deksel schuin op de pan en breng aan de kook. Zet het vuur laag en schep het schuim af dat naar de oppervlakte komt. Voeg na het afschuimen de wortels, knolselderie, selderie, preien, pastinaak, het laurierblad, de gember en peperkorrels toe. Laat met het deksel schuin 1½ à 2 uur zachtjes koken of totdat de kip gaar is en makkelijk loslaat van het bot. Houd het water tijdens het koken op peil.

Haal de kip uit de soep en gooi het vel en de botten weg. Verdeel het vlees in stukken van lepelformaat. Zeef de soep, gooi de groenten en andere smaakmakers weg. Laat de soep afkoelen en schep er het vet af. Doe de kip terug in de soep.

Laat terwijl de soep kookt de zuurkool uitlekken in een vergiet boven een kom. Bewaar het nat. Is de zuurkool erg zuur, spoel hem dan even af onder koud stromend water en knijp het water eruit. Laat het rauwe kippenvet langzaam smelten in een geëmailleerde of roestvrijstalen pan van 3 liter met een zware bodem. Voeg de boter toe, laat smelten en fruit de uien circa 8 minuten, totdat ze een beetje goudgeel kleuren. Roer er de zuurkool doorheen en haal hem met een vork uit elkaar. Doe het deksel op de pan en laat zonder vloeistof toe te voegen circa 10 minuten op heel laag vuur smoren; roer een paar keer om aanzetten te voorkomen.

Strooi er de bloem over en roer tot de zuurkool deze heeft opgenomen. Voeg het zuurkoolnat toe en laat met het deksel schuin op de pan 20 à 30 minuten zachtjes koken, of totdat de zuurkool zacht wordt. Hoe verser de zuurkool, des te langer dit duurt.

Breng de ontvette kippensoep tegen de kook aan en doe het zuurkoolmengsel met alle vocht erbij.

De soep kan tot hiertoe van tevoren worden bereid en afgedekt 1 dag in de koelkast worden bewaard.

Breng de soep 20 minuten voor het serveren zachtjes aan de kook. Wilt u er groenten in serveren, laat dan de in blokjes gesneden wortels, selderie en ui of preien 10 minuten in de soep meekoken. Bind de soep met ofwel eierdooiers ofwel bloem. Met eieren wordt de soep rijker van smaak, met bloem minder vet. Klop ofwel de dooiers ofwel de bloem met de zure room in een mengkom. Giet onder voortdurend kloppen met een garde heel langzaam wat van de hete soep bij dit mengsel. Hebt u 5 dl soep toegevoegd, neem dan de soep van het vuur en giet er onder voortdurend roeren met een garde het beslagje bij. Voeg mierikswortel, zout en peper naar smaak toe.

Hebt u eieren gebruikt, laat de soep dan warm worden maar niet meer koken. Hebt u bloem gebruikt, laat de soep dan 8 à 10 minuten zachtjes koken. Serveer bij gebruik van eieren de soep direct. Hebt u de soep met bloem gebonden, dan kunt u haar met het deksel schuin op de pan 2 uur op kamertemperatuur bewaren en voor het serveren opwarmen. Serveer met of zonder in licht gezouten water gekookte aardappels.

VOOR 8 à 10 PORTIES ALS EERSTE GANG;
VOOR 4 à 6 PORTIES ALS HOOFDGERECHT

Poolse of Tsjechische kippensoep met zuurkool

Volg het vorige recept, maar gebruik in plaats van het gemberpoeder 8 pimentkorrels (allspice) en voeg 1 eetlepel gedroogde marjolein toe. Voeg 3 grote Oost-Europese of Italiaanse paddestoelen (porcini oftewel eekhoorntjesbrood) toe die 20 minuten in warm water zijn geweekt. Kook de paddestoelen mee met de kip en de groenten. Laat de mierikswortel weg. Garneer met gekookte aardappels en plakjes kielbasa (Poolse worst) van 1 cm dik. Verwarm desgewenst 750 g Poolse kielbasa in de soep voordat deze wordt gebonden, haal de worst eruit en houd hem warm.

Kippen-groentesoep met mierikswortel uit Vojvodina

Vojvodina, een autonome provincie in de Hongaarse laagvlakte ten noorden van de Donau en de Sava, werd in 1990 geannexeerd door Servië. De streek werd vroeger beschouwd als de graanschuur van Joegoslavië. Invloeden van zowel de Slavische als de Hongaarse bevolking zijn terug te vinden in deze stevige soep die naast mierikswortel ook knolgroenten bevat. Dit recept is gebaseerd op een recept uit het kleine *Yugoslav Cookbook* en een uit *The Balkan Cookbook*.

VOOR DE SOEP
Een soepkip van 2-2,5 kg, of evenveel poulardes, in 8 stukken, met de nek en alle ingewanden behalve de lever
8-10 zwarte peperkorrels
2,5 liter water, of zoveel als nodig is
1 middelgrote ui, met schil
3 middelgrote wortels, geschrapt
2 stengels selderie met blad
1 peterseliewortel, geschrapt, indien verkrijgbaar
½ grote pastinaak, geschrapt, of 1 hele pastinaak als peterseliewortel niet verkrijgbaar is
1 kleine knolselderie, geschild en doormidden gesneden, of 3 stengels selderie met blad
2 teentjes knoflook, met schil
1 middelgrote koolrabi, geschild, of 1 raapje, geschild, en 3-4 groene koolbladeren
Een stukje verse mierikswortel van 7,5 cm, geschrapt en doormidden gespleten, of 1 eetlepel mierikswortel uit een potje, uitgelekt
1 middelgrote prei, alleen het wit, gehalveerd en gewassen
3-4 takjes peterselie
3 middelgrote aardappels, geschild en in blokjes gesneden
Zout, naar smaak
Gemalen zwarte peper, naar smaak

VOOR DE GARNERING
Gekookte eierpasta
Slavische leverknoedels (bladzijde 162)

Leg de stukken kip, ingewanden en peperkorrels in een geëmailleerde gietijzeren of een roestvrijstalen soeppan van 6 à 7 liter en giet er 2,5 liter water op; de kip moet onderstaan. Breng aan de kook met het deksel schuin op de pan, zet het vuur laag en laat circa 25 minuten zachtjes koken. U kunt de soep afschuimen als u dat wilt, maar dat is niet traditioneel, aangezien de extra smaak en voedingswaarde zeer wordt gewaardeerd.

Rooster intussen de ui in de schil. Zo zorgt u ervoor dat hij zijn rijke smaak en kleur afgeeft. Leg de ui daarvoor 10 minuten in een kleine braadslede boven in een oven van 230° C totdat de schil mooi goudbruin is; pas goed op dat hij niet zwart wordt. Doe de ui bij de soep, samen met alle andere ingrediënten behalve de aardappels. Laat met het deksel schuin 1 uur koken of totdat de kip loslaat van het bot en de groenten gaar zijn.

Haal de kip en groenten uit de soep. Gooi de peperkorrels, resten van de ui, knoflook, takjes peterselie en de restanten van de selderiestengels en koolbladeren als u die hebt gebruikt weg, evenals het stuk mierikswortel.

Snijd de overige knolgroenten in blokjes en zet ze opzij. Verwijder het vel en de botten van de kip en snijd het vlees in blokjes. Snijd het eetbare vlees van de ingewanden. Zeef de soep en schep het vet eraf. Doe de soep terug in de schoongemaakte soeppan en doe de groenten en het vlees er weer in. Voeg de aardappels toe en laat met het deksel schuin circa 20 minuten koken of totdat de aardappels gaar zijn. Breng op smaak met zout en peper.

De soep kan van tevoren worden bereid en 2 dagen afgedekt in de koelkast worden bewaard. U kunt de aardappels dan alvast meekoken of dat tijdens het opwarmen doen, als u een minder dikke soep wilt.

Serveer de soep dampend heet en voeg aan elke portie pasta en/of leverknoedels toe.

VOOR 4 à 6 PORTIES ALS HOOFDGERECHT

✳ ✳ ✳

SLAVISCHE LEVERKNOEDELS

Volg het recept voor Leverknoedels op bladzijde 130 maar gebruik kippenlevers. Kruid het mengsel alleen met zout, peper en gehakte peterselie. Vorm er balletjes van met een doorsnee van 2,5 cm en kook deze direct in de soep, met het deksel schuin op de pan. Reken op 3 à 4 balletjes voor elke portie soep, plus 0,5 kop (1,25 dl in maatbeker) gekookte pasta.

VOOR 18 à 20 KNOEDELS

GEORGISCHE OF ARMEENSE KIPPENSOEP MET CITROEN
Chikhirtma

Hoewel deze krachtige soep, die in de Kaukasus heel geliefd is, verwant is aan de Griekse ei-citroensoep (zie bladzijde 174), bevat ze veel meer ingrediënten, en misschien levert ze ook wel een bijdrage aan de hoge ouderdom waar de Georgiërs om bekend staan. Wijlen dokter Sula Benet, de antropologe die een studie maakte van de volkeren in dit gebied en met name van hun voedsel, nam in haar boek *How to Live to Be 100* drie recepten op voor deze soep. In *The Food and Cooking of Russia* schrijft Lesley Chamberlain dat de soep ook geclaimd wordt door de Armeniërs, die haar garneren met een beetje gekookte rijst, gort of vermicelli.

In *The Georgian Feast* stelt Darra Goldstein voor de soep te garneren met basilicum. Ik houd heel erg van de zuivere, ietwat muntachtige smaak van basilicum en vind het een goed alternatief voor degenen die niet houden van verse koriander.

VOOR DE SOEP
Een kip van 1,75-2 kg, in vieren, met de nek en alle ingewanden behalve de lever
± 2 liter water, zoveel als nodig is
Zout, naar smaak
8-10 zwarte peperkorrels
2 eetlepels ongezouten boter of bewaard kippenvet
1 grote ui, gehakt
2 eetlepels bloem
$^3/_4$ theelepel kardemompoeder, of de zaden van 8 kardemompeulen, gekneusd
$^3/_4$ theelepel kaneelpoeder
$^1/_3$ theelepel saffraanpoeder
1,5 eetlepel rode-wijnazijn, of naar smaak
3 takjes verse koriander (naar keuze)
3 eierdooiers
± 1 dl gezeefd citroensap, naar smaak

VOOR DE GARNERING
Versgehakte peterselie, basilicum, koriander, dille
Gekookte rijst, gort of vermicelli

Nergens ter wereld neemt men kippensoep serieuzer dan hier. Ze wordt vaak geserveerd bij speciale gelegenheden zoals bruiloften en men voegt dan soms een snufje saffraan toe om een nog mooiere goudgele kleur te krijgen.

Leg de kip in een geëmailleerde of roestvrijstalen soeppan van 6 liter en giet er zoveel water op dat ze onderstaat. Voeg 1 flinke theelepel zout en de peperkorrels toe. Breng aan de kook, zet het vuur laag en schep het schuim af dat naar de oppervlakte komt. Laat met het deksel schuin op de pan circa 2 uur zachtjes koken of totdat de kip zo gaar is dat ze loslaat van het bot.

Haal de kip eruit en verwijder het vel en de botten. Verdeel het vlees in stukjes van lepelformaat en zet opzij. Haal de peperkorrels uit de soep en schep het vet van het oppervlak. Bewaar 3 eetlepels vet als u dit in plaats van boter wilt gaan gebruiken. Doe de soep met het vlees terug in de schoongemaakte pan.

Laat het kippenvet of de boter heet worden in een koekenpan en fruit de ui al roerend tot hij goudbruin maar niet zwart is. Meng er de bloem door en laat al roerend in 3 à 4 minuten lichtbruin worden. Roer er de specerijen door en laat nog 1 minuut op heel laag vuur smoren. Los het bloemmengsel op in de zacht kokende soep, onder voortdurend kloppen met een garde.

Voeg azijn naar smaak toe, te beginnen met 0,5 eetlepel. De hoeveelheid is afhankelijk van uw smaak; bedenk dat veel van de smaak bij het opwarmen van de soep verloren gaat. Voeg de koriander toe als u deze gebruikt. Laat de soep met het deksel schuin 15 minuten zachtjes koken.

De soep kan tot hiertoe van tevoren worden gemaakt en 1 uur op kamertemperatuur of 1 dag in de koelkast worden bewaard. Breng de soep vlak voor het serveren tegen het kookpunt aan. Klop de eierdooiers en het citroensap in een kom en voeg er onder voortdurend kloppen met een garde 5 dl hete soep bij. Giet dit mengsel al kloppend terug in de soep. Proef op smaak en voeg eventueel nog zout, peper en citroensap toe. Laat de soep warm worden maar niet meer koken. Strooi een combinatie van kruiden op elke portie en voeg voor de Armeense versie een eetlepel gekookte rijst, gort of 0,5 kop (1,25 dl in een maatbeker) gekookte vermicelli toe.

VOOR 4 à 6 PORTIES

Georgische walnotensoep
Kharcho

De walnoten geven deze soep een knapperige consistentie en een frisse smaak die aangenaam verrast. Door het aroma van de wijnazijn, kaneel, lente-uien en koriander gaan verstopte neusholten in een oogwenk open en werkt de soep als een versterkend opkikkertje.

VOOR DE SOEP
1,5 liter Basiskippensoep (bladzijde 38) of Verbeterde kippenbouillon uit pot of blik (bladzijde 40)
2 kipfilets, op kamertemperatuur
3-4 eetlepels ongezouten boter, zoveel als nodig is
1 kleine ui, gehakt
1 teentje knoflook, fijngehakt (naar keuze)
$^2/_3$ kop (1,6 dl in maatbeker) fijngehakte walnoten
3 eetlepels rode wijnazijn, of naar smaak
$^1/_3$ theelepel kaneelpoeder, of naar smaak
Zout, naar smaak
8-10 lente-uien, het wit en het groen, grof gehakt
6 takjes peterselie
4 takjes verse koriander (naar keuze)

VOOR DE GARNERING
Versgehakte peterselie en/of koriander

Ontvet de soep grondig en breng haar zachtjes aan de kook in een pan van circa 3 liter. Snijd het kippenvlees in blokjes.

Laat 3 eetlepels boter heet worden in een koekenpannetje en voeg de stukjes kip toe. Smoor ze 5 à 6 minuten op matig vuur totdat de kip bruin begint te worden. Voeg de ui, knoflook, walnoten en zo nodig nog wat boter toe. Laat al roerend zachtjes smoren totdat de ui en de noten licht goudbruin zijn. Voeg de azijn toe en laat een paar seconden koken.

ÇORBA

Çorba, een woord dat afkomstig is uit het Turks, geldt in de hele Balkan, het Midden-Oosten en Noord-Afrika als het woord voor 'soep', zij het in allerlei spellingen zoals tschorba, shorba of corbe. Zoals Vladimir Mirodan in The Balkan Cookbook uitlegt gebruikt men in Roemenië het woord chorbe (in tegenstelling tot zup) voor een soep die is 'aangezuurd' met citroensap, azijn, gefermenteerde cider (kvas), granaatappelsap of morellen, mirabellen of kruisbessen.

Soms geeft men de soep een heerlijk pittige toets door een snufje citroenzuur toe te voegen. Hoewel dit in grote doses als ongezond geldt, wordt er maar heel weinig van gebruikt en kan het in dergelijke kleine hoeveelheden geen kwaad. Citroenzuur lijkt uiterlijk wel wat op kristalsuiker en is te koop bij de drogist.

Roer het kipmengsel door de zacht kokende soep en voeg de kaneel en het zout toe, evenals nog wat azijn als u van een iets zuurdere smaak houdt. Laat 10 minuten zachtjes koken. Voeg de lente-uien, peterselie en koriander toe en laat 10 minuten zachtjes koken. Haal de peterselie en koriander er weer uit en breng op smaak met zout en peper.

Tot hiertoe kan deze soep van tevoren worden gemaakt en afgedekt 1 dag in de koelkast worden bewaard.

Breng de soep tegen het kookpunt en serveer met peterselie of koriander eroverheen gestrooid.

VOOR 4 à 6 PORTIES

Poltava-borsjt

In de Oekraïne, een waar borsjtland, schijnt elke stad en streek een speciale variant te hebben van deze dikke, krachtige soep. In Poltava wordt de soep in plaats van met rundvlees gemaakt met kip, waardoor de rode-bietensoep een gouden glans krijgt.

VOOR DE SOEP
2,5 liter Basiskippensoep (bladzijde 38), gemaakt met een kip van 1.75-2 kg
5 eetlepels uitgesmolten kippenvet (zie bladzijde 60) of spek, of 6 eetlepels van de soep afgeschept vet, of 5 eetlepels verschillende soorten vet
2 middelgrote wortels, geschrapt en in lange repen geraspt
1 kleine peterseliewortel of ½ kleine pastinaak, geschrapt en in lange repen geraspt
1 middelgrote ui, gehakt
5 eetlepels bloem
5 middelgrote bieten, geschild en in lange repen geraspt
1 eetlepel suiker
1 flinke theelepel zout, of naar smaak
3 eetlepels rode-wijnazijn
2 eetlepels tomatenpuree
3 middelgrote aardappels, geschild en in blokjes gesneden
Een groen kooltje van 750 g, de stronk verwijderd en in fijne reepjes gesneden
8 zwarte peperkorrels
1 laurierblad
Snufje citroenzuur (naar keuze)

2-3 grote tenen knoflook, gehakt
Zout, naar smaak
Gemalen zwarte peper, naar smaak
Vers citroensap, naar smaak
Suiker, naar smaak

VOOR DE GARNERING
Zure room
Versgehakte peterselie en dille
Pirosjki (bladzijde 168)

Zeef de bouillon, ontvet hem en giet hem terug in een schone geëmailleerde of roestvrijstalen soeppan van 5 liter. Doe er het gekookte en van het vel en bot ontdane en gesneden kippenvlees bij.

Laat 3 eetlepels van het vet (of combinatie van vetsoorten) dat u gebruikt heet worden in een koekenpan van 25 cm met zware bodem. Roer er de wortel, peterseliewortel of pastinaak en ui door en laat al roerend 8 à 10 minuten fruiten op matig hoog vuur totdat de groenten goudbruin zijn. Voeg al roerend de bloem toe en laat ook deze een bruine kleur krijgen. Roer er de bieten, suiker, het zout, de azijn en tomatenpuree door en meng alles goed. Voeg als het mengsel te droog is 2 à 3 eetlepels soep toe om aanzetten te voorkomen.

Breng de soep zachtjes aan de kook en meng er het bietenmengsel door. Voeg de aardappels, kool, peperkorrels, het laurierblad en citroenzuur toe. Laat met het deksel schuin op de pan circa 25 minuten koken of totdat alle groenten heel zacht zijn.

Deze soep smaakt het beste als ze tot hiertoe wordt bereid en dan afgedekt 24 uur in de koelkast wordt bewaard. Warm haar voor het serveren op.

Laat vlak voor het serveren het resterende vet heet worden en de gehakte knoflook lichtbruin bakken. Voeg toe aan de hete soep en laat nog 15 minuten koken. Breng op smaak met het zout, de peper en voor het juiste zoet-zuur-evenwicht zo nodig wat citroensap en suiker.

Garneer elke portie met een klont zure room en strooi er dille of peterselie over. Haal bij het serveren het laurierblad en de peperkorrels uit de soep.

VOOR 6 à 8 PORTIES ALS EERSTE GANG;
VOOR 4 PORTIES ALS HOOFDGERECHT

Deegflapjes met vleesvulling
Pirosjki (Russisch) of Pierogi (Pools)

Deze dikke, met vlees gevulde lekkernijen zijn makkelijker en sneller te maken met een rijk en kruimelig deeg van zure room. Ze zijn lekker bij soep maar ook heerlijk als warm hapje bij een drankje.

VOOR DE VULLING
3-4 eetlepels ongezouten boter, zoveel als nodig is
1 grote ui, fijngehakt
500 g mager rundergehakt, op kamertemperatuur
3 eetlepels bloem
4 eetlepels versgehakte dille
2 eetlepels versgehakte peterselie
2 hardgekookte eieren, gehakt
Zout, naar smaak
Gemalen zwarte peper, naar smaak

VOOR HET DEEG
2 eieren
2,5 dl zure room
500-600 g bloem, zoveel als nodig is
1 flinke theelepel zout
1 flinke theelepel bakpoeder
8 eetlepels ongezouten boter
1 eierdooier geklopt met 3 eetlepels water

Maak eerst de vulling klaar, zodat deze kan afkoelen terwijl u het deeg bereidt. Maak de vulling echter niet langer dan 1 uur voordat u de flapjes gaat vullen en bakken, anders wordt ze te nat.

Laat 3 eetlepels boter heet worden in een koekenpan van 25 à 30 cm en laat de ui in circa 8 minuten heel zacht worden. De ui mag geen kleur krijgen. Voeg het rundergehakt toe en maak het met een vork rul. Bak het al roerend op middelhoog vuur zodat het vocht verdampt en het vlees lichtbruin wordt. Lijkt het aan te zetten, voeg dan nog 1 eetlepel boter toe. Zet het vuur laag en strooi er de bloem over. Meng de bloem al roerend door het vlees.

Doe het vlees in een kom en voeg dille, peterselie, gehakt ei en zout en versgemalen zwarte peper naar smaak toe. Meng alles goed en laat op kamertemperatuur of in de koelkast afkoelen terwijl u het deeg bereidt.

Warm de oven voor op 200° C. Klop de eieren met de zure room en zet opzij. Zeef de bloem met het zout en het bakpoeder in een wijde mengkom of de kom van een keukenmachine. Snijd de boter in kleine stukken en werk deze met uw handen of met de keukenmachine door de bloem. Laat hiervoor de keukenmachine 3 à 4 seconden draaien. Het deeg moet eruitzien als grof meel.

Roer er nu geleidelijk het mengsel van ei en zure room door, totdat een zacht deeg ontstaat dat niet meer al te plakkerig is. Leg het deeg op een met bloem bestoven werkblad en kneed het met uw handpalmen een paar keer totdat het glad is. Verdeel het in 2 platte ballen. Wikkel deze in keukenfolie en leg ze 30 minuten koel weg.

Haal één bal deeg tegelijk uit de koelkast. Bestuif de deegrol en het werkblad met bloem en rol de bal uit tot een lap van 5 mm dikte. Is het deeg nog te plakkerig, bestuif het dan aan beide zijden met bloem.

Snijd het deeg in rondjes of vierkantjes van 7,5 cm. Leg deze opzij en rol de andere bal uit.

Leg 1 eetlepel vulling op een helft van elk rondje of vierkantje. Vouw tot een driehoek of halve cirkel en druk de randen stevig op elkaar. Bestrijk de bovenkant met het eierdooier-watermengsel. Bak 20 minuten op een licht ingevette bakplaat of totdat de flapjes goudbruin zijn. Laat 7 à 8 minuten afkoelen en serveer.

Gebakken flapjes kunnen 3 weken in de diepvries worden bewaard. Vries ze niet ongebakken in. Wikkel de flapjes in plastic en dan in aluminiumfolie. Laat ze voor het opwarmen circa 20 minuten op kamertemperatuur ontdooien. Leg ze op een niet-ingevette bakplaat en bak ze 20 minuten in een oven van 175° C of totdat ze van buiten knapperig en van binnen warm zijn.

VOOR CIRCA 40 FLAPJES;
VOOR 10 à 20 PORTIES SOEP

SIBERISCHE PELMENI

Pelmeni, die traditiegetrouw in heldere lams- of kippenbouillon worden geserveerd, worden op precies dezelfde manier gemaakt als kreplach (bladzijde 61). Volg dat recept voor het deeg en de vulling en gebruik gekookt of rauw rundvlees of lamsvlees voor de vulling met 3 eetlepels versgehakte dille. Rol, snijd, vul en vorm het deeg volgens de aanwijzingen. Serveer de pelmeni in heldere kippensoep en roer zure room en een royale hoeveelheid gehakte dille door de soep. Reken op 2 flinke theelepels op kamertemperatuur gebrachte zure room en 1 flinke theelepel gehakte dille voor elke kop soep.

MOLDAVISCHE ZURE SOEP
Chorbe Moldoveniaske

In Moldavië, een provincie van Roemenië, krijgt de kippensoep extra pit met een scheutje azijn en een beetje zoet en scherp paprikapoeder.

VOOR DE SOEP
2 liter Basiskippensoep (bladzijde 38) of Verbeterde kippenbouillon uit blik of pot (bladzijde 40)
2 kipfilets (bij gebruik van kant-en-klare bouillon)
3 eetlepels gesmolten kippenvet (zie bladzijde 60), of 4 eetlepels van de soep geschept vet, of 3 eetlepels ongezouten boter
2 middelgrote wortels, geschrapt en in luciferdunne reepjes gesneden
1 middelgrote ui, gehakt
1 kleine peterseliewortel of 0,5 pastinaak, geschrapt en in luciferdunne reepjes gesneden
4 eetlepels bloem
1 flinke theelepel zoet paprikapoeder
$1/3$-$3/4$ theelepel scherp paprikapoeder, naar smaak
2 eetlepels rode wijnazijn
3 middelgrote aardappels, geschild
2 kleine snufjes citroenzuur (naar keuze)
Zout, naar smaak
Gemalen zwarte peper, naar smaak

VOOR DE GARNERING
Zure room
Versgehakte dille en/of peterselie
Pirosjki (bladzijde 168)

> *Toen ik op de Yale School of Drama zat, kreeg ik heel erg last van ontstoken amandelen. Hoewel mijn ouders toen in Manhattan woonden, gingen ze nog steeds terug naar onze oude buurt in Brooklyn voor de kippensoep van L & E Caterers. Ze brachten de soep met de auto naar mij toe in New Haven, over de grens van de staat heen. Dat moet een geval van 'soep-napping' zijn geweest.*
>
> – Wendy Wasserstein, Schrijfster van het toneelstuk *The Sisters Rosenzweig*

Ontvet de kippensoep en breng haar aan de kook. Hebt u poulardes met de soep meegekookt, verdeel deze dan in stukjes van lepelformaat en zet opzij. Kook anders de rauwe kipfilet in 25 minuten gaar in de kant-en-klare bouillon; verdeel in stukken en zet opzij.

Laat het kippenvet of de boter heet worden in een koekenpan van 20 à 25 cm met een zware bodem. Smoor de wortels, ui en peterseliewortel of pastinaak al roerend tot de groenten lichtbruin zijn. Strooi er bloem over en laat deze al roerend in 6 à 7 minuten bruin bakken. Roer er de beide soorten paprikapoeder door en smoor nog een minuutje langer, totdat de paprika niet meer rauw ruikt. Haal de pan van het vuur en roer er de azijn door.

Doe het mengsel in de zachtjes kokende soep, voeg de aardappels toe en desgewenst het citroenzuur. Laat met het deksel schuin op de pan 20 minuten zachtjes koken totdat de aardappels gaar zijn. Voeg eventueel zout en peper naar smaak toe. Serveer met een klont zure room in elke portie en peterselie of dille eroverheen gestrooid. Geef de pirosjki er apart bij.

VOOR 6 à 8 PORTIES ALS EERSTE GANG;
VOOR 3 à 4 PORTIES ALS HOOFDGERECHT

MIDDEN-OOSTEN, NOORD-AFRIKA
& CULINAIR VERWANTE GEBIEDEN

◆

Albanië, Armenië, Bulgarije, Egypte, Golfstaten, Griekenland, Iran, Irak, Jemen, Jordanië, Koeweit, Libanon, Libië, Marokko, Saoedi-Arabië, Syrië, Tunesië, Turkije

Basiskippensoep met ei en citroen
Kotosoupa Avgolemono

Dit is de meest karakteristieke soep uit de landen in dit hoofdstuk, van Griekenland, Albanië en Bulgarije via Armenië tot Egypte en nog verder. De soep, die wordt gebonden met eierdooiers en waaraan vers citroensap wordt toegevoegd, is met kleine variaties overal te vinden in dit uitgestrekte gebied. Ze moet na bereiding direct worden geserveerd, omdat ze niet kan worden opgewarmd als het ei er eenmaal doorheen is geklopt. In Griekenland voegt men soms kruidnagels toe, in Albanië en Turkije een laurierblad, kaneel in Libanon en Tunesië en komijn of kardemom in Egypte. Zelfs als er stukjes kippenvlees in zitten, wordt ze altijd gegeten aan het begin van de maaltijd.

VOOR DE SOEP
2 liter Basiskippensoep (bladzijde 38), of Verbeterde kippenbouillon uit blik of pot (bladzijde 40)
100 g witte rijst
5-6 hele kruidnagels, of 1 laurierblad, of 1 stukje kaneel (5 cm), of $^1/_3$ theelepel komijnpoeder of de gekneusde zaden van 2 kardemompeulen, of $^1/_3$ theelepel kardemompoeder (naar keuze)
3 eierdooiers
3-4 eetlepels vers citroensap
Zout en witte peper, naar smaak

VOOR DE GARNERING NAAR KEUZE
3 koppen (7,5 dl in maatbeker) gekookte kipfilet in fijne blokjes gesneden (zie Noot)
1 eetlepel versgehakte peterselie

Breng de ontvette kippensoep in een geëmailleerde of roestvrijstalen pan van 3 liter langzaam aan de kook met de rijst en desgewenst een specerij naar keuze. Doe het deksel schuin op de pan en laat zachtjes circa 35 minuten koken totdat de rijst gaar maar nog wel heel is. Haal de soep van het vuur en verwijder de hele specerijen.

Klop in een kom de eierdooiers en 3 eetlepels citroensap met een vork tot een dun mengsel. Laat onder voortdurend kloppen met een garde hete maar niet kokende soep druppelsgewijs vanaf een pollepel in dit mengsel lopen. Hebt u zo 5 dl liter soep toegevoegd, giet het mengsel dan onder voortdurend kloppen met een garde terug in de hete soep. Breng op smaak met zout, peper en eventueel nog wat citroensap.

Voeg desgewenst de stukjes kip toe, laat deze 5 minuten mee opwarmen, maar laat de soep niet meer koken. Serveer direct en garneer elke portie met peterselie.

VOOR 4 à 8 PORTIES ALS EERSTE GANG

Noot: Als u de bouillon zelf maakt, hebt u het kippenvlees meteen bij de hand. Als u zelfgemaakte of kant-en-klare bouillon zonder vlees gebruikt, voeg dan 500-750 g kipfilet samen met de rijst bij de soep. Beide zijn ongeveer tegelijkertijd gaar. Haal het vlees eruit en verdeel het in stukjes.

TUNESISCHE KIPPENSOEP MET RIJST EN PETERSELIE
Chorba Jaj

Volg het recept voor Basiskippensoep met ei en citroen en voeg kaneel en laurierblad toe maar geen komijn of kardemom. Voeg samen met de andere kruiderij een snufje cayennepeper naar smaak toe. Strooi als garnering royaal versgehakte peterselie en munt over elke portie.

TURKSE BRUILOFTSSOEP
Sehriye Çorbasi

Volg het recept voor Basiskippensoep met ei en citroen en voeg het laurierblad toe maar laat de rijst weg. Laat 10 minuten zachtjes koken en voeg dan $^3/_4$ kop (1,8 dl in maatbeker) vermicelli van 3 à 5 cm lengte toe, en eventueel kip. Laat 10 minuten koken, voeg de eierdooiers en citroen toe zoals boven staat aangegeven. Smelt voor de garnering 3 eetlepels ongezouten boter en roer er 2 flinke theelepels zoet paprikapoeder door totdat alles goed gemengd is. Laat een krulletje van dit felkleurige mengsel op elke portie vallen.

ARMEENSE KONINGSSOEP
Arkayagan Abour

Maak bulgurballetjes (bladzijde 184) zonder munt. Kook ze zoals aangegeven en houd ze warm. Volg het recept voor Basiskippensoep met ei en citroen maar laat de rijst weg. Maak af met eierdooiers en citroen zoals aangegeven en schep de soep over de balletjes die u over de verschillende soepkommen hebt verdeeld.

✳ ✳ ✳

'Het fijnste en meest gewaardeerde recept uit de Kaukasus,' zo beschreef George Mardikian, eigenaar van het uitstekende maar al weer lang gesloten restaurant in San Francisco dat beroemd was vanwege zijn Armeense voedsel, de Armeense koningssoep in zijn kookboek Dinner at Omar Khayyam's. *Hij merkte op dat de soep slechts bij heel speciale gelegenheden werd geserveerd, zoals de geboorte van een jongen of de terugkeer van de oudste zoon van een twintig jaar lange pelgrimstocht. (Meisjesbaby's en 'verloren dochters' waren kennelijk geen speciale soep waard.) Volgens Mardikian is het recept 1500 jaar oud en werd het oorspronkelijk gegarneerd met balletjes hertenvlees.*

Turkse kippen-yoghurtsoep met rijst of gort
Tavuk Çorbasi Yogurtlu

Pikante kippen-yoghurtsoep is in dit hele gebied bijna net zo geliefd als ei-citroensoep. De soep kan met of zonder kip worden geserveerd als eerste gang van de maaltijd. De bloem is facultatief maar maakt de soep heerlijk zacht. Met pepertjes en/of zoet paprikapoeder krijgt de soep extra pit en kleur, maar beide zijn facultatief en buiten Turkije niet karakteristiek.

> 2 liter Basiskippensoep (bladzijde 38) of Verbeterde
>   kippenbouillon uit blik of pot (bladzijde 40)
> 1 laurierblad
> Snufje harissa (Marokkaanse Spaanse-pepersaus), of $^1/_3$ theelepel
>   gedroogde verkruimelde Spaanse pepertjes (naar keuze)
> 0,5 kop (1,2 dl in maatbeker) witte rijst of 0,25 kop (0,6 dl)
>   gewassen parelgort
> 4 eetlepels bloem (naar keuze)
> 1 flinke theelepel zoet paprikapoeder
> 2,5 dl yoghurt
> 3 eierdooiers
> 3 eetlepels koud water
> Zout, naar smaak
> Witte peper, naar smaak
> 2 koppen (5 dl in maatbeker) gekookt wit kippenvlees in blokjes
>   gesneden (naar keuze)
> 4 eetlepels boter
> 1 eetlepel gedroogde munt of 2 eetlepels versgehakte
>   muntblaadjes

Laat de ontvette kippensoep in een geëmailleerde of roestvrijstalen pan van 3 liter zachtjes koken met het laurierblad, de harissa of verkruimelde Spaanse peper en de rijst of gort. Doe het deksel schuin op de pan en reken op een kooktijd van 25 minuten voor rijst en 40 minuten voor gort. Meng de bloem met de paprika en yoghurt en klop dit mengsel door de soep. Laat zachtjes 15 minuten koken of totdat de rijst of gort heel zacht is. Haal de soep van het vuur en gooi het laurierblad weg.

Klop de eierdooiers en het water in een kom met een vork tot een dun mengsel. Giet er onder voortdurend kloppen met een garde druppelsgewijs hete soep bij. Hebt u 5 dl soep aan het mengsel toegevoegd, giet dit dan onder voortdurend kloppen terug bij de hete maar niet kokende soep. Breng op smaak met zout en peper en voeg desgewenst het kippenvlees toe. Laat 5 minuten warm worden maar niet meer koken. Schep de soep in afzonderlijke kommen.

Smelt de boter en warm de munt er een minuut of 2 in op, druppel dit mengsel vervolgens over elke portie soep. Serveer direct.

VOOR 4 à 8 PORTIES

Variatie

Armeense yoghurtsoep met bulgurballetjes
Madzounov Kufta Abour

Volg het bovenstaande recept maar laat de Spaanse peper en het paprikapoeder weg. Garneer met bulgurballetjes (bladzijde 184).

Griekse kippensoep ▶

Vervang de **vermicelli** door **50 g rijst** en kook de rijst in 15 min. in de **bouillon** gaar. Voeg ook de stukjes **kip** toe. Klop in een kom 2 **eieren** met de mixer schuimig. Klop er het sap van 2 **citroenen** doorheen. Meng er een soepopscheplepel hete bouillon door. Roer het eimengsel door de kippensoep. Warm het geheel al roerend zachtjes door tot de soep lichtgebonden is, maar laat **de soep** niet meer koken. Strooi er **peterselie** over en **serveer er geroosterd stokbrood** bij.

Egyptische kippenbouillon met citroen en knoflook
Khoulaset feraakh bel lamoon wal tom

Deze met citroen gekruide, naar knoflook geurende soep moet wonderen doen voor verkoudheden of vermoeide zenuwen. Serveer haar kokendheet, direct na de bereiding. Het recept hieronder is mijn versie van een soep uit het fascinerende en gedetailleerde kookboek *Egyptian Cuisine* van Nagwa E. Khalil.

VOOR DE SOEP
Een kip van 1,75-2 kg, in stukken, met alle ingewanden behalve de lever
2 liter water, of zoveel als nodig is
Reepje citroenschil van 7,5 cm breed
4 stengels selderie met blad, gesneden
3-4 takjes peterselie

2-3 takjes koriander (naar keuze)
6 grote tenen knoflook, gehakt
Zout en peper, naar smaak
3-4 eetlepels citroensap, naar smaak
VOOR DE GARNERING
Gekookte rijst
Stukjes gekookte kipfilet
Versgehakte peterselie en/of munt of koriander

Leg de kip met de ingewanden in een geëmailleerde of roestvrijstalen soeppan van 5 liter met zoveel water dat de kip onderstaat, maar niet meer dan 2,5 liter. Breng aan de kook, zet het vuur laag en schep het schuim af dat naar de oppervlakte komt.

Laat de citroenschil in een oven van 200° C op een stukje folie 10 minuten drogen, of totdat de randen omkrullen en goudbruin verkleuren. Doe bij de soep, samen met de selderie, peterselie, koriander en knoflook en laat de soep zachtjes circa 1 uur koken of totdat de kip loslaat van het bot. Zeef de soep, bewaar de kip maar gooi de andere vaste bestanddelen weg. Doe de soep terug in de schoongemaakte pan en laat de soep in circa 30 minuten tot de helft inkoken. Breng na het inkoken op smaak met zout, peper en citroensap.

Deze soep is heet en helder het lekkerste, met of zonder kruiden erbij. Wilt u er iets stevigs in, doe er dan 1 à 2 eetlepels gekookte rijst of stukjes wit kippenvlees in.

VOOR CIRCA 1 LITER; 2 à 4 PORTIES

PITTIGE MAROKKAANSE KIPPENSOEP MET PASTA EN LINZEN OF KIKKERERWTEN

In dit recept heb ik elementen gecombineerd van twee Marokkaanse soepen: *harira*, die gewoonlijk wordt bereid met zowel lamsvlees als kip, en *shorabit djaj sharia*, die wordt afgemaakt met citroensap en soms eierdooiers. Harira wordt traditiegetrouw geserveerd aan het einde van de dagelijkse vastenperiode tijdens de ramadan.

VOOR DE SOEP
Een kip van 1,75-2 kg, in vieren gesneden, met alle ingewanden
   behalve de lever
2 theelepels zout, of naar smaak
$3/4$ theelepel zwarte peper
2-2,5 liter water, zoveel als nodig is
1 grote ui, gehakt
3 eetlepels olijfolie of ongezouten boter
2 stengels selderie met blad
5-6 takjes peterselie
3 takjes koriander

Stukje pijpkaneel van 5 cm of 1 flinke theelepel kaneelpoeder
1 flinke theelepel kurkuma
Snuf harissa (Marokkaanse Spaanse-pepersaus) of $^1/_3$ theelepel
   verkruimelde gedroogde pepertjes, of naar smaak
2,5 dl gehakte tomaten uit blik
$^2/_3$ kop (1,6 dl in maatbeker) linzen of kikkererwten, gewassen en
   geweekt, of 2 koppen (5 dl in maatbeker) gekookte linzen of
   kikkererwten uit blik, afgespoeld en uitgelekt
1 kop (2,5 dl in maatbeker) gebroken vermicelli, in stukken van
   2,5-3,5 cm
3 eierdooiers of 3 eetlepels bloem
3 eetlepels citroensap, of naar smaak

VOOR DE GARNERING
Versgehakte peterselie en/of koriander
Harissa

Doe de kip samen met de ingewanden, het zout en de peper in een geëmailleerde of roestvrijstalen soeppan van 5 liter en giet er zoveel water op dat de soep onderstaat. Breng aan de kook, zet het vuur laag en schep het schuim af dat naar de oppervlakte komt.

Fruit de ui in een kleine koekenpan in hete olijfolie of boter lichtbruin en voeg de inhoud van de pan toe aan de soep, samen met de selderie, peterselie, koriander, de specerijen en de tomaten. Gebruikt u gedroogde, geweekte linzen of kikkererwten, voeg deze dan nu toe. Laat de soep met het deksel schuin op de pan zachtjes 1 uur koken, totdat de kip loslaat van het bot en de peulvruchten gaar zijn. Houd het water intussen op peil.

Gooi het vel en de botten van de kip weg en bewaar het vlees. Gooi de verlepte selderie, peterselie en koriander uit de soep evenals het stukje kaneel. Verdeel de kip in op te lepelen stukjes en doe deze in de soep.

De soep kan tot hiertoe van tevoren worden bereid en 1 dag in de koelkast worden bewaard.

Kook circa 20 minuten voor het serveren de vermicelli in de soep, evenals de afgespoelde kikkererwten of linzen uit blik, als u deze gebruikt. Laat 10 minuten koken totdat de bonen heet zijn en de vermicelli gaar is.

Maak een papje van de bloem en 1 dl soep om de soep te binden. Giet dit al kloppende met een garde terug in de soep en laat 10 minuten koken. Breng op smaak met citroensap en de andere smaakmakers. U kunt de soep ook binden met eierdooiers. Klop de eierdooiers met het citroensap in een kommetje en giet er onder voortdurend kloppen met een garde vanaf een pollepel druppelsgewijs hete maar niet kokende soep bij. Hebt u 5 dl soep toegevoegd, giet het dooiermengsel dan terug bij de soep, onder voortdurend kloppen met een garde.

Breng op smaak met zout en peper en laat de soep nog 5 minuten warm worden maar niet meer koken. Strooi peterselie en/of koriander over elke portie en geef er extra harissa bij voor degenen die van wat extra pit houden.

VOOR CIRCA 8 PORTIES ALS EERSTE GANG;
4 à 5 PORTIES ALS HOOFDGERECHT

RODE-LINZENSOEP MET KIP
Shorabit Addas

In haar nauwkeurige kookboek *The Arabian Delights* schrijft Anne Marie Weiss-Armushu dat een verfijnde, theerozenkleurige rode-linzensoep met lamsvlees in Syrië, Libanon en Saoedi-Arabië het klassieke gerecht is aan het einde van de dagelijkse vastenperiode tijdens de ramadan. Zij geeft ook een overzicht van de verschillende smaakmakers en ingrediënten die men in Turkije, Koeweit, de Golfstaten, Irak, Egypte, Libië, Armenië en Jemen in deze soep gebruikt en citeert een zegswijze uit Fez dat de soep 'zacht als zijde' moet zijn. De romigheid is het resultaat van het zeer langzame koken van de kleine helderrode linzen. Ik heb deze soep met een heel smakelijk resultaat aangepast voor kip en een Marokkaans accent toegevoegd met gember, Spaanse peper en saffraan. Wilt u een mildere, meer neutrale smaak, laat deze specerijen dan weg.

VOOR DE SOEP

Een kip van 1,75-2 kg, in vieren, met alle ingewanden behalve de lever
2,5 liter water, of zoveel als nodig is
2 eetlepels olijfolie of ongezouten boter
1 middelgrote wortel, in blokjes gesneden
2 stengels selderie, in blokjes gesneden
1 middelgrote ui, gehakt
1 teentje knoflook
1,5 kop (3,75 dl in maatbeker) rode linzen, tweemaal gewassen
1,25 dl tomatenstukjes uit blik,
Snufje gemberpoeder, of naar smaak (naar keuze)
Snufje saffraanpoeder (naar keuze)
Mespunt harissa (Marokkaanse Spaanse-pepersaus) of $^1/_3$ theelepel verkruimelde gedroogde Spaanse pepertjes (naar keuze)
Zout, naar smaak
Zwarte peper, naar smaak
1 kop (2,5 dl in maatbeker) vermicelli, in stukken van 2,5-3,5 cm (naar keuze)

VOOR DE GARNERING
Versgehakte peterselie en/of koriander
Partjes citroen
Gekookte rijst

Doe de kip samen met de ingewanden in een geëmailleerde of roestvrijstalen soeppan van 5 liter en giet er zoveel water op dat de kip onderstaat. Breng aan de kook, zet het vuur laag en schep alle schuim weg dat naar de oppervlakte komt. Laat de soep na het afschuimen zachtjes koken met het deksel schuin op de pan, terwijl u de groenten voorbereidt.

Laat de olijfolie of boter heet worden in een kleine koekenpan en fruit de wortel, selderie en ui circa 7 minuten, totdat ze zacht worden en goudbruin beginnen te verkleuren.

Doe dit mengsel samen met de knoflook, linzen, tomaten en alle specerijen bij de soep. Laat met het deksel schuin 1 à 1,5 uur zacht maar constant koken of totdat de kip loslaat van het bot en de linzen uit elkaar vallen. Roer regelmatig in de soep om aanzetten te voorkomen en voeg water toe als ze te dik wordt. Haal de kip eruit en bewaar het donkere vlees voor een andere gelegenheid. Verwijder het vel en de botten, verdeel het borstvlees in stukjes en doe het terug in de soep. Proef of er zout en peper bij moet.

De soep kan tot hiertoe van tevoren worden bereid en afgedekt 1 dag in de koelkast worden bewaard. Voeg tijdens het opwarmen water toe om aanzetten te voorkomen.

Voegt u vermicelli toe, laat deze dan vanaf 15 minuten voor het serveren meekoken in de soep. Garneer elke portie met peterselie en/of koriander en geef er aan tafel partjes citroen bij. Geef de rijst samen met de soep, in een apart schaaltje. Serveer geen rijst als er al vermicelli in de soep zit.

VOOR 8 à 10 PORTIES ALS EERSTE GANG;
VOOR 4 à 5 PORTIES ALS HOOFDGERECHT

Variatie

KIPPENSOEP MET LINZEN EN KARDOEN
Shorbet Addss bel Salq

De naam van deze soep varieert van land tot land. Ze is ook heel geliefd in Libanon, Syrië en Tunesië. In plaats van kardoen wordt vaak spinazie gebruikt, maar ik vind de soep dan minder verfijnd. Volg het hoofdrecept maar vervang de rode linzen door bruine, gebruik 1 extra ui en 2 extra teentjes knoflook. Laat alle specerijen weg behalve het zout en de peper en vervang ze door 1 flinke theelepel gekneusde karwijzaadjes of $^1/_3$ theelepel gemalen komijn. Voeg de laatste 20 minuten van de kooktijd de goed gewassen bladeren van 1 bos kardoen toe, of de laatste 10 minuten van de kooktijd 300 g ontdooide spinazie uit de diepvries. Garneer met peterselie en verse koriander en voeg een zuur accent toe met citroensap of een bedwelmend scheutje granaatappelsiroop.

KIPPEN-GROENTESOEP UIT HET MIDDEN-OOSTEN

Deze soep is met wisselende groenten en garneringen terug te vinden in het hele gebied van dit hoofdstuk, maar in Egypte en Iran is ze bijzonder populair. Gebruik een mengsel van groenten van het seizoen, maar probeer voor een authentieke soep groenten uit te zoeken in de kleuren groen, oranje, geel en wit. Neem geen groenten die erg veel kleur afgeven of een al te uitgesproken smaak hebben, zoals broccoli, boerenkool, aubergine, bieten en spinazie. Kardemom voegt een specifiek Egyptisch accent toe, terwijl men in Iran en andere landen de voorkeur geeft aan komijn. Ikzelf houd heel erg van de wat scherp geurende kardemom.

Dit is in principe een maaltijdsoep, maar u kunt gerust een kopje van deze soep serveren als eerste gang.

VOOR DE SOEP
Een kip van 1,75-2 kg, in vieren, met alle ingewanden behalve de lever
2,5 liter water, of zoveel als nodig is
Gekneusde zaden van 2 kardemompeulen of $^1/_3$ theelepel kardemompoeder of $^1/_3$ theelepel komijnpoeder
2 flinke theelepels zout, of naar smaak
$^3/_4$ theelepel zwarte peper, of naar smaak
1 kop (2,5 dl in maatbeker) gedroogde geweekte kikkererwten, of 2 koppen (5 dl in maatbeker) kikkererwten uit blik

3 verse tomaten, gepeld en zaden verwijderd, of 5 gepelde
   tomaten uit blik met 2,5 dl sap
1 middelgrote ui, grof gehakt, of 2 kleine preien, het wit en het
   groen, in ringen gesneden
2 kleine raapjes, geschild en in blokjes gesneden, of een stukje
   koolraap van 250 g, geschild en in blokjes gesneden
2 middelgrote wortels, in plakjes gesneden
2 middelgrote courgettes, zonder zaden en in blokjes gesneden
2 kleine gele pompoenen, zonder zaden en in blokjes gesneden
2 stengels selderie, in blokjes gesneden
2 middelgrote aardappels, geschild en in blokjes gesneden, of 1
   grote aardappel en 1 grote zoete aardappel, geschild en in
   blokjes gesneden
125 g sperziebonen, in stukken van 2,5 cm gesneden
3 eetlepels citroensap
3 eierdooiers (naar keuze)

VOOR DE GARNERING
Partjes citroen
Versgehakte peterselie en/of koriander, munt of dille
Kipgehaktballetjes uit het Midden-Oosten (bladzijde 184) of
   Bulgurballetjes (bladzijde 184)
Gekookte rijst

Leg de kip en ingewanden in een geëmailleerde of roestvrijstalen soeppan van 6 liter en giet er zoveel water op dat de kip onderstaat. Breng aan de kook, zet het vuur laag en schep het schuim af dat naar de oppervlakte komt. Voeg na het afschuimen kardemom of komijn, zout en peper en de ongekookte kikkererwten toe. (Voeg nog geen kikkererwten uit blik toe.)

Laat circa 1 uur zachtjes maar constant koken of totdat de kikkererwten en kip bijna volledig gaar zijn. Houd het water tijdens het koken op peil. Voeg alle groenten toe en kook nog 30 minuten of totdat alle ingrediënten heel zacht zijn. Haal de kip eruit en verwijder het vel en de botten. Verdeel het vlees in blokjes en doe deze terug in de soep met de kikkererwten uit blik, als u deze gebruikt.

Deze soep is vers het lekkerste, maar u kunt haar tot hiertoe van tevoren bereiden en afgedekt 1 dag in de koelkast bewaren.

Warm de soep op en proef of er zout en peper bij moet. Maak de soep simpelweg af met wat citroensap. Maak voor een wat rijkere smaak het citroensap aan met eierdooiers. Klop de eierdooiers met het citroensap in een kommetje en voeg hieraan onder voortdurend kloppen met een garde druppelsgewijs hete soep toe. Hebt u circa 5 dl soep toegevoegd, giet het mengsel dan voorzichtig terug in de hete soep, onder voortdurend kloppen. Laat 5 minuten mee opwarmen maar niet meer koken.

Garneer elke portie met partjes citroen en peterselie en/of koriander of dille, en 3 à 4 balletjes. De rijst wordt er in een klein schaaltje apart bij geserveerd, maar als u dat lekkerder vindt, kunt u ook wat rijst door elke portie heen roeren.

VOOR 8 à 10 PORTIES ALS EERSTE GANG;
4 à 6 PORTIES ALS HOOFDGERECHT

Kipgehaktballetjes uit het Midden-Oosten

Volg het recept voor Italiaanse kipgehaktballetjes op bladzijde 144, maar laat de kaas weg. Voeg $^3/_4$ theelepel gedroogde munt, 1 flinke theelepel geraspte citroenschil en een snufje kurkuma, komijn of kaneel toe.

VOOR CIRCA 12 BALLETJES; 4 à 6 PORTIES

Bulgurballetjes
Kibbeh

Kibbeh is in het hele Midden-Oosten populair, maar wordt toch vooral gegeten in Libanon, Jordanië en Syrië. Bulgur is in natuurvoedingswinkels en in veel supermarkten te koop als gebroken tarwe (tabbouleh). Gooi eventueel bijgevoegde pakjes met kruiden weg (of gebruik ze voor andere gerechten) en maak het graan klaar zoals hieronder wordt aangegeven.

- 1 kop (2,5 dl in maatbeker) bulgur (gebroken tarwe)
- 5 dl warm water
- 1 middelgrote ui, geraspt
- 500 g mager lams- of rundergehakt
- 1 flinke theelepel zout, of naar smaak
- $^3/_4$ theelepel zwarte peper, of naar smaak
- Snufje kaneel- en snufje kruidnagelpoeder
- 1 flinke theelepel geraspte citroenschil (naar keuze)
- 1 flinke theelepel versgehakte muntblaadjes of $^3/_4$ theelepel gedroogde munt (naar keuze)
- 2 liter zelfgemaakte kippenbouillon of heldere kippenbouillon uit blik of pot

Was de bulgur tweemaal en laat uitlekken. Giet er het warme water op en laat 30 minuten weken. Laat uitlekken en knijp er zoveel mogelijk water uit. Meng met alle andere ingrediënten behalve de bouillon in een kom. Kneed het mengsel met uw handen tot het heel glad en goed gemengd is.

Tot hiertoe kunt u het mengsel klaarmaken en het losjes afgedekt enkele uren in de koelkast bewaren.

Breng de soep zachtjes aan de kook in een pan van 3 liter. Vorm de bulgur met vochtige handen of met twee in water gedompelde dessertlepels tot balletjes van 12 à 18 mm en laat deze met het deksel schuin op de pan zachtjes koken in de soep. Doe dat in twee partijen, zodat de pan niet te vol zit. Laat circa 8 minuten koken of totdat de balletjes boven komen drijven en een proefballetje gaar is. Haal de balletjes er met een schuimspaan uit, laat ze uitlekken en houd ze warm.

De balletjes kunnen tot een uur van tevoren worden gemaakt en zo nodig in de soep worden opgewarmd.

VOOR CIRCA 50 BALLETJES;
VOOR 10 à 15 PORTIES SOEP

Afrika ten zuiden van de Sahara

♦

*Ethiopië, Ghana, Ivoorkust,
Nigeria, Senegal,
Sierra Leone*

ETHIOPIË

❇ ❇

PITTIGE KIPPENSOEP
Yedoro Shorba

Ook hier betekent *shorba* weer soep, net als in het Midden-Oosten, Noord-Afrika en sommige Balkanlanden (zie bladzijde 165). *Yedoro Shorba* varieert van een mild-aromatische versterkende soep uit het gebied van de Blauwe Nijl tot deze pittige opkikker uit Ethiopië.

Met boter krijgt de soep een rijkere smaak, maar traditioneel wordt ze gemaakt met plantaardige olie zoals zonnebloem- of maïsolie. Voor de smaak is een combinatie van wit en donker vlees het lekkerste. Wilt u het mager houden, gebruik dan alleen borstvlees.

> 2 kippenborsten en 1 kippendij, zonder vel, of 3 kippenborsten met been maar zonder vel
> ± 7,5 dl water, zoveel dat de kip onderstaat
> 1 citroen
> 1,25 liter water
> 2 eetlepels ongezouten boter, of zonnebloem, maïs- of saffloerolie
> 1 middelgrote rode ui, gehakt
> 4 hele tenen knoflook, gekneusd in een vijzel of uit de pers
> Plakje verse gember van 3 cm dik, geschild en gekneusd met een mes of in een vijzel
> Snufje komijnpoeder, naar smaak
> Gekneusde zaden van kardemompeulen of $^1/_3$ theelepel kardemompoeder, of naar smaak
> 1 klein vers rood Spaans pepertje of $^1/_3$ theelepel verkruimelde gedroogde Spaanse pepertjes (facultatief)
> Zout, naar smaak
> Zwarte peper, naar smaak
> 1 takje verse rozemarijn of $^1/_3$ theelepel gedroogde rozemarijn

Snijd alle zichtbare vet van de kip en giet zoveel water op de kip dat ze onderstaat (± 7,5 dl). Snijd de citroen in vieren, knijp een kwart citroen uit in het weekwater en voeg bovendien de uitgeknepen schil toe. Laat 10 minuten weken. Gooi het water weg.

Hak de kip in stukken van 3,5-4 cm. Het vlees kan aan het bot blijven of er worden afgehaald, waarna de botten in de soep worden gekookt en voor het serveren weggegooid. Besprenkel kip en botten met het sap van de resterende parten citroen en laat 15 minuten marineren.

Doe de uitgelekte kip samen met de botten in een geëmailleerde of roestvrijstalen soeppan van 3 liter en voeg 5 dl liter water toe. Laat boter of olie heet worden in een kleine koekenpan en fruit de ui zachtjes totdat hij glazig ziet maar niet verkleurt. Doe de inhoud van de koekenpan bij de kip, samen met de knoflook, gember, komijn, kardemom, Spaanse peper, $^3/_4$ theelepel zout en een snufje versgemalen zwarte peper. Laat met het deksel schuin op de pan circa 15 minuten zachtjes koken.

Giet er 7,5 dl water bij en laat nog 10 minuten zachtjes koken of totdat de kip helemaal gaar is. Laat de rozemarijn de laatste 2 à 3 minuten meekoken. Maak op smaak en laat nog een minuutje of 2 koken. Haal de rozemarijn eruit, evenals de botten als u die apart hebt laten meekoken. Serveer direct en verdeel de kip over de verschillende porties.

Deze soep is vers het lekkerste maar kan afgedekt zo'n 2 dagen in de koelkast worden bewaard.

Serveer de soep heel heet, in kopjes of kommetjes als eerste gang, of in grotere kommen als een verkwikkend tussendoortje.

VOOR 2 à 4 PORTIES

BEDGEHEIMEN

Nadat ik de lichte, naar gember en ui geurende kippensoep had geproefd die voor mij werd bereid in The Blue Nile, het kleurrijke Newyorkse restaurantje waar pittige Ethiopische kost wordt geserveerd aan rieten tafeltjes, vroeg ik de eigenaar, Arraya Selassie, waarom dit gerecht nooit op het menu stond.

'Omdat wij het alleen maar eten als we ziek zijn,' vertelde hij, en ook Daniel J. Mesfin schrijft in Exotic Ethiopian Cooking: 'Dit is geen alledaagse soep, maar een die wordt bereid voor kinderen en zieken.'

Hoe het kwam dat men kippensoep in Ethiopië ging beschouwen als geneeskrachtig is onbekend. Ik fantaseer weleens dat het een van de bedgeheimen was van Salomo en de koningin van Sheba. 'En nu vertel ik je over een soep als de beste wijn, die kostelijk is van smaak en de lippen van de slapenden doet spreken,' fluisterde de wijze koning van Israël misschien wel, citerend uit zijn beroemde Hooglied. En het is heel goed mogelijk dat hij daaraan toevoegde: 'Uiteraard, Sheba, heb je wel een koosjere slager nodig.'

Variatie

Pittige kippensoep uit het gebied van de Blauwe Nijl bevat geen komijn, kardemom, Spaanse peper of rozemarijn. Bij het begin van de kooktijd worden twee middelgrote gehakte tomaten uit blik toegevoegd. De kip wordt met bot en al in stukken gehakt en zo geserveerd. Aan tafel kan er *berberé* – Spaanse-pepersaus die veel lijkt op Marokkaanse harissa of Chinese chilisaus – bij worden gegeven, zodat elke eter de soep naar eigen smaak pit kan geven.

Ghana

❄ ❄

Kippensoep met aubergine
Nkakra

De Ghanese naam van deze soep betekent simpelweg 'soep', maar dat lijkt dit weelderige gerecht nauwelijks recht te doen. Bij de benodigdheden worden meestal 'garden eggs' (tuineieren) genoemd, hetgeen verwijst naar een kleine ivoorkleurige aubergine, de 'eierplant'. De soep kan mild of pittig gekruid worden.

VOOR DE SOEP
- 2 middelgrote aubergines of 6 kleine Italiaanse of Chinese paarse of witte aubergines, geschild en in blokjes gesneden
- 500 g kippenvlees zonder vel of bot, bij voorkeur een combinatie van borst- en dijvlees, in makkelijk op te lepelen stukken gesneden
- 2 groene paprika's, zonder zaden en fijngehakt
- 1 rode Spaanse peper, zonder zaden en fijngehakt of $^3/_4$ theelepel cayennepeper (naar keuze)
- 2 liter water, of zoveel als nodig is
- 6 middelgrote witte uien, fijngehakt

4 tomaten uit blik, zonder zaden en fijngehakt
1 flinke theelepel zout, of naar smaak
³/₄ theelepel gemalen zwarte peper, of naar smaak

VOOR DE GARNERING
Gestoomde rijst
Fufu van yam of cassave (bladzijden 197 en 199)

Hoewel de aubergines in de Ghanese recepten niet geschild en met zout bestrooid worden om de bittere sappen eruit te laten lekken, doe ik dat wel, vooral bij de gewone grote paarse aubergines. Leg de geschilde en in blokjes gesneden aubergines in een vergiet en meng er 1 eetlepel zout door. Leg er een bord op en druk dit aan met iets zwaars. Laat zo 30 minuten staan of totdat er donker sap uit komt. Spoel even af en dep droog.

Doe de aubergines samen met de stukjes kip, paprika en peper in een geëmailleerde of roestvrijstalen (soep)pan van 3 liter. Voeg 1,5 liter water toe. Laat met het deksel schuin op de pan zachtjes koken en schep intussen het schuim van het oppervlak. Laat koken tot de groenten gaar zijn, circa 20 minuten. Voeg de uien, tomaten, het zout en de peper en 5 dl water toe; de kip en groenten moeten onderstaan. Laat met het deksel schuin nog 15 à 20 minuten zachtjes koken, of totdat de kip gaar is en de groenten bijna uiteenvallen. Breng op smaak met zout en peper. Geef er een schaaltje gestoomde rijst of *fufu* bij.

De soep kan een uur voor het serveren worden bereid en tot het opwarmen op kamertemperatuur worden bewaard.

VOOR 4 PORTIES

❋ ❋ ❋

Variatie

GHANESE OKRASOEP
Nkruma-nkwan

Volg de bereiding van het hoofdrecept, maar laat terwijl de aubergines met de paprika, peper en de kip opstaan 250 gram gewassen hele okra's circa 5 minuten koken in ruim zout water. Giet af, snijd de okra's door, haal er de zaden uit en hak de groente. Voeg de okra's samen met de uien en tomaten toe aan de soep. (Kunt u alleen okra's uit de diepvries krijgen, laat deze dan ontdooien, verwijder de zaden en voeg de groente gehakt toe aan de soep, samen met de uien en tomaten.) Deze soep wordt heerlijk dik. Serveer als boven met *fufu*.

IVOORKUST

✳ ✳

PEPERSOEP UIT IVOORKUST
Pepe-Soupe

Voor de beschrijving van deze voortreffelijke gerechten dank ik Sekou Diabate, die werd geboren in Ivoorkust en de leiding heeft over de onberispelijke visafdeling van specialiteitenzaak Agata & Valentina in New York. Dit recept en de recepten erna zijn gebaseerd op zijn aanwijzingen en vormen de pittigste soepen uit dit boek. 'Wij maken onze kippensoepen heel pittig als we ziek zijn,' vertelt de heer Diabate, 'omdat we vaak koorts hebben vanwege een verkoudheid of soms malaria, en we denken dat het dan goed is om te transpireren.'

Deze soep, met pindakaas en gehakte pinda's, is verwant aan de soepachtige stoofschotels met pinda's die geliefd zijn in alle West-Afrikaanse landen, zoals Ghana, Nigeria, Sierra Leone en Senegal. U kunt gewone pindakaas, grof of fijn, gebruiken, maar ik gebruik liever ongezoete pindakaas uit natuurvoedingswinkels. Of ik maak zelf pindakaas door gedopte en ontvliesde ongezouten pinda's in een keukenmachine tot een fijne pasta te malen. Reken op 500 g gedopte pinda's voor 2,5 dl zelfgemaakte pindakaas, laat de machine stootsgewijs om de 2 à 3 seconden draaien en druk het mengsel af en toe langs de zijkanten van de kom naar beneden met een spatel. Maal in 5 à 7 minuten tot een fijne massa waaruit zich olie begint af te scheiden. Bewaar tot gebruik in een goed afgesloten pot op een koele plaats.

VOOR DE SOEP
Circa 1 kg kip
1,5 l water, of zoveel als nodig is
2,5 dl tomatensap of 2,5 dl gekruide tomatensaus uit blik of pot
2 dunne plakjes geschilde verse gember (naar keuze)
1 teentje knoflook, gehakt (naar keuze)
1-2 flinke theelepels zout, naar smaak
$1/3$ theelepel gemalen zwarte peper, of naar smaak
1 grote ui, gehakt
1 vers rood Spaans pepertje, zonder zaden en gehakt of $3/4$ theelepel verkruimelde gedroogde Spaanse peper
$3/4$ kop (1,8 dl in maatbeker) liefst ongezoete pindakaas of 1 kop (2,5 dl in maatbeker) fijngemalen verse ongezouten pinda's
1 flinke theelepel gedroogde tijm

VOOR DE GARNERING NAAR KEUZE
Gehakte geroosterde pinda's en fufu (zie bladzijden 197-199)

Deze recepten horen tot de interessantste en meest verrassende die ik uitprobeerde, vooral omdat Afrikaans eten zo onbekend is en zelfs Afrikaanse restaurants zelden soep serveren. Toen ik de recepten voor het eerst las dacht ik dat ze niet veel smaak zouden hebben, omdat er naar Europese maatstaven zo weinig kip voor wordt gebruikt en de kooktijd zo kort is. Zoals in Ghana Nutrition and Cookery *wordt uitgelegd is de westerse manier van lang en langzaam koken onpraktisch in zeer hete klimaten, vooral bij een tekort aan brandstof. Ik merkte echter dat door specerijen te gebruiken en de kip te weken, vaak met bot, zeer smakelijke brouwsels ontstaan die, hoe mager en licht ook, zeer aromatisch en verkwikkend zijn.*

Hak de kip met vel en bot in kleine stukken. Leg de kip in een geëmailleerde of roestvrijstalen (soep)pan van 3 liter en voeg 5 dl water toe. Laat met het deksel schuin op de pan 5 minuten zachtjes koken.

Voeg tomatensap of -saus, nog 5 dl water, gember, knoflook, zout, peper, gehakte ui en Spaanse peper toe. Laat met het deksel schuin 20 minuten zachtjes koken. Haal de stukken kip eruit en gooi het vel en bot weg. Snijd het vlees in fijne reepjes en doe het terug in de soep. Klop de pindakaas of gemalen pinda's door de soep en voeg de tijm toe.

Laat nog 10 à 15 minuten zachtjes koken of totdat de kip helemaal gaar is. Voeg 2,5-5 dl water toe als de soep erg is ingekookt en laat nog 15 minuten koken. Roer regelmatig en voeg water toe als het mengsel te dik is. Het moet de consistentie hebben van een lichte crèmesoep. Breng op smaak met zout en peper.

Serveer in koppen als eerste gang of in kommen als hoofdgerecht. Strooi desgewenst gehakte pinda's over elke portie en serveer er *fufu* bij. Deze soep is vers het lekkerste maar kan afgedekt 1 dag in de koelkast worden bewaard.

VOOR 2 à 4 PORTIES

Variaties

Ghanese pindastoofpot
Hkatenkwan

Deze wordt op bijna precies dezelfde wijze bereid als de Ghanese okrasoep (bladzijde 191), met of zonder aubergine. Het voornaamste verschil is de toevoeging van $^3/_4$-1 kop (1,8-2,5 dl in maatbeker) gladde of grove pindakaas. Roer de pindakaas samen met de tomaten, het zout en de peper door de soep en kook als aangegeven. Deze versie wordt iets sterker gekruid met Spaanse peper.

Garneer de porties naar keuze met gehakte geroosterde pinda's en yam of cassave. Wilt u nog meer uitpakken, geef er dan aan tafel apart gehakte hardgekookte eieren, gebakken stukjes bakbanaan en met citroensap en Spaanse peper gekruide, in blokjes gesneden tomaten bij, op dezelfde wijze als je gazpacho garneert.

VOOR 2 à 4 PORTIES

Kippenstoofpot met pinda's uit Sierra Leone en Nigeria

Volg het recept voor de Pepersoep uit Ivoorkust, maar begin met de kip bruin te braden in 3 eetlepels arachideolie met 2 gehakte teentjes knoflook en de ui, gember en Spaanse pepertjes uit het basisrecept. Laat dit mengsel met tomatensap of -saus en 1,25 liter water circa 25 minuten zachtjes koken of totdat de kip bijna gaar is. Roer er de pindakaas door en laat nog 15 minuten zachtjes koken. Voeg zout naar smaak toe. Strooi als garnering naar keuze gehakte geroosterde pinda's over de soep of geef er cassave bij.

Deze versie heeft een rijkere smaak maar is ook zwaarder.

VOOR 2 à 4 PORTIES

Gumbosoep uit Ivoorkust
Soupe Gumbo

Gebruik in dit recept uit Ivoorkust liever verse dan diepvriesokra. Okra uit blik is absoluut ongeschikt. Kippenbouillonblokjes geven een authentieke smaak, maar ik kan heel goed zonder. Gebruikt u ze, voeg dan pas tegen het einde van de kooktijd voorzichtig zout toe. Zoals u op grond van het woord *gumbo* misschien zult vermoeden is dit de voorloper van de specialiteit uit Louisiana (zie bladzijde 69). *Gumbo* betekent in het West-Afrikaanse Bantoe okra, de vrucht die werd meegenomen naar Amerika door de slaven, die er soep van bereidden in de keuken van hun meesters en er in de loop van de tijd steviger smaakmakers en de tegenwoordig klassieke bruine roux aan toevoegden.

VOOR DE SOEP
Circa 1 kg kip, borst- en dijstukken
250 g hele verse okra's of 300 g okra's uit de diepvries
1,5-2 liter water, zoveel als nodig is
1 middelgrote ui, in dunne ringen gesneden
1,5 dl gekruide tomatensaus uit blik
1 vers rood Spaans pepertje of $^3/_4$ theelepel cayennepeper
1 kippenbouillontablet (naar keuze)
Zout, naar smaak
Gemalen zwarte peper, naar smaak

VOOR DE GARNERING
1 kop (2,5 dl in een maatbeker) gekookte witte rijst

Verwijder het vel en de botten van het kippenvlees; gooi het vel weg en bewaar de botten. Hak of snijd het vlees in stukjes en zet het samen met de botten opzij.

Kook verse okra's 8 à 10 minuten in 1 liter water, of totdat de okra's zacht beginnen te worden. Kook diepvriesokra's slechts 4 à 5 minuten. Haal de okra's er met een schuimspaan uit en bewaar de helft van het kookwater. Snijd de okra's open; haal de zaden eruit en gooi deze weg. Leg de okra's in een kom of op een snijplank en pureer ze met uw handen of met een houten spatel of hamer. Gebruik geen blender, keukenmachine of zeef, want dan wordt de puree te fijn.

Roer de gepureerde okra's door het kookwater en voeg nog 1 liter water toe samen met de kippenbotten, ui, tomatensaus, Spaanse peper en het bouillonblokje. Laat met het deksel schuin op de pan circa 20 minuten zachtjes koken of totdat de botten gaar zijn en geen spoortje rood meer vertonen. Vul het water zo nodig aan tot 1 liter.

Haal de botten eruit en voeg het rauwe kippenvlees toe. Laat met het deksel schuin op de pan circa 20 minuten koken of totdat de kip gaar is en breng op smaak met zout, peper en cayennepeper. Serveer in kleine kommen als eerste gang. U kunt een klein bergje rijst in de gumbo leggen of, wat gebruikelijker is, de rijst op een schaaltje apart serveren en tussen de soep door opeten.

Deze soep smaakt vers het beste, maar kan afgedekt 1 dag in de koelkast worden bewaard.

VOOR 4 à 6 PERSONEN

Variatie

SENEGALESE MAFÉ

Volg het hoofdrecept, maar voeg 7,5 dl water extra, 2 koppen (5 dl in een maatbeker) in fijne reepjes gesneden groene kool, 2 geschilde en in blokjes gesneden zoete aardappels, 3 in plakken gesneden wortels, 2 in plakken gesneden stengels selderie en 3 geschilde en in blokjes gesneden raapjes toe. Laat deze samen met de rauwe kip en $2/3$ kop (1,6 dl in een maatbeker) pindakaas de laatste 20 minuten meekoken. Voeg zo nodig meer water toe en breng op smaak met zout en peper.

VOOR 6 à 8 PORTIES ALS EERSTE GANG;
3 à 4 PORTIES ALS HOOFDGERECHT

AARDAPPELSOEP UIT IVOORKUST
Soupe à la Patat

Deze soep wordt zeer krachtig doordat het kippenvel eerst met de smaakmakers in heel weinig water wordt gestoomd. De aardappels geven de soep iets vertroostends.

- 1 kleine kip, circa 1,5 kg
- 1 teentje knoflook, gehakt
- 1 flinke theelepel gedroogde tijm
- $1/3$-$3/4$ theelepel verkruimelde gedroogde Spaanse peper
- 6 kleine aardappels (circa 750 g), geschild
- 2 liter water, of zoveel als nodig is
- 1-2 flinke theelepels zout, naar smaak
- $1/3$-$3/4$ theelepel gemalen zwarte peper, naar smaak

Haal alle vel van de kip. Hak de kip met bot in stukken van 5 cm. Doe het kippenvel in een geëmailleerde of roestvrijstalen soeppan. Voeg de knoflook, tijm, verkruimelde Spaanse peper, 2 in dunne plakken gesneden aardappels en 7,5 dl water toe. Laat met het deksel schuin op de pan 10 à 15 minuten zachtjes koken of totdat de aardappels gaar zijn. Haal de aardappels eruit, pureer ze en doe ze terug in de pan.

Voeg de resterende 4 hele aardappels, de kip met been en 1,25 liter water toe, of zoveel dat de kip en aardappels net onderstaan. Voeg 1 flinke theelepel zout en $1/3$ theelepel peper toe. Laat met het deksel schuin circa 25 minuten koken of totdat de kip en de aardappels gaar zijn. Breng op smaak met zout en peper. Gooi het vel weg. Serveer de kip met bot in de soep. Reken op 1 aardappel per portie als eerste gang, 2 als hoofdgerecht.

Deze soep is het lekkerste binnen 30 minuten na bereiding. Warm haar zonodig voorzichtig op zodat de aardappels niet uit elkaar vallen. Restjes kunnen 1 dag afgedekt in de koelkast worden bewaard. De aardappels vallen dan uiteraard wel op een gezellige, huiselijke manier uit elkaar.

VOOR 2 à 4 PORTIES

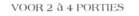

FUFU

Stevige zetmeelrijke garneringen van soepen zijn even populair in West-Afrika als brood, aardappels, pasta en rijst in Europa, en om dezelfde reden: ze voegen voedingsstoffen en massa toe. Ook dienen ze ertoe het gehemelte tussen lepels soep door te verfrissen zodat de smaak van de soep niet te zeer gaat overheersen. *Fufu* is een compact, kleverig soort pap, een beetje zoals een stevige maïspap, maar het wordt lichter als je het samen met soep eet. Het wordt gemaakt van het meel van aardappels, rijst, maïs, cassave, bakbananen of yams. Gewoonlijk drukt men het samen tot ballen ter grootte van een citroen of tot cakevormige rondjes en serveert men het in de soep of apart.

Bij de West-Afrikaanse soepen kunnen de volgende soorten *fufu* worden geserveerd.

FUFU VAN YAM

Dit is mijn lievelings-*fufu*, zowel wat smaak als wat vorm betreft.

2 middelgrote yams of zoete aardappels, circa 750 g
7,5 dl water, of zoveel dat de knollen onderstaan
2 theelepels zout, of naar smaak

Schil de yams en snijd ze in plakken van 6-12 mm. Laat de plakken meteen in een pan met gezouten water vallen om verkleuren te voorkomen.

Breng met het deksel schuin op de pan aan de kook en laat zachtjes maar constant circa 35 minuten koken of totdat de yams gaar zijn maar nog niet uit elkaar vallen.

Laat goed uitlekken en doe terug in de pan. Zet de pan op laag vuur en laat de yams droogstomen. Zet het vuur uit. Pureer de yams met een pureestamper zo fijn mogelijk. Hebt u geen pureestamper, leg de yams dan op een plank of bord en prak ze met een vork, of pureer ze in een groentemolen. Gebruik geen elektrische keukenmachine of blender, dan wordt de puree te slap.

Bewerk de yams in een diepe kom, bij voorkeur met rechte zijkanten, een minuut of 8 met een houten hamer (een vleeshamer of pureestamper) en druk het mengsel naar boven en beneden tegen de zijkant van de kom, of totdat het zijdeachtig, glad en kleverig wordt.

Bevochtig uw handpalmen met een beetje koud water en vorm van de puree ballen met een doorsnee van 3,5-5 cm (± 4 eetlepels van het mengsel). Leg deze op een schaal.

Serveer de ballen bij voorkeur als ze nog warm en stevig zijn, maar u kunt ze 1 uur voor het serveren bereiden en onafgedekt op kamertemperatuur bewaren. Als u ze langer bewaart worden ze vochtig. Koelen ze af, leg ze dan in de verschillende porties soep. Probeer ze niet op een andere manier op te warmen.

VOOR 6 à 8 BALLEN; VOOR 3 à 8 PORTIES

AARDAPPELFUFU

0,5 kop (1,25 dl in maatbeker) aardappelmeel
³/₄ kop (1,8 dl in maatbeker) instant aardappelpureevlokken of -poeder
1 flinke theelepel zout, of naar smaak
7,5 dl water, net tegen de kook aan

Meng het aardappelmeel met de pureemix en het zout en roer dit mengsel door het water dat heeft gekookt maar niet meer op het vuur staat. Roer krachtig met een houten lepel of spatel terwijl u met de andere hand de pan vasthoudt, hetgeen niet makkelijk zal zijn. Blijf roeren totdat het mengsel een bal vormt en loslaat van de onderkant en zijkanten van de pan. Dat duurt circa 8 à 10 minuten.

Doe het mengsel in een grote aardewerken kom en rol het tot een gladde bal. Bevochtig uw handpalmen met een beetje water en vorm met telkens ± 4 eetlepels van het mengsel ballen met een doorsnee van 5 à 7 cm.

Serveer direct of bewaar maximaal 1 uur onafgedekt op kamertemperatuur.

VOOR CIRCA 12 BALLEN;
6 à 12 PORTIES

Cassave- of garifufu

Cassave – ook wel maniok genoemd en in verschillende bewerkte vormen bekend als tapioca en yuca – is een knolachtig gewas dat een voedzaam meel oplevert. De grof gemalen variant van dit meel heet gari (ook wel garri gespeld) en levert *fufu* op met een interessante consistentie. Cassavefufu in wat voor vorm dan ook voegt een licht scherp en zuur accent toe aan soepen. In sommige recepten wordt het bereid met heet water, maar ik vind dat het met koud water minder plakkerig wordt.

> **1,5 kop (3,75 dl in maatbeker) cassave- of garimeel**
> **1 flinke theelepel zout**
> **3,75-5 dl koud water**

Doe het meel met het zout in een kleine, smalle mengkom. Roer er geleidelijk voldoende water door zodat het water even hoog komt als het meel. Laat circa 15 minuten staan om op te zwellen of totdat alle water is opgenomen en het mengsel in omvang is verdubbeld. Voeg meer water toe als dat niet het geval is en laat het weer staan.

Roer het meel los met een vork en serveer het als bijgerecht bij soep.

VOOR 4 à 6 PORTIES

AZIË

◆

China, India, Indonesië, Japan,
Korea, Singapore en Maleisië,
Thailand, Vietnam

Aziatische basiskippensoep

In de Aziatische basissoep voegt men heel weinig smaken toe aan een combinatie van kip, water en zout die door langdurig koken enigszins wordt ingekookt. Meestal gebruikt men verse gemberwortel, lente-uien en een beetje rijstwijn. Aan deze basisbouillon worden een hele reeks groenten, vleessoorten, paddestoelen en exotische kruiden en specerijen toegevoegd. Mie en knoedels laat men vlak voor het serveren heel kort in de soep koken zodat ze hun kleur en stevigheid behouden.

> *Met uitzondering van de Indiase soepen worden de Aziatische soepen in huiselijke stijl uit grote, ronde porseleinen schalen of soepterrines overgeschept in kleine kommetjes. De typische lepels, traditiegetrouw van porselein, worden beschouwd als ideaal omdat ze wel warm maar niet te heet worden en niet naar metaal smaken. Grote vaste bestanddelen in de soep eet men gewoonlijk met eetstokjes en vaak geeft men dipsauzen bij deze vaste bestanddelen, zoals kip.*

> Een kip van 2,5 kg, bij voorkeur een versgeslachte jonge soepkip met de poten er nog aan, of een evenredige hoeveelheid kleinere kippen
> Circa 3,5 liter water
> 4 dunne plakjes geschilde verse gemberwortel (naar keuze)
> 3-4 lente-uien, het groen en het wit (naar keuze)
> 4 eetlepels rijstwijn of dry pale sherry (naar keuze)
> 1 eetlepel zout, of naar smaak

Gebruikt u een versgeslachte kip, bereid deze dan voor volgens de aanwijzingen op bladzijden 25 en 27 voor het zengen en uitkoken van de poten.

Begin met een grote hoeveelheid water (niet de 3,5 liter) aan de kook te brengen in een roestvrijstalen soeppan van 8 liter met rechte zijkanten. Blancheer de hele kip hierin door haar 10 minuten te koken. Haal de kip eruit en spoel haar af met koud water. Gooi het water weg en maak de pan schoon.

Doe de kip terug in de pan, met eventueel de poten en 3,5 liter water of zoveel als nodig is om de kip onder te zetten. Voeg de gember, lente-uien en wijn toe, als u deze gebruikt, en de helft van het zout. Breng aan de kook, zet het vuur laag en laat met het deksel schuin op de pan 3 uur zachtjes koken. Keer de kip af en toe om maar vul het water pas bij als de kip voor minder dan de helft onderstaat.

Het kippenvlees heeft aan het einde van de kooktijd geen smaak meer en kan worden weggegooid. Kook de soep met een vierde in, zeef haar en schep er zoveel mogelijk vet af. Laat onafgedekt afkoelen op kamertemperatuur en bewaar de soep daarna maximaal 3 dagen afgedekt in de koelkast.

De soep kan 2 maanden in de diepvries worden bewaard.

Serveer de soep als bouillon of gebruik haar in de volgende recepten.

VOOR CIRCA 2,5 LITER

Variatie

AZIATISCHE BASISKIPPENSOEP VAN BOUILLON UIT BLIK OF POT

Laat 2,5 liter grondig ontvette kippenbouillon uit blik of pot (bij voorkeur zoutarm) en 1,25 liter water zachtjes koken met de gember, lente-uien en wijn, zoals in het hoofdrecept. Voeg stukjes afval van kip toe als u die hebt. Laat met het deksel schuin op de pan 30 minuten koken. Zeef en ontvet de bouillon en gebruik hem zoals in de recepten wordt aangegeven. Voeg pas vlak voor het serveren zout toe.

VOOR CIRCA 2,5 LITER

AZIATISCHE STOOFPOT VAN KIP, GROENTEN EN MIE

Tot de meest verkwikkende en verrukkelijkste Aziatische eenpansmaaltijden behoren soepen waarin groenten en vlees, in dit geval kip, worden gecombineerd met een van de vele soorten Aziatische mie. Sommige van deze soepen worden in feite aan tafel zelf klaargemaakt door de eters die hun keuze maken uit ingrediënten die op mooi opgemaakte schalen liggen en die een paar seconden worden gekookt door ze met lange eetstokjes in de bouillon te houden die op een houtskoolvuurtje heet gehouden wordt in pannen met een schoorsteentje in het midden. Bij deze gerechten, zoals de Japanse *mizutaki* of *shabu-shabu*, de Koreaanse of Mongoolse stoofpotten, of de Chinese chrysanthemum, worden de gekookte ingrediënten in een dipsausje gedoopt. Aan het eind van de maaltijd wordt de mie in de bouillon gekookt en ten slotte wordt de sterk ingekookte bouillon opgedronken.

Bij andere Aziatische eenpansgerechten van kip, groenten en mie worden de ingrediënten vooraf in plakken gesneden, vervolgens allemaal tegelijk heel kort in de keuken gekookt, en dan in diepe kommen geschept. Dat gebeurt bijvoorbeeld bij het Chinese gerecht *lo mein* of de Japanse variant daarvan, *ramen*, en het Japanse gerecht *torinabé*. De Vietnamese maaltijdsoep *pho by* valt ook in deze categorie van gerechten.

Met al deze verrukkelijke soepen in gedachten en op het gevaar af de zaken te versimpelen en puristen op hun tenen te trappen, ontwierp ik de volgende versie. U hebt er zelfgemaakte of kant en klaar gekochte bouillon voor nodig en moet het geduld hebben alle ingrediënten vooraf te snijden zodat u ze aan het eind van de bereiding alleen nog maar even snel hoeft te koken. Gebruik voor deze soep Aziatische soepkommen die groot genoeg zijn voor 0,75 à 1 liter soep.

VOOR DE SOEP
2,5 liter Aziatische Basiskippensoep (bladzijde 202) of de voorbereide variant uit blik of pot (bladzijde 203)
7,5 dl water
2 dunne plakjes geschilde verse gember
2 teentjes knoflook
2 grote kipfilets
8 gedroogde Chinese paddestoelen of verse shii-take
$^1/_2$ Chinese kool
1 kleine stronk paksoi of 250 g verse spinazie
125 g verse tofu (tahoe)
150 g cellofaanmie of andere Aziatische mie (zie bladzijde 206)
1 grote ui, in dunne ringen gesneden
2 middelgrote wortels, geschrapt en in dunne plakken gesneden (naar keuze)
250 g peultjes, schoongemaakt en draden verwijderd (naar keuze)
2-3 takjes koriander
5 takjes waterkers (naar keuze)
Zout en peper, naar smaak

VOOR DE GARNERING NAAR KEUZE
Gehakte lente-uien, het wit en het groen
Verse takjes koriander
Sojasaus
Chinese rijstazijn
Sesamolie
Chilisaus of -olie
Gestoomde witte rijst

Doe bij deze bereiding geen deksel op de pan, daar de soep een beetje moet inkoken. Doe de soep met het water en de gember en knoflook in een roestvrijstalen of geëmailleerde soeppan van 6 liter. Laat heet worden als u de soep direct gaat bereiden of bewaar op kamertemperatuur als u de andere ingrediënten 1 à 2 uur van tevoren klaarmaakt.

Snijd het kippenvlees horizontaal in dunne plakjes of snijd het in reepjes. Verwijder eventuele pezen en vliezen. Laat 30 minuten op kamertemperatuur staan of langere tijd gekoeld.

Gebruikt u gedroogde paddestoelen, week deze dan 30 minuten in heet water, laat ze uitlekken, gooi de stelen weg en snijd de hoeden in vieren. Bewaar het water en laat het bezinksel naar de bodem zakken. Gebruikt u verse paddestoelen, veeg deze dan af met een stukje vochtig keukenpapier, gooi de stelen weg en snijd de hoeden in plakjes. Zet opzij.

Was de kool en de paksoi en snijd de groenten in plakjes. Was de spinazie en verwijder de stelen. Blancheer de groenten 2 à 3 minuten in kokend water, laat ze goed uitlekken en zet opzij. Gooi het blancheerwater weg.

Snijd de tofu in dunne reepjes. Zet opzij.

Laat de cellofaanmie 10 minuten weken in koud water, laat de mie uitlekken en knip hem in handzame stukken. Zet opzij.

Warm vlak voor het serveren soepkommen voor in een matig warme oven of door ze met heet water om te spoelen. Breng de soep aan de kook, zet het vuur laag, voeg de gedroogde paddestoelen en het weekwater toe (maar niet de verse paddestoelen), en laat zonder deksel circa 8 minuten koken. Voeg de Chinese kool en/of paksoi (maar niet de spinazie), de ui en mie toe en laat nog 5 minuten koken. Voeg de kip, tofu, wortels, spinazie, verse paddestoelen en peultjes toe en laat 3 à 4 minuten koken. Doe de koriander en waterkers erbij en laat nog eens 2 à 3 minuten koken. Nu moeten alle ingrediënten gaar zijn. Voeg zout en peper naar smaak toe en serveer direct. Garneer elke portie met lente-ui en/of koriander en geef de andere smaakmakers en sauzen er aan tafel bij.

VOOR 4 PORTIES ALS HOOFDGERECHT

Variaties

Soep in Japanse stijl: Doe 10 à 12 halfronde plakjes geschilde rettich of raap bij de kool en geef er het zeven-specerijenpoeder shichimi bij. Dunne plakjes kamaboko, een witte geperste viskoek, zijn ook lekker in deze soep. Gebruik als mie soba, udon of somen (zie bladzijde 206), en geef er zo mogelijk tamarisaus bij.

Soep in Koreaanse stijl: Voeg 125 g van de zeer pittige ingelegde kool (kimchi) toe en gebruik spinazie en cellofaanmie of heel dunne eiermie. Breng op smaak met chilisaus uit Sichuan of Korea.

Vietnamese *pho by*: Voeg 5 à 6 takjes koriander toe en laat 2 kleine rode Spaanse pepertjes (zonder zaden) meekoken met de kool en de paddestoelen. Breng halverwege de kooktijd op smaak met 1 à 2 flinke theelepels van de gefermenteerde vissauzen *nam pla* of *nam prik*. Gebruik cellofaanmie of heel dunne eiermie en garneer met verse koriander. Geef er aan tafel extra chilisaus bij.

China

✤ ✤

Shun Lee's Chinese basiskippensoep
Gee Tang

Michael Tong, eigenaar van Shun Lee West en Shun Lee Palace, twee van de beste Chinese restaurants in New York, en zijn getalenteerde in Hong Kong geboren en opgeleide kok Man Sun Dav, vonden het goed dat ik een aantal uren in hun keuken kwam kijken naar de bereiding van vier soepen, plus mijn favoriete scherpzure kippensoep. Hoewel Chinezen voor de smaak traditiegetrouw een kip van 2,5 kg gebruiken, geven Michael Tong en zijn kok

---

AZIATISCHE DEEGWAREN

Europese, met name Italiaanse deegwaren onderscheiden zich vooral door hun vorm, maar in Azië heeft het belangrijkste onderscheid betrekking op de breedte en lengte van de deegwaren en vooral op het deeg, dat gemaakt kan zijn van graansoorten zoals rijst, tarwe en boekweit, en van sojabonen. De volgende deegwaren worden het vaakst gebruikt in soepen door heel Azië, met uitzondering van India. Soba en udon zijn vooral Japans. Hoewel alle landen (en vele streken binnen een bepaald land) hun eigen namen hebben en ook de breedte en lengte van de deegwaren variëren, zijn dit de basissoorten die geschikt zijn voor de soeprecepten in dit boek.

Transparante mie (glass noodles, bean threads of laksa), gemaakt van bonen, is gedroogd in pakjes verkrijgbaar. Deze mie moet worden geweekt en daarna kort gekookt. Cellofaanknoedels zijn er in verschillende lengtes en moeten na het weken met een schaar op de juiste lengte geknipt worden.

Eiermie lijkt het meeste op Italiaanse pasta en deze kan dan ook als vervanging dienen. Kook verse mie 5 minuten rechtstreeks in de soep; volg bij gedroogde mie de aanwijzingen op de verpakking.

Rijstmie is gedroogd en voorgekookt verkrijgbaar en hoeft alleen maar 20 minuten te weken in warm water, waarna hij wordt afgespoeld en verdeeld over de verschillende porties. U kunt de hete soep er gewoon overheen scheppen, maar het is lekkerder als u de mie 2 à 3 minuten in de soep laat meetrekken. Gebruik alleen heel dunne rijstmie voor soep.

Soba is mie van boekweit, gewoonlijk een beetje bruin van kleur, maar soms gekleurd met groene thee. Soba wordt 7 à 8 minuten gekookt, direct in de soep, net als de gewone Europese pasta. Soba is meestal gedroogd, soms ook vers of uit de diepvries verkrijgbaar.

Somen is verse of gedroogde Japanse mie die circa 7 minuten rechtstreeks in de soep wordt gekookt.

Udon is dikke, lekker stevige Japanse tarwemie, vers, gedroogd of uit de diepvries. Hij moet circa 7 minuten in de soep meekoken.

Klop de kipfilet met een vleesklopper tot u bijna een pasta hebt. Hak of snijd het vlees fijn en verwijder daarbij eventuele pezen en vliezen. Doe dat laatste ook als u het vlees in een keukenmachine maalt. Laat in dat geval de machine al stotend circa 2 minuten malen totdat u een soort pasta hebt. Voeg sherry of rijstwijn toe aan de gepureerde kip en zet opzij.

Klop de eiwitten met een vork dik en schuimig en roer ze door de kip. Maal in een keukenmachine of blender de helft van de maïs tot een gladde massa en doe deze bij de soep, samen met de ongemalen maïs. Laat 3 à 4 minuten zachtjes koken met het deksel schuin op de pan.

Breng de soep tegen de kook aan en roer er het kip-eiwitmengsel door. Laat zonder deksel zachtjes 1 à 2 minuten koken. Breng op smaak met Chinese sojasaus, sesamolie, zout en peper.

Roer er, als u verse maïs hebt gebruikt, ten slotte de aangelengde maïzena door en laat nog 1 minuut koken totdat de soep licht gebonden is. Garneer elke portie met fijngehakte ham en lente-uien of koriander.

VOOR 4 PORTIES

WONTONSOEP
Huntun Tang

In Chinese winkels zijn wontonvellen kant en klaar verkrijgbaar. Gebruik eventueel lenterolvellen als u die beter kunt krijgen. De dunste en lekkerste wontonvellen zijn die in de stijl van Shanghai, maar ook Kantonese wikkels zijn geschikt, al zijn die dan wat dikker. Gebruik alleen de vellen die u nodig hebt en bewaar de rest goed verpakt maximaal 6 weken in de diepvries. Kunt u geen wontonvellen krijgen, volg dan het recept beneden. Maak in dat geval eerst de vulling.

Dit mengsel van varkensvlees, garnalen en waterkastanjes is mijn favoriete vulling, maar in plaats van het varkensvlees kunt u ook een combinatie van wit en donker kippenvlees gebruiken. Vervang de garnalen eventueel door 125 gram varkensvlees of extra kip.

VOOR DE WONTONS

250 g mager varkensgehakt

250 g rauwe garnalen, gepeld, het zwarte darmkanaal verwijderd en fijngehakt

¾ theelepel fijngehakte verse geschilde gember

5-6 waterkastanjes, vers of uit blik, fijngehakt

2 eetlepels fijngehakte lente-ui, alleen het wit

2-4 flinke theelepels Chinese sojasaus, of naar smaak

¾ theelepel sesamolie (naar keuze)

Snufje zout, of naar smaak

Circa 50 kant-en-klare wontonvellen of lenterolvellen, of 0,5 recept Eierpasta (bladzijde 43)

Maïzena, om zelfgemaakte vellen mee te bestuiven

VOOR DE SOEP

2,5 liter Aziatische Basiskippensoep (bladzijde 202)

10-12 takjes waterkers, of 10 blaadjes verse of diepvriesspinazie, gewassen, ontdaan van de steel en in reepjes gesneden

Doe het varkensvlees, de garnalen, gember, waterkastanjes, lente-uien, sojasaus, sesamolie en het zout in een grote kom en meng grondig door elkaar met een houten lepel of met uw handen. Proef niet, omdat er rauw varkensvlees in het mengsel zit. Laat in plaats daarvan een balletje vulling met een doorsnee van ruim 1 cm circa 5 minuten koken in een beetje water, proef en voeg zo nodig nog wat zout, sojasaus of sesamolie toe. Laat 30 minuten staan op kamertemperatuur of maak het mengsel enkele uren van tevoren en bewaar het losjes afgedekt in de koelkast, maar haal het ten minste 30 minuten voordat u de vellen gaat vullen uit de koelkast.

Gebruikt u kant-en-klare wontonvellen, leg deze dan uit op het werkblad en leg 2 theelepeltjes vulling op de onderste helft van elk vel. Of snijd lenterolvellen in 4 vierkante stukken en vul deze als wontonvellen. Vouw de ongevulde kant om en steek het uiteinde onder de vulling. Maak de open kant van de wikkel een beetje vochtig met koud water en rol deze over het gevulde deel heen zodat een cilinder ontstaat, maar laat bovenaan een los flapje zitten. Trek de 2 uiteinden van de cilinder naar elkaar toe zodat ze elkaar even overlappen en druk ze dicht. Leg de gevulde en gevouwen wontons onder een droge theedoek om uitdrogen te voorkomen totdat de rest klaar is.

Maakt u het deeg zelf, dan kunt u de deegbal, verpakt in keukenfolie, opzij zetten totdat u klaar bent om de wontons te gaan vullen. Rol vlak voor u zover bent het deeg zo dun mogelijk uit, zoals aangegeven voor Gevulde knoedels van pastadeeg, bladzijde 45. Bestuif het werkblad en de deegrol met maïzena. Snijd het deeg in vierkantjes van 7,5 cm en vorm de wontons zoals boven staat aangegeven.

Tot hiertoe kunnen de wontons tot 1 uur voor het koken worden bereid. Bewaar ze onder een theedoek op kamertemperatuur. Of bewaar ze maximaal 6 weken in de diepvries en kook ze dan zonder ze te laten ontdooien.

> *Volgens K.C. Chang (red.),* Food in Chinese Culture: Anthropological and Historical Perspectives *beschouwt men in China in bouillon gekookte kip als een van de belangrijkste voedingsmiddelen die het lichaam kracht geven – in het Chinees ch'i genoemd. Dit boek, waarin kippensoep wordt bestempeld als een universeel middel tegen alle kwalen, wijst bovendien op de heilzame werking voor jonge moeders die men eraan toedicht, met name in Kanton en in Noord-China. Vrienden brengen kip, soep, mie en eieren naar de zogende moeder, als voedsel voor de eerste maanden na de bevalling.*

Kook de wontons in circa 3 liter lichtgezouten water. Laat 5 à 7 minuten koken totdat een proefwonton gaar is. Haal de wontons met een schuimspaan uit het water en laat ze uitlekken in een vergiet. U kunt de wontons 30 minuten warm houden op een warme plek maar niet in vloeistof.

Laat de kippensoep heet worden en voeg de gekookte wontons en takjes waterkers of spinazieblaadjes toe. Laat 2 minuten zachtjes koken en serveer direct. Voeg desgewenst reepjes gekookte kip aan de soep toe.

VOOR 6 à 12 PORTIES

GESTOOMDE KIPPENCRÈMESOEP
Tang Deh

'Dit was een klassiek gerecht bij ons thuis,' zegt Gene Young, een echte vriendin en deskundig redacteur. Haar moeder, Juliana Koo, die op het moment dat ik dit schrijf 89 is, maakt het nog steeds klaar als de familie op bezoek komt. 'Het is een gerecht uit Shanghai dat wij aten als we een opkikkertje nodig hadden,' vertelt Gene Young. De gehakte venusschelp is facultatief maar geeft een stijlvol tintje aan deze soep die wordt geserveerd in de kom waarin ze wordt gestoomd. Een Chinese rijst- of soepkom met een inhoud van circa 2 dl is hiervoor het geschiktste, maar u kunt ook kleine vuurvaste schaaltjes gebruiken; neem er desnoods 2 per portie.

VOOR ELKE PORTIE
1-2 geopende en gehakte venusschelpen, met sap (naar keuze)
1 ei
1,8 dl Aziatische basiskippensoep (bladzijde 202), een beetje warm
± 1 theelepel sojasaus

VOOR DE GARNERING
Het groene en witte deel van 1 kleine lente-ui, fijngehakt

Gebruikt u venusschelpen, leg deze dan in stukjes met het sap in de soepkom. Klop het ei in een kom met een vork dun en schuimig. Voeg de kippensoep en sojasaus toe en klop opnieuw schuimig. Giet over de venusschelp heen, zodat de kom tot ruim een centimeter van de rand gevuld is.

Zet de kom onafgedekt in een Chinees bamboestoommandje op een wok die voor de helft is gevuld met kokend water, of in een metalen groentestoompan boven kokend water. Hebt u geen stoompan, zet de kom dan in een pan en vul deze tot halverwege de zijkanten van de kom met kokend water. Doe het deksel op de stoomand/-pan en laat 6 à 8 minuten stomen of totdat de eieren tot een romig hoedje zijn gestold. (In een stoompan wordt de crème wat luchtiger.) Strooi er lente-ui over en serveer direct.

Maakt u meer dan 1 kom tegelijk klaar, reken dan op een wat langere stoomtijd.

Kip-congee of kiprijst
Chi'chu (in China)
Kai Chok (in Singapore)

Jaren geleden maakte ik kennis met deze smeuïge, brijachtige soep in Singapore, waar ze in kraampjes langs de Middle Road werd verkocht als 'kiprijst' en je voor een grote kom ongeveer 35 cent betaalde. Eén hap van die smeuïge rijst die was gekookt in rijke, naar lente-ui en gember geurende bouillon en gevuld met stukjes kip, en ik wist dat ik er voor mijn leven aan verslaafd zou zijn.

Ook met krab of andere zeedieren, met groenten of zelfs met kippenlevers en -maagjes worden verrukkelijke congees gemaakt. Het is een klassiek ontbijtgerecht in China. Je kunt het krijgen in de eetzalen van de duurste toeristenhotels en in kraampjes op straat en het wordt beschouwd als zeer heilzaam bij nervositeit, verkoudheid of maagklachten.

Hoewel een combinatie van kleefrijst met gewone langkorrelige rijst de congee een aangename kleverigheid verleent, is het gerecht ook heel goed te maken zonder kleefrijst. Gebruik voor het beste resultaat liefst niet-voorgekookte langkorrelige rijst en geen parboiled rijst.

VOOR DE SOEP
250 g langkorrelige rijst
75 g kleefrijst, of 150 g langkorrelige rijst
2-2,5 liter Aziatische Basiskippensoep (bladzijde 202)
2 koppen (5 dl in maatbeker) gekookt wit kippenvlees, in blokjes gesneden
Suiker, zout en peper, naar smaak

VOOR DE GARNERING NAAR KEUZE
Gehakte lente-ui, het groen en het wit
Sojasaus (Chinese)
Chinese ingemaakte groenten zoals raapjes of koolrabi

Was de kleefrijst een paar keer totdat het water helder blijft. Laat uitlekken en meng met de langkorrelige rijst.

Breng 2 liter soep aan de kook in een roestvrijstalen (soep)pan van 5 liter. Roer er de rijst door en laat met het deksel schuin op de pan 1 uur à 5 kwartier zachtjes koken. Roer af en toe om aanzetten te voorkomen en voeg zo nodig soep toe om het geheel tamelijk vloeibaar te houden. Zet de pan om aanzetten te voorkomen eventueel op een vlamverdeler. Roer de kip erdoor en breng op smaak met suiker, zout en peper. Warm de kip een paar minuten in de rijst op. Serveer direct in afzonderlijke diepe Chinese soepkommen. Geef de garneringen er eventueel apart bij.

VOOR 6 à 8 PORTIES

Variatie

INDONESISCHE KIPRIJST
Bubur Ayam

In zijn nauwgezette kookboek *The Indonesian Kitchen* suggereert Copeland Marks verrukkelijke garneringen van gebakken ui en knoflook, vissaus, gehakte Spaanse pepertjes, gehakte selderiebladen en een gebakken ei. Hij stelt ook voor tijdens de kooktijd wat citroensap en arachide- of maïsolie aan de rijst toe te voegen. Voeg voor de hoeveelheid in het recept boven 1 eetlepel citroensap en 1,6 dl arachide-, maïs- of liefst sesamolie toe.

VOOR 6 à 8 PORTIES ALS EERSTE GANG;
4 PORTIES ALS HOOFDGERECHT

SCHERPZURE SOEP

Mijn favoriete remedie tegen verkoudheid en griep is deze heter-dan-hete soep uit Sichuan zoals ze wordt bereid in de twee Shun Lee-restaurants. Gegarandeerd gaat uw hoofd ervan open en uw neus lopen. Zwarte peper is de authentieke specerij voor dit gerecht, maar ik doe er aan tafel ook graag wat chili-olie bij. De soep is bedoeld als eerste gang, maar voor lijders aan verkoudheid is het een hele maaltijd.

VOOR DE SOEP
$3/4$ kop (1,8 dl in maatbeker) gedroogde lelieknoppen
$2/3$ kop (1,6 dl in maatbeker) gedroogde bosoren
$1/2$ kop (1,2 dl in maatbeker) bamboescheuten uit blik
250 g tofu
2 gekookte kipfilets
125 g varkenshaas, fijngehakt
$1/2$ kop (1,2 dl in maatbeker) verse champignonhoeden, in plakjes gesneden
2 liter Aziatische Basiskippensoep (bladzijde 202)
2 flinke theelepels zout, of naar smaak
2 extra grote eieren, licht geklopt
4-5 eetlepels witte azijn
1-2 flinke theelepels witte peper
4 eetlepels maïzena aangemaakt met 2,5 dl koud water
1-2 eetlepels sesamolie, naar smaak
1 lente-ui, het groen en het wit, fijngehakt

VOOR DE GARNERING NAAR KEUZE
Chili-olie of -saus
Korianderblaadjes

Week de lelieknoppen en bosoren 20 minuten in heet water. Laat uitlekken en zet opzij. Spoel de bamboescheuten af onder koud stromend water en snijd ze in fijne reepjes. Snijd de tofu overdwars doormidden en snijd elke helft in dunne reepjes. Snijd de kipfilet in dunne reepjes. Blancheer het varkensvlees 2 minuten in 5 dl kokend water. Laat uitlekken en spoel af onder koud water.

Breng de soep in een pan van 3 liter tegen de kook aan. Voeg de kip, het varkensvlees, de gedroogde en verse paddestoelen, lelieknoppen en bamboescheuten toe. Laat met het deksel op de pan 5 minuten stevig koken of totdat de paddestoelen zacht zijn. Voeg zout toe en laat 5 minuten koken. Proef of er zout en peper bij moet. Roer er de geklopte eieren, azijn en peper door en giet er onder krachtig roeren langzaam het maïzenamengsel bij. Laat al roerend 2 à 3 minuten koken totdat de soep een romige consistentie krijgt.

Haal de soep van het vuur, breng op smaak en roer er de sesamolie en lente-ui door. Serveer direct, met de garneringen.

VOOR 8 à 10 PORTIES

SHUN LEE'S BANKET- OF LEKKERSTE SOEP
Hau Teu Dong Gee Tang

De lekkernijen die aan deze soep worden toegevoegd – vogelnestjes, haaienvinnen en abalone – worden volgens Michael Tong vooral gewaardeerd vanwege hun knapperigheid; de rijke smaak is afkomstig van de soep. Bovengenoemde ingrediënten zijn echter uitermate kostbaar en moeilijk te bereiden en vallen daarom buiten het bestek van een kippensoep.

VOOR DE SOEP
Een hele kip van 1,75-2 kg, bij voorkeur versgeslacht en met poten
125 g varkenshaas, in plakjes gesneden
125 g rauwe ham, in plakjes gesneden
1 eetlepel rijstwijn
4 dunne plakjes verse geschilde gember
3,75 liter water
Zout, indien nodig

VOOR DE GARNERING
Gepocheerde kwarteleitjes
Dunne plakjes wortel, in de vorm van bloemen gesneden en 2-3
   minuten in soep gepocheerd
Gehakt kippenvlees gemengd met eiwit, zoals in de Romige
   kippensoep met maïs (bladzijde 208)
Geweekte en gekookte vogelnestjes of haaienvinnen

Lukt het u een kip met poten te krijgen, volg dan de aanwijzingen voor het uitkoken en schoonmaken van de poten (bladzijde 24) en voor het zengen van de rest van de kip (bladzijde 27). Laat de poten indien mogelijk aan de kip.

Breng 3 liter water aan de kook in een wijde braadpan van 6 liter en blancheer de hele kip door haar 5 minuten te koken en vervolgens af te spoelen onder koud water. Blancheer het varkensvlees 3 minuten en spoel het af onder koud water. Gooi het blancheerwater weg en maak de pan schoon. Leg de geblancheerde plakjes varkensvlees op de bodem van de pan, leg er de kip bovenop en leg daarbovenop de plakjes ham. Voeg de rijstwijn, gember en het water toe. De kip moet onderstaan. Doe het deksel op de pan, breng aan de kook en laat de kip met het deksel schuin op de pan 3 uur zachtjes koken. Vul water dat verdampt niet aan.

Gooi de kip, het vlees en de gember weg. Laat de soep afkoelen en schep er zoveel mogelijk vet af. Serveer als heldere soep in kopjes of met 1 of 2 van de voorgestelde garneringen.

VOOR 8 à 10 PORTIES

Mijn goede gezondheid dank ik aan een soep van witte duiven. Ze is gewoon verrukkelijk.

– Madame Chiang Kai-Shek

Soep van zwarte kip of 'silkie chicken'
Tsu bambu

In *Chinese Gastronomy* bestempelen Hsiang Ju Lin en Tsuifeng Lin, respectievelijk de dochter en de vrouw van de Chinese dichter-politicus Lin Yutang, zwarte-kippensoep als een 'pseudo-rustiek' gerecht, iets voor 'kunstenaars, fijnproevers en bekende schrijvers.'

Het wordt ook gegeven aan jonge moeders en bereid van zwarte kip of 'silkie chicken', een kippensoort met zwarte veren en parelgrijs vel en botten. Vraag ernaar bij een goed gesorteerde Chinese winkel. Zwarte kip levert een donkere, rookkleurige bouillon op en de warme, aardse accenten van medicinale kruiden zoals ginseng en fruitige rode mispels of mispelzaden maken het een vertroostend brouwsel voor mensen met een verkoudheid en koorts.

> Een zwarte kip van 1,25 kg. met de kop en poten er waarschijnlijk nog aan
> 125 g varkenshaas, in plakjes gesneden
> 5 dunne ovale plakjes ginseng
> 6 dunne plakjes geschilde verse gember
> $^1/_2$ kop (1,25 dl in maatbeker) mispelvruchten of -zaden
> 1,25 liter water
> 1 eetlepel rijstwijn

Hak de kop van de kip en gooi hem weg. Kook de poten uit en maak ze schoon zoals staat beschreven op bladzijde 24, maar laat ze aan de kip zitten. Breng in een grote pan water (niet de 1,25 liter) aan de kook en blancheer de kip 5 minuten. Spoel de kip af. Blancheer het varkensvlees 3 minuten en spoel het af. Gooi het blancheerwater weg.

U hebt een hittebestendige porseleinen of glazen pan van 3 à 4 liter nodig, met een goed passend deksel. Leg het geblancheerde varkensvlees erin, samen met de ginseng, gember, mispelzaden en de kip. Voeg het water en de wijn toe. Doe het deksel op de pan en verpak alles – met deksel en al – stevig in keukenfolie.

Zet de ingepakte pan op een rekje in een grote pan en voeg kokend water toe tot een hoogte van een derde van de hoogte van de ingepakte pan. Doe het deksel op de buitenste pan. Laat zachtjes 3,5 uur koken en voeg meer water toe als het waterpeil te laag zakt.

De Chinezen kennen een hiërarchie van kippensoepen. Meestal gebruiken ze Basis- of gewone kippensoep, vooral wanneer de soep wordt geserveerd met wontons, mie of eidraden, als scherpzure soep of als Lo Mein, gevuld met mie, kip en groenten. De rijkere, helderdere en complexere Banket- (of 'lekkerste') kippensoep wordt geserveerd met luxueuze en verfijnde garneringen als vogelnestjes, haaienvinnen en abalone. Het meest etherisch is de gestoomde kippensoep. Deze is eigenlijk niets anders dan een extract van de eigen sappen van de vogel waaraan maar heel weinig water wordt toegevoegd. Ze kan worden gemaakt met gewone kip, maar voor jonge, zogende moeders gebruikt men een zwarte kip of 'silkie chicken'.

Til de verpakte pan er voorzichtig uit en pak uit. Haal de kip eruit en zet opzij. U kunt de gember, ginseng en mispelvruchten of -zaden eruit zeven, maar gewoonlijk laat men ze erin.

Het kippenvlees kan met vel en al in stukken worden gehakt en apart worden geserveerd met als dipsaus sojasaus en azijn, apart of in een mengsel van gelijke delen.

VOOR 8 PORTIES IN ESPRESSOKOPJES
OF 4 à 8 PORTIES ALS EERSTE GANG

Variatie

Bovenstaand recept kan in de Yunnan-stoompot worden bereid, op dezelfde manier zoals in het recept hieronder wordt beschreven, maar gebruik dan 2 zwarte kippen en hak ze voor het koken in stukken.

GESTOOMDE KIPPENSOEP UIT YUNNAN
Qiguo Ji

Deze verkwikkende bouillon, geurend naar rijstwijn, gember en lente-uien, is een van de krachtigste soepen uit dit boek, precies wat kippensoep zijn moet, en beslist een remedie tegen elke kwaal. Hij wordt bereid in een stoompot uit Yunnan – een terracotta of stenen pot met een deksel en een schoorsteen in het midden. De pot wordt boven een pan kokend water gezet, waarna de stoom de sappen onttrekt aan de kip en er een aromatisch elixir ontstaat dat het beste rechtstreeks uit kleine kopjes gedronken kan worden.

Gebruik in plaats van zo'n stoompan een diepe, tamelijk smalle, hittebestendige glazen of aardewerken pan met een goed passend deksel, groot genoeg voor 3 à 4 liter aan vaste en vloeibare bestanddelen. U hebt ook een grote pan nodig waarin de eerste pan op een rekje kan staan.

Een kip van 2-2,5 kg
5 dl water
4 dunne plakjes geschilde verse gember
5 kleine lente-uien, het groen en het wit, in plakken gesneden
2-3 eetlepels Chinese rijstwijn of droge sherry
± 1 theelepel zout, naar smaak

Hak de kip met bot en al in stukken van 5 à 7,5 cm. Blancheer de kip 5 minuten in kokend water. Laat uitlekken en spoel de kip af.

Zet de pan in een stoompan waarin hij op een rekje boven het water kan staan en de stoom aan de zijkanten niet kan ontsnappen. Verdeel de stukjes kip gelijkmatig over de stoompan en voeg het water, de gember, lente-uien, wijn en een snufje zout toe.

Doe de stoompan dicht en breng het water aan de kook. Wikkel de pan met deksel en al in keukenfolie en zet hem op een rekje in een grotere pan waarin zoveel water zit dat het tot een derde van de zijkant van de stoompan komt. Doe het deksel op de buitenste pan. Zet het vuur laag zodat het water zachtjes kookt en stoom vormt. Zet een ketel met heet water gereed om het water eventueel aan te vullen.

Laat 3 uur stomen of totdat de kip helemaal gaar is en goed is bedekt met bouillon. Zeef de soep en gooi de gember en lente-uien weg. Schep het vet af en voeg zo nodig zout toe. Warm de soep vlak voor het serveren op, bij voorkeur in een glazen of geëmailleerde pan.

De stukjes kip kunnen als snack worden opgeknabbeld of op kamertemperatuur worden geserveerd met kleine schaaltjes azijn en sojasaus als dip.

VOOR 10 PORTIES IN ESPRESSOKOPJES
OF 6 PORTIES ALS EERSTE GANG

Indonesië en Maleisië

✣ ✣

Pittige kippensoep met cellofaanmie
Soto Ayam

De ingrediënten in deze soep variëren in de verschillende delen van Indonesië, maar de combinatie hieronder is karakteristiek. Kemirinoten zijn vers, uit de diepvries of vacuüm verpakt te koop bij de toko; ze worden altijd gekookt. Deze soep kan worden gegeten als eerste gang of als hoofdgerecht.

VOOR DE SOEP
Een kip van 1,5-1,75 kg, in 8 stukken
2-2,5 liter water
2-3 flinke theelepels zout, naar smaak
2 eetlepels arachideolie
1 middelgrote ui, grof gehakt
2 verse rode of groene Spaanse pepertjes, zonder zaden en gehakt
2 teentjes knoflook, in plakken gesneden
2 salam- of 2 laurierblaadjes, verkruimeld
2 dunne plakjes verse geschilde gember, gekneusd
4 kemirinoten, gekneusd (naar keuze)
1 flinke theelepel trassi
1 flinke theelepel koenjit (kurkuma)
2 flinke theelepels ketoembar (korianderpoeder)
1 flinke theelepel venkelpoeder
$3/4$ theelepel gemalen zwarte peper
125 g laksa (cellofaanmie)
1-1,5 eetlepel citroensap, naar smaak

VOOR DE GARNERING NAAR KEUZE
1 kop (2,5 dl in maatbeker) verse taugé, eindjes afgehaald
3 gehakte hardgekookte eieren
4 teentjes knoflook, in plakjes gesneden en gefruit
6 lente-uien, het groen en het wit, gehakt
Ketjap manis
Sambal

Leg de stukken kip in een geëmailleerde of roestvrijstalen pan. Voeg 2 theelepels zout toe. Giet er zoveel water op dat de kip onderstaat en breng aan de kook. Zet het vuur laag en schep het schuim af dat naar de oppervlakte komt.

Laat met het deksel schuin op de pan circa 40 minuten zachtjes koken of totdat de kip van het bot begint los te laten. Haal de kip eruit, laat even afkoelen en verwijder het vel en de botten. Verdeel het vlees in stukjes van lepelformaat en zet opzij. Laat de soep afkoelen en schep het vet eraf.

Laat de arachideolie heet worden in een kleine koekenpan en smoor op laag vuur de ui, pepertjes en knoflook 5 minuten totdat ze zacht beginnen te worden. Roer er de salam, gember, kemiri's, trassi en de rest van de specerijen door en laat zachtjes 2 à 3 minuten bakken totdat alles goed gemengd is en de specerijen geur beginnen af te geven. Roer het mengsel door de soep.

Tot hiertoe kan de soep 1 à 2 uur voor het afmaken en serveren worden bereid. Bewaar de soep onafgedekt op kamertemperatuur tot u haar afmaakt.

Week vlak voor het serveren de laksa 15 minuten in een grote kom koud water totdat hij slap is. Laat uitlekken en knip hem met een schaar in handzame stukken. Breng de soep tegen de kook aan en voeg de laksa toe, samen met de stukjes kip. Laat zonder deksel zachtjes 7 à 8 minuten sudderen of totdat de laksa gaar en de kip warm is.

Breng op smaak met zout en peper en voeg voldoende citroensap toe voor een lichtzure smaak. Schep voor het serveren de laksa uit de soep en leg hem in de verschillende soepkommen of een terrine. Leg er de taugé op als u die gebruikt, evenals de stukjes kip. Breng de soep zachtjes aan de kook en schep haar over de andere ingrediënten. Strooi er de andere garneringen zoals het ei, de gebakken knoflook en de rauwe lente-uien overheen en geef er aan tafel de sauzen bij.

VOOR 6 à 8 PORTIES ALS EERSTE GANG;
VOOR 4 PORTIES ALS HOOFDGERECHT

Japan

Kristalheldere kippensoep
Tori no Suimono

Kippensoep speelt in de Japanse culinaire cultuur een heel ondergeschikte rol en is niet omgeven met enige speciale magie. Niettemin kent Japan een aantal kippensoepen, waaronder de variant van de Aziatische stoofpot van kip, groenten en mie, bladzijde 203.

Deze kristalheldere soep is hetzelfde als de Aziatische Basiskippensoep (bladzijde 202), zonder rijstwijn maar met gember en lente-uien en geklaard met eiwitten zoals staat beschreven op bladzijde 33. In overeenstemming met de Japanse voorkeur voor fraai opgediend voedsel moet de soep een kristalheldere achtergrond vormen voor enkele kunstzinnig gerangschikte garneringen.

Gebruik slechts 2 of 3 simpele garneringen. Typische garnituren zijn dunne plakjes wortel of bamboescheut in de vorm van bloemen of vissen, 1 à 2 takjes mitsuba of bladpeterselie of daikonspruiten, 1 flinke theelepel in blokjes gesneden tofu, 2 à 3 reepjes citroenschil, 1 dun plakje kamaboke (een soort viskoek), 1 gepocheerd of hardgekookt in de lengte gehalveerd kwartelei.

Kippensoep met aardappel en zwarte paddestoelen
Kenchin-jiru

Met hun krachtige smaak geven de gedroogde zwarte paddestoelen deze soep een rokerige gloed die nog wordt geaccentueerd door de rijstwijn en de daikon. De aardappels vormen een stevige vulling, maar paarse aardappels geven de soep bovendien een fraaie kleur.

- 1,5 liter Aziatische Basiskippensoep (bladzijde 202)
- 1 eetlepel sake (Japanse rijstwijn)
- 3 kleine Japanse aardappels (sato imo) of paarse Peruaanse aardappels, of nieuwe aardappels, geschild en in blokjes gesneden
- 4 gedroogde zwarte paddestoelen, 30 minuten geweekt in heet water en in plakjes gesneden

Een stukje Japanse daikon-radijs van 7,5 cm, of
  evenveel rettich, in halve cirkels van 1 cm dik
1 kleine wortel, geschrapt en in kleine reepjes
  gesneden
1 kipfilet, in kleine blokjes gesneden
Zout, naar smaak

Doe de bouillon samen met de sake, aardappels en paddestoelen in een roestvrijstalen of geëmailleerde soeppan van 3 liter. Laat met het deksel schuin op de pan 10 minuten zachtjes koken. Voeg de radijs, wortel en kip toe en laat nog 5 minuten zachtjes koken. Breng op smaak met zout en serveer direct.

VOOR 6 PORTIES

> *New York is wereldhoofdstad van de kippensoep. Je zou de hele wereld moeten afreizen om alle etnische kippensoepen te proeven die je hier gewoon in vijf verschillende wijken kunt krijgen. Dat is nóg een reden waarom ik er trots op ben burgemeester van deze stad te zijn.*
>
> – Burgemeester Rudolph W. Giuliani

Thailand

❉ ❉

Kippensoep met galangal en kokosmelk
Gai Tom Ka

Romige kokosmelk en de scherpe Thaise gember, galangal, geven deze verfijnde soep tegelijkertijd een verzachtende en prikkelende smaak. Het lekkerste kreeg ik deze soep geserveerd bij Vong, het Newyorkse restaurant waar Jean-Georges Vongerichten zijn Gallische culinaire toverkunsten toepast op exotische Thaise specialiteiten. Hij was zo vriendelijk mij dit recept te geven dat verrassend snel en makkelijk te bereiden is, gegeven de veelheid aan smaken die het omvat. Het is vanouds een eerste gang, al is een grote kom soep ook wel voldoende als lichte lunch of avondmaaltijd.

Over het algemeen geeft men na deze soep eerder een gegrild Thais vis- of vleesgerecht dan een curry met een overvloedige saus, maar elk simpel gegrild vis- of vleesgerecht en een salade is geschikt. De Thaise jasmijnrijst geeft de soep een intrigerend geparfumeerd accent. Kunt u geen Thaise rijst krijgen, neem dan basmatirijst.

VOOR DE SOEP
2 eetlepels arachideolie
$1/2$ middelgrote ui, in dunne plakken gesneden
2 teentjes knoflook, fijngehakt
1 klein rood Spaans pepertje, zonder zaden en gehakt
2 plakjes galangal of verse gember, geschild
1 stengel gedroogd citroengras (sereh), in stukjes van 5 cm lang gesneden en gekneusd (geen vervanging)
1 theelepel Thaise chilisaus (zie Noot, bladzijde 225)
1 liter Aziatische Basiskippensoep (bladzijde 202)
2 kipfilets, in blokjes van 1 cm gesneden
12 shii-take-hoeden, in reepjes gesneden
± 2 theelepels Thaise vissaus (nam pla) of $3/4$ theelepel zout, naar smaak
5 dl kokosmelk uit blik
2 eetlepels vers limoensap
2 lente-uien, het wit en het groen, in ringen gesneden
4 takjes koriander

VOOR DE GARNERING
2 koppen (5 dl in maatbeker) gestoomde jasmijn- of basmatirijst

Laat de arachideolie heet worden in een geëmailleerde of roestvrijstalen pan van 3 liter en laat de ui, knoflook, het pepertje, de galangal of gember, het citroengras en de chilisaus onder af en toe roeren 5 minuten smoren of 'zweten', totdat de ui en knoflook zacht maar niet bruin zijn. Voeg de kippensoep toe en laat 30 minuten zachtjes koken.

De soep kan tot hiertoe tot ongeveer 1 uur voor het serveren worden voorbereid en met het deksel schuin op de pan op kamertemperatuur worden bewaard.

Schep er vlak voor het serveren het vet af. Haal het citroengras eruit en voeg de kip, paddestoelen en vissaus toe. Laat zachtjes 2 à 4 minuten koken, voeg de kokosmelk en het limoensap toe. Laat de kip en paddestoelen warm en gaar worden maar zorg dat de soep niet meer kookt.

Schep de soep in 4 verwarmde, liefst Aziatische soepkommen en garneer elke portie met gehakte lente-ui en koriander. Serveer bij elke portie een schaaltje met 0,5 kop (1,25 dl in een maatbeker) rijst om door te soep te scheppen of afzonderlijk te eten.

VOOR 4 PORTIES

✳ ✳ ✳

ZURE KIPPENSOEP MET CITROEN EN LIMOEN
Tom Yam Gai

Deze heldere maar scherp gekruide soep met haar scherpe accenten van citrussap, citroengras en Spaanse peper leidt bij klassieke verkoudheidsklachten beslist tot verbetering en verbetert ook je humeur. Verse stropaddestoelen genieten de voorkeur, maar zijn vrijwel nooit verkrijgbaar.

VOOR DE SOEP
1,5 liter Aziatische Basiskippensoep (bladzijde 202), bereid met gember en lente-uien, of gemaakt van bouillon uit blik of pot (bladzijde 203)
3 limoenbladen of 2 theelepels vers limoensap en een stukje limoenschil van 2,5 cm
Een stukje gedroogd citroengras (sereh) van 10 cm, gekneusd
1 eetlepel Thaise vissaus (nam pla), of naar smaak, of zout, naar smaak
3-4 eetlepels vers citroensap
2 kleine rode of groene Spaanse pepertjes, zonder zaden en fijngehakt
± 1 theelepel Thaise chilisaus (zie Noot)
10-12 hele stropaddestoelen uit blik, afgespoeld
1 grote kipfilet, in fijne reepjes gesneden
Suiker, naar smaak

VOOR DE GARNERING
Verse korianderblaadjes

Laat de soep in een geëmailleerde of roestvrijstalen pan van 2 liter heet worden en voeg het limoenblad of -sap en -schil, citroengras, de helft van de vissaus of het zout, 3 eetlepels citroensap, de pepertjes en een beetje chilisaus toe. Laat 3 minuten zachtjes koken. Voeg de stropaddestoelen en de kip toe en laat nog 3 minuten koken of totdat de paddestoelen opgewarmd zijn en de kip juist gaar is. Haal het citroengras eruit en breng op smaak met zout, suiker, nog wat citroensap, vissaus of chilisaus.

Serveer direct in Aziatische soepkommen en garneer elke portie met korianderblad.

VOOR 4 PORTIES

Noot: Thaise chilisaus (krung gaeng ped) is een rijke, scherpe smaakmaker die bij restaurant Vong zelf wordt bereid. Hij wordt gemaakt van gedroogde Spaanse pepertjes, sjalotten, komijn, koriander, gember of galanga, limoenschil, zwarte peper, limoenpoeder, knoflook en trassi. Deze ingrediënten worden samen fijngestampt en vermengd met plantaardige of arachideolie. De bereiding is zeer tijdrovend en gelukkig is de saus verkrijgbaar bij winkels die Thaise producten verkopen. U kunt hem vervangen door harissa, Chinese chilisaus of sambal. Meng hier voor een authentieke smaak een snufje komijn, koriander, gember, zwarte peper en geraspte limoenschil door, evenals een beetje geperste knoflook die 1 à 2 minuten in een beetje plantaardige olie is gebakken.

INDIA

❆ ❆

ISMAIL MERCHANTS KIPPENSOEP MET GEMBER
Murgh aur Adrak Shorba

Deze scherpe, pittige kippensoep met gember en Spaanse peper is voor Ismail Merchant een remedie voor zowat alle kwalen en hij verklapt zijn recept graag aan anderen. Wees gewaarschuwd: hij heeft zijn soep graag gepeperd. Bovendien bereidt hij de soep het liefste met olijf- of andere plantaardige olie en dit is zijn recept; ik geef de voorkeur aan boter en dit is mijn boek. De keus is aan u, maar als u zuinig wilt zijn met vet en calorieën, laat beide dan weg.

VOOR DE SOEP
1 hele kip van 1,5 kg
1,25-1,5 liter water
8 hele kruidnagels
Een stukje verse gember van 2,5 cm, geschild en zeer fijn gehakt of gestampt
2 hele, lange of ronde gedroogde Spaanse pepers, of ± 1 theelepel verkruimelde gedroogde Spaanse pepers, of naar smaak

---

SIMPEL MAAR VERLEIDELIJK

Het voedsel van het Indiase subcontinent is eerder verwant aan dat van het Midden-Oosten dan aan dat van de rest van Azië. In zijn nieuwste en uiterst aanlokkelijke kookboek Ismail Merchant's Passionate Meals stelt de auteur dat soep van oorsprong geen deel uitmaakt van de Indiase keuken en vooral in verwesterde huishoudens wordt geserveerd. Zelfs de karakteristieke restaurantsoep Mulligatawny – letterlijk 'peperwater' – werd door Indiase koks gecreëerd om hun Engelse werkgevers een plezier te doen. Niettemin houdt deze producer van uitgesproken verleidelijke films zoals Howard's End, Room with a View en The Remains of the Day ervan even verleidelijke als simpele soepen te bereiden, in tegenstelling tot zijn regisseur en compagnon, James Ivory, die van meer complexe soepen houdt.

NKAUFEN

r haben mehr a
Geschmacksne
zu viele für einen Disc

llen wir, dass Sie sich auc
heiden können. Das Ang
00 Markenartikeln bietet
e Vielfalt an Qualität und
orgen wir Millionen von K
chland, Tag für Tag. Es s
e kleinen Dinge, die den U
ondern

Klare Hühnersuppe mit Ingwer
(Foto Seite 222; 6 Portionen)

1 Hähnchen (1,5 kg), 1 kleines Bund Suppengrün, 2 Zwiebeln, 1 Fleischtomate, Salz, frisch gemahlener Pfeffer, 1 Stück frischer Ingwer (0,5 cm), 2 Stängel Koriander

- Das Hähnchen von außen und innen gründlich abspülen. Das Suppengrün abspülen, putzen und in Stücke schneiden. Zwiebeln schälen und halbieren. Die Tomate abspülen und ebenfalls halbieren.
- Die vorbereiteten Zutaten in einen Topf geben, mit 1½ l kaltem Wasser bedecken und bei mittlerer Hitze aufkochen. Salz und Pfeffer zugeben und im offenen Topf bei kleiner Hitze etwa 3 Stunden einkochen lassen (auf keinen Fall sprudelnd kochen, damit die Brühe klar bleibt).
- Die Brühe zuerst durch ein grobes, dann durch ein mit einem Mulltuch ausgelegtes Sieb gießen, damit das Fett zurückbleibt.
- Den Ingwer schälen und fein hacken. Die Brühe erwärmen und mit Ingwer abschmecken.
- Zum Servieren die Brühe in kleine Espresso-Tassen füllen und jeweils ein Korianderblättchen hineingeben (pro Portion ca. 130 Kcal, E 14 g, F 7 g, KH 3 g).

Tipp: Wenn Sie die Brühe entfetten möchten, am Vortag kochen und einfach die erkaltete Fettschicht abheben.

2 eetlepels lichte olijfolie of andere lichte plantaardige olie, of 2 eetlepels ongezouten boter

2 kleine tomaten, vers of uit blik, gepeld en zonder zaden en grof gehakt

± 1 theelepel zout, naar smaak

³/₄ theelepel grof gemalen zwarte peper, of naar smaak

VOOR DE GARNERING
Verse koriander- of peterselieblaadjes

Leg de kip in een geëmailleerde of roestvrijstalen soeppan van 3 à 5 liter met rechte zijkanten. Giet er zoveel water op dat de kip onderstaat, maar niet meer dan 1,5 liter. Lukt dat niet, snijd de kip dan doormidden of in vieren zodat het water voldoende is. Voeg alle andere ingrediënten toe. Voeg de eerste 25 minuten van de kooktijd minimale hoeveelheden van de Spaanse peper, het zout en de zwarte peper toe. Laat circa 25 minuten zachtjes maar constant koken en houd het water op het oorspronkelijke peil.

Proef en voeg naar smaak voorzichtig meer pepertjes, zout en zwarte peper toe. Laat nog 20 à 25 minuten koken of totdat de kip loslaat van het bot. Houd het water op peil. Proef en bedenk dat deze soep gepeperd hoort te zijn. Haal de gekookte kip en de kruidnagels eruit; de Spaanse-peperzaadjes hoeven er niet uit. Haal het vlees van het bot en doe het in oplepelbare stukken terug in de soep.

De soep kan tot 2 uur voor het serveren worden klaargemaakt en onafgedekt op kamertemperatuur worden bewaard.

Breng de soep voor het serveren tegen de kook aan. Garneer elke portie met koriander of peterselie.

VOOR 2 à 4 PORTIES

Mulligatawny van kip
Murgh Mulligatunny Shorba

In plaats van verse gember kunt u gemberpoeder gebruiken, maar deze heeft bij lange na niet de pittige frisheid van verse gemberwortel. Gebruik kikkererwtenmeel als u dat kunt krijgen, omdat de soep er een nootachtige smaak van krijgt. Voeg voor een rijke, romige soep kokosmelk toe.

VOOR DE SOEP
Een kip van 1,5-1,75 kg, in 10-12 stukken gehakt
1,5-2 liter water
2 eetlepels ongezouten boter of lichte plantaardige olie (geen olijfolie)
1 middelgrote ui, fijngehakt
2 teentjes knoflook, fijngehakt
Een stukje verse gember van 2,5 cm, geschild en fijngehakt of -gestampt, of 1 theelepel gemberpoeder
1 flinke theelepel kurkuma
1 flinke theelepel korianderpoeder
$^3/_4$ theelepel komijnpoeder
1 flinke theelepel zout, of naar smaak
$^3/_4$ theelepel gemalen zwarte peper, of naar smaak
Snufje cayennepeper, of naar smaak
2-3 eetlepels kokosmelk uit blik (naar keuze)
2 eetlepels kikkererwtenmeel of bloem
2-3 eetlepels citroensap, naar smaak

VOOR DE GARNERING
Verse koriander- of peterselieblaadjes

Leg de kip in een geëmailleerde of roestvrijstalen soeppan met rechte zijkanten en giet er zoveel water op tot de kip onderstaat, maar niet meer dan 2 liter. Breng aan de kook, zet het vuur laag en laat met het deksel schuin op de pan circa 45 minuten zachtjes koken of totdat de kip helemaal gaar is. Houd het water op peil. De kip kan zo, met bot en vel, worden geserveerd, of u kunt het vel en bot eraf halen en de stukjes kip terugdoen in de soep.

Laat in een zware koekenpan boter of olie heet worden en smoor de ui, knoflook en gember 5 à 7 minuten op laag vuur totdat ze zacht maar nog niet verkleurd zijn. Roer er vanaf het vuur kurkuma, koriander en komijn door en smoor al roerend een minuut of 2 op heel laag vuur totdat de specerijen hun geur beginnen af te geven. Roer het mengsel door de soep en spoel de koekenpan om met een beetje soep, zodat alle smaken in de soep terechtkomen. Breng op smaak met zout, peper en cayennepeper en voeg de kokosmelk toe, als u die gebruikt. Laat 10 minuten zachtjes koken.

Tot hiertoe kunt u de soep tot 1 uur voor het serveren bereiden. Bewaar haar zonder deksel op kamertemperatuur.

Breng de soep een paar minuten voor het serveren tegen de kook aan. Meng het kikkererwtenmeel of de bloem door het citroensap en roer dit mengsel door de soep. Laat nog 5 minuten koken of totdat de soep licht bindt. Proef of er zout en peper bij moet.

Garneer elke portie met koriander- of peterselieblaadjes.

VOOR 4 à 6 PORTIES

BIBLIOGRAFIE

Uit de volgende boeken en tijdschriften putte ik waardevolle gegevens en achtergrondinformatie

Inleiding

Fisher, M.F.K., *With Bold Knife and Fork*. New York (G.P. Putnam) 1968.

Lévi-Strauss, Claude, 'The Roast and the Boiled', in: Jessica Kupfer (red.), *The Anthropologist's Cookbook*. New York (Universe) 1977.

Sendak, Maurice, *Chicken Soup and Rice*. The Nutshell Library. New York (HarperCollins) 1962.

Soyer, Alexis, *The Pantropheon*. Londen (Simpkin, Marshall & Co.) 1853.

Tyler, Anne, *Dinner at the Homesick Restaurant*. New York (Alfred A. Knopf) 1982. (Nederlandse vertaling: *Het heimweerestaurant*. Baarn 1992.)

Visser, Margaret, *Much Depends on Dinner*. New York (Grove) 1986.

– . *The Rituals of Dinner*. New York (Grove) 1991.

Hoofdstuk 1: Is het echt penicilline?

Saketkhoo, Kiumars, M.D., Adolph Januszkiewicz, B.S. en Marvin A. Sackner, M.D., F.C.C.P. 'Effects of Drinking Hot Water, Cold Water and Chicken Soup on Nasal Mucus Velocity and Nasal Airflow Resistance'. Mount Sinai Medical Center, Miami Beach, Fla., in: *Chest* 74:4 (oktober 1978).

Hoofdstuk 2: In de soep

Brillat-Savarin, JeanAnthelme, *The Physiology of Taste*. (Engelse vertaling van *La physiologie du goût* van M.F.K. Fisher.) New York (Alfred A. Knopf) 1971. (Nederlandse vertaling: *Het wezen van de smaak*. Ede 1987.)

Davis, Adelle, *Let's Cook it Right*. New York (Harcourt-Brace) 1947.

McGee, Harold, *On Food and Cooking: The Science and Lore of the Kitchen*. New York (Charles Scribner's Sons) 1984. (Nederlandse vertaling: *Over eten en koken: Wetenschap en Overlevering in de keuken*. Amsterdam 1992)

Hoofdstuk 3: Hoofdzaken van het soepmanschap

Frolich, Lucie Keyser, *Ola's Norwegian Cookbook*. Boston (Rist-Frohlich) 1946, 1951.

Hoofdstuk 4: De moeder van alle kippensoepen

Ginsberg, Allen, 'Yiddishe Kopf', in: *Cosmopolitan Greetings*. New York (HarperCollins) 1994.

Machlin, Edda Servi, *The Classic Cuisine of the Italian Jews*. New York (Everest House) 1981.

Marks, Copeland, *Sephardic Cooking*. New York (Donald I. Fine) 1992.

Sheraton, Mimi, *From my Mother's Kitchen*. New York (HarperCollins) 1984.

Weinrech, Uriel, *Modern English-Yiddish, Yiddish-English Dictionary*. New York (McGraw-Hill) 1968.

Hoofdstuk 5: Verenigde Staten

Adams, Marcia, *Heartland: The Best of The Old and New from Midwest Kitchens*. New York (Clarkson Potter) 1991.

Hark, Ann en Preston A. Barbra, *Pennsylvania Dutch Cookery*. Allentown, PA (Schlechter's) 1950.

Hibben, Sheila, *The National Cookbook*. New York (Harper & Bros.) 1932.

Mitcham, Howard, *Creole Gumbo and All That Jazz*. Reading, MA (Addison-Wesley) 1978.

Rosenberg, Jay F., *The Impoverished Students' Book of Cookery, Drinkery & Housekeepery*. Portland, OR (Reed College Alumni Assoc.) 1965.

Tyler, Anne, *Dinner at the Homesick Restaurant*. New York (Alfred A. Knopf) 1982. (Nederlandse vertaling: *Het heimwee restaurant*. Baarn 1992.)

Wauwatosa Junior Woman's Club, *The Ethnic Epicure*. Wauwatosa, WI (Junior Woman's Club) 1973.

Wilson, José, *America: The Eastern Heartland*. New York (Time-Life) 1971.

Hoofdstuk 6: Latijns-Amerika en Caribisch gebied

Burt, Elinor, *Olla Podrida*. Caldwell, ID (Caxton) 1938.

Brown, Cora, Rose en Bob, *The South American Cook Book*. Garden City, NY (Doubleday) 1939.

Green, Linette, *A taste of Cuba*. New York (Plume-Penguin) 1994.

Harris, Jessica B., *Iron Pots and Wooden Spoons*. New York (Atheneum) 1989.

– . *Tasting Brazil*. New York (Macmillan) 1992.

Ritzberg, Charles, *Caribfrikan Portfolio* (Eigen beheer 1979).

– , als Kudjo, *Classical Afrikan Cuisines*. Richmond, VA (Afrikan World Info-Systems) 1993.

Hoofdstuk 7: Europa

Artusi, Pellegrino, *La Scienzia in Cucina e L'Arte Di Mangiar Bene*. Florence (Accademia Italiana della Cucina) 1890. Herdruk door Casa Editrice Morocco 1950. (Nederlandse vertaling: *De wetenschap in de keuken en de kunst om goed te eten*. Amsterdam 1995.)

Bastianich, Lidia en Jay Jacobs, *La Cucina di Lidia*. New York (Doubleday) 1990.

Bugialli, Giuliano, *The Fine Art of Italian Cooking*. New York (Quadrangle, New York Times) 1977.

Caminiti, M.L. Pasquini en G. Quondamatteo, *Mangiare Di Romagna*. Milaan (Garzanti) 1960.

Caron, Michel en Ned Rival, *Dictionnaire des Potages*. Parijs (Éditions De La Pensée Moderne) 1964.

Cucina Montovana, di Principe e di Popoli. Bewerkt op grond van oude teksten door Gino Brunetti. Mantua (Instituto Carlo d'Arte Per La Storia Di Montavana) 1963.

David, Elizabeth, *Italian Food*. New York (Alfred A. Knopf) 1958.

Digbie, Sir Kenelme, *The Closet of Sir Kenelme Digbie, Opened*. Londen 1669. Fascimile door Mallinckrodt Chemical Works, 1967.

Garrett, Theodore Francis (red.), *The Encyclopedia of Practical Cookery*. Deel VII. Londen ca. 1900.

Glasse, Hannah, *The Art of Cookery*. Londen ca. 1750.

Hale, William Harlan en de redacteuren van het tijdschrift *Horizon*, *The Horizon Cookbook and Illustrated History of Eating and Drinking Through the Ages*. New York (American Heritage) 1968.

Hartley, Dorothy, *Food in England*. Londen (Macdonald) 1954.

Montagné, Prosper, *Larousse Gastronomique*. New York (Crown) 1961.

Platina (Bartolomeo de Sacchi di Piadena). *De Honesta Voluptate*. Venetië 1475. Fascimile door Mallinckrodt Chemical Works, 1967.

Pohren, D.E., *Adventures in Taste: The Wines and Folk Food of Spain*. Morón de la Frontera, Spanje (Society of Spanish Studies) 1972.

Ranhofer, Charles, *The Epicurean*. Evanston, IL (Hotel Monthly Press) 1920.

Sarvis, Shirley, *A Taste of Portugal*. New York (Charles Scribner's Sons) 1967.

Sheraton, Mimi, *The German Cookbook*. New York (Random House) 1965.

Hoofdstuk 8: Oost-Europa en Rusland

Benet, Sula, *How to Live to Be 100*. New York (Dial Press) 1976.

Chamberlain, Lesley, *The Food and Cooking of Russia*. New York (Penguin) 1982.

Goldstein, Darra, *The Georgian Feast*. New York (HarperCollins) 1993.

Kovi, Paul, *Transylvanian Cuisine*. New York (Crown) 1985.

Lang, George, *George Lang's Cuisine of Hungary*. New York (Atheneum) 1971.

Mirodan, Vladimir, *The Balkan Cookbook*. New York (Pelican) 1989.

Mrljies, Radajko, *The Balkan Cookbook*. Belgrado (Jugoslovenska Knjiga) 1987.

Stechishin, Savella, *The Ukrainian Cookbook*. Winnipeg (Trident Press) 1967.

Yugoslav Cookbook. Belgrado (Izdavacki Zavod) 1963.

Hoofdstuk 9: Midden-Oosten, Noord-Afrika & culinair verwante gebieden

Guinaudeau-Franc, Zette, *Fez – Traditional Moroccan Cooking*. Rabat (Édition J.E. Laurent) 1964.

Khalil, Nagwa E., *Egyptian Cuisine*. Washington D.C. (World Wide Graphics) 1980.

Khayat, Marie Karam en Margaret Clark Keatinge, *Food from the Arab World*. Libanon (Khayat's) 1959.

Mardikian, George, *Dinner at Omar Khayyam's*. New York (Viking) 1944.

Weiss-Armushu, Anne Marie, *The Arabian Delights*. Los Angeles (Lowell House) 1994.

Hoofdstuk 10: Afrika ten zuiden van de Sahara

Copage, Eric V., *Kwanzaa: An African-American Celebration of Culture and Cooking*. New York (Quill-Morrow) 1991.

Ghana Government Medical and Educational Departments, *Ghana Nutrition and Cookery*. Edinburgh (Thomas Nelson and Sons).

Hafner, Dorinda, *A Taste of Africa*. Berkeley (Ten Speed Press) 1993.

Harris, Jessica B., *Iron Pots and Wooden Spoons*. New York (Atheneum) 1989.

Hultman, Tami (red.), *The African News Cookbook*. New York (Africa News Service, Inc. Penguin) 1985.

Kuper, Jessica (red.), *The Anthropologist's Cookbook*. New York (Universe) 1977.

Mesfin, Daniel J., *Exotic Ethiopian Cooking*. Falls Church, VA (Ethiopian Cookbook Enterprises) 1990.

Osseo-Asare, Fran, *A Good Soup Attracts Chairs*. Gretna, Louisiana (Pelican) 1993.

Hoofdstuk 11: Azië

Brackman, Agnes de Keijzer, *The Art of Indonesian Cooking: The ABC's*. Singapore (Asian Pacific Press) 1970.

Chang, K.C. (red.), *Food in Chinese Culture: Anthropological and Historical Perspectives*. New Haven (Yale University Press) 1977.

Lin, Hsiang Ju en Tsuifeng Lin, *Chinese Gastronomy*. New York (Hastings House) 1969.

Marks, Copeland en Mintari Soeharjo, *The Indonesian Kitchen*. New York (Atheneum) 1981.

Merchant, Ismail, *Ismail Merchant's Passionate Meals*. Westport, CT (Hyperion) 1994.

Solomon, Charmaine, *The Complete Asian Cookbook*. New York (McGraw-Hill) 1976. (Nederlandse vertaling: *Aziatisch kookboek*. Laren 1981.)

INDEX

Aardappel en zwarte paddestoelen, kippensoep met	221
Aardappelfufu	198
Aardappelsoep uit Ivoorkust	196
Aïoli	114
Aïoli van gekookte eierdooiers	115
Ajiaco Colombiano	85
Amandelen, romige kippensoep met	93
Andijvie, kippensoep met	135
Andouille, filé gumbo met gebraden kip	71
Appels en groenten, kippensoep met	104
Arkayagan abour	175
Armeense kippensoep met citroen, Georgische of	163
Armeense koningssoep	175
Armeense yoghurtsoep met bulgurballetjes	177
Arubaanse *saucochi*	88
Aubergine, kippensoep met	190
Avocado-bisque, koude kip-en-	73
Aziatische basiskippensoep	202
Aziatische basiskippensoep van bouillon uit blik of pot	203
Aziatische stoofpot van kip, groenten en mie	203
Azteekse tortillasoep	81
Banket- of lekkerste soep, Shun Lee's	215
Barselsuppe	102
Basiskippensoep	38
Basiskippensoep, Aziatische	202
Basiskippensoep met ei en citroen	174
Basiskippensoep, Shun lee's Chinese	206
Basiskippensoep van bouillon uit blik of pot, Aziatische	203
Boerensoep uit de oven	95
Bouillabaisse de poulet	116
Bouillabaisse van kip	116
Bouillon de poule alsacienne	123
Bouillon met kippenlevers, doperwten en rijst of pasta	134
Bouillon van kapoen	132
Bourride de poulet	112
Bourride van kip	112
Bouyah van kip uit Wisconsin	72
Braziliaanse kippensoep met rijst en groenten	83
Brodo di pollo	131
Brood en kaas, pastaknoedels met	145
Bruiloftssoep, Turkse	175
Bruine kippenbouillon of -soep	41
Bubur ayam	213
Bulgurballetjes	184
Bulgurballetjes, Armeense yoghurtsoep met	177
Canja	83
Canja	147
Canja de galinha à alentejana	147
Caribische kippensoep, pittige	78
Cassave- of garifufu	199
Cazuela	88
Cellofaanmie, pittige kippensoep met	219
Chikhirtma	163
Chileens 'soeppotje'	88
Chinese basiskippensoep, Shun Lee's	206
Chi'chu (in china)	212
Chorba jaj	175
Chorbe moldoveniaske	170
Christers kippensoep met savooienkool	105
Citroen, basiskippensoep met ei en	174
Citroen en knoflook, Egyptische kippenbouillon met /brielkse kippensoep	177
Citroen en limoen, zure kippensoep met	224
Citroen, Georgische of Armeense kippensoep met	163
Cocido de pollo, Mexicaanse en Cubaanse	88
Cocido madrileño	149
Cock-a-leekie	98
Cock-a-leekie met zwarte pruimen	100
Colombiaanse kippensoep met knolgroenten	85
Consommé, gegarneerde	110

Consommé à la semoule	123	Garifufu, cassave- of	199
Consommé bereid met een kalfspootje of kalfsbotten, gegeleerde	95	Garneringen voor kippensoep	59
		Gebakken kippencrèmesoep	111
Consommé garni	110	Geboortesoep	102
Consommé, gegeleerde	94	Gebraden kip, soep van resten	42
Crème bain-marie de volaille	111	*Gee tang*	206
Crème de volaille fédora	118	Gegarneerde consommé	110
Crème, Senegalese	67	Gegeleerde consommé	94
Creoolse kip-en-okra-gumbo	69	Gegeleerde consommé bereid met een kalfspootje of kalfsbotten	95
Croûtons en toost	51		
Cubaanse, *cocido de pollo*; Mexicaanse en	88	Gember, Ismail Merchants kippensoep met	226
Deegflapjes met vleesvulling	168	Georgische of Armeense kippensoep met citroen	163
Deegwaren, Mexicaanse kippensoep	80		
Deense soepballetjes	103	Georgische walnotensoep	165
Dille, Zweedse kipknoedels met	106	Gestoomde kippencrèmesoep	211
Duitse stijl, kippenbouillon of -soep in	125	Gestoomde kippensoep uit Yunnan	217
Ecuadoraanse, *Sancocho*; Venezolaanse en	88	Ghanese okrasoep	191
Egyptische kippenbouillon met citroen en knoflook	177	Ghanese pindastoofpot	193
		Gort	50
Ei en citroen, basiskippensoep met	174	Gort, ragoutsoep met paddestoelen en	128
Ei, kippensoep met gepocheerd	138	Gortsoep, paddestoelen-	58
Ei, citroen en munt, kippen-rijstsoep met	147	Goulashsoep	156
Eier-kaasdons, Italiaanse soep met	137	Griesmeel, Elzasser kippensoep met	123
Eierdooiers, Aïoli van gekookte	115	Groene minestrone met kip en pesto	139
Eierdruppels	47	Groene pepers en maïs, kippensoep met	75
Eierpasta	43	*Gulyasleves*	156
Eiervlokken	47	Gumbosoep uit Ivoorkust	194
Elzasser kippensoep	123	*Hau teu dong gee tang*	215
Elzasser kippensoep met griesmeel	123	Hendriks kip-in-de-pot	120
Elzasser mergknoedels	124	*Hkatenkwan*	193
Erwten en ingewanden, kippensoep met	97	Hongaarse leverknoedels	156
Ezra Tulls maagjessoep	68	*Hönssoppa met savoykål*	105
Farfel, riebele of tarhonya	45	*Hühnercremesuppe mit kümmel*	126
Feather fowlie	100	*Hühnerkraftbrühe of hühnersuppe*	125
Fédora, kippenroomsoep	118	*Hühnerragoutsuppe*	126
Feestsoep, Kopenhaagse	103	*Hühnersuppe mit curry*	129
Festsuppe	103	*Hünsekjüttsuppe*	104
Filé gumbo met gebraden kip en andouille	71	*Huntun tang*	209
Flensjes in reepjes	49	Indonesische kiprijst	213
Fufu	197	Ingewanden, kippensoep met erwten en	97
Fufu, aardappel-	198	Ismail Merchants kippensoep met gember	226
Fufu van yam	197	Italiaanse kipgehaktballetjes	144
Gae lim sook mi gai tang	208	Italiaanse soep met eier-kaasdons	137
Gai tom ka	222	Italiaanse stijl, kippensoep in	131
Galangal en kokosmelk, kippensoep met	222	Ivoorkust, aardappelsoep uit	196

Ivoorkust, gumbosoep uit	194
Ivoorkust, pepersoep uit	192
Jalapeño-saus	87
Kai chok (in Singapore)	212
Kalfspootje of kalfsbotten, gegeleerde consommé bereid met een	95
Kapoen, bouillon van	132
Kardoen, kippensoep met linzen en	182
Karwij, romige kippensoep met	125
Kenchin-jiru	221
Kharcho	165
Khoulaset feraakh bel lamoon wal tom	177
Kibbeh	184
Kip in de pan	57
Kip-congee of kiprijst	212
Kip-en-maïs-chowder uit New England	64
Kip-en-okra-gumbo, Creoolse	69
Kip-in-de-pot, Hendriks	120
Kip-kerriesoep, romige 129	
Kipgehaktballetjes, Italiaanse	144
Kipgehaktballetjes uit het Midden-Oosten	184
Kipknoedels met dille, Zweedse	106
Kippen-groentesoep met mierikswortel uit Vojvodina	161
Kippen-groentesoep uit het Midden-Oosten	182
Kippen-groentesoep Ujházy	154
Kippen-maïssoep, Lancaster	65
Kippen-rijstsoep met ei, citroen en munt	147
Kippenbouillon, bruine	41
Kippenbouillon met citroen en knoflook, Egyptische	177
Kippenbouillon of -soep in Duitse stijl	125
Kippenbouillon, schuimige	111
Kippencrèmesoep, gebakken	111
Kippencrèmesoep, gestoomde	211
Kippenlevers, doperwten en rijst of pasta, buillon met	134
Kippenragoutsoep	126
Kippenroomsoep fédora	118
kippensoep met citroen en limoen, zure	224
Kippensoep, Elzasser	123
Kippensoep, garneringen voor	59
Kippensoep in Italiaanse stijl	131
Kippensoep, klassieke garnituren voor	43
Kippensoep, kristalheldere	221
Kippensoep met aardappel en zwarte paddestoelen	221
Kippensoep met andijvie	135
Kippensoep met appels en groenten	104
Kippensoep met aubergine	190
Kippensoep met cellofaanmie, pittige	219
Kippensoep met erwten en ingewanden	97
Kippensoep met galangal en kokosmelk	222
Kippensoep met gepocheerd ei	138
Kippensoep met groene pepers en maïs	75
Kippensoep met linzen en kardoen	182
Kippensoep met poblano-pepers en maïs	82
Kippensoep met worst en rijst uit Salentejo	147
Kippensoep met zuurkool	158
Kippensoep, Pittige	188
Kippensoep uit Yunnan, gestoomde	217
Kippensoep, vetarme	41
Kippenstoofpot met pinda's uit Sierra Leone en Nigeria	194
Kiprijst, Indonesische	213
Kiprijst, kip-congee of	212
Klassieke garnituren voor kippensoep	43
Knaidlach	59
Knapperballetjes of soepsoesjes	48
Knoedels van pastadeeg, gevulde	44
Knolgroenten, Colombiaanse kippensoep met	85
Kokosmelk, kippensoep met galangal en	222
Koninginnensoep	92
Koningssoep, Armeense	175
Kopenhaagse feestsoep	103
Kotosoupa avgolemono	174
Koude kip-en-avocado-bisque	73
Kreplach	61
Kristalheldere kippensoep	221
Lancaster kippen-maïssoep	65
Leberknödel	130
Leverknoedels	130
Leverknoedels, Hongaarse	156
Leverknoedels, Slavische	162
Limoen, zure kippensoep met citroen en	224
Linzen en kardoen, kippensoep met	182
Linzensoep met kip, rode-	180
Maagjessoep, Ezra Tulls	68

Maaltijdsoep met kip, worst en groenten uit Madrid	149	Pastavierkantjes	45
		Pastavlokken	45
Madrid, maaltijdsoep met kip, worst en groenten uit	149	Pelmeni, Siberische	169
		Pepe-soupe	192
Madzounov kufta abour	177	Pepersoep uit Ivoorkust	192
Mafé, Senegalese	196	Pestosaus	141
Maïs, kippensoep met groene pepers en	75	Peterselie, Tunesische kippensoep met rijst en	175
Maïs, kippensoep met poblano-pepers en	82		
Maïs, romige kippensoep met	208	Pindastoofpot, Ghanese	193
Majas gomboc	156	*Pirosjki (Russisch) of pierogi (Pools)*	168
Marokkaanse kippensoep met pasta en linzen of kikkererwten, Pittige	178	Pittige Caribische kippensoep	78
		Pittige kippensoep	188
Matseballen	59	Pittige kippensoep met cellofaanmie	219
Mergknoedels, Elzasser	124	Pittige Marokkaanse kippensoep met pasta en linzen of kikkererwten	178
Mexicaanse en Cubaanse *cocido de pollo*	88		
Mexicaanse kippensoep met deegwaren	80	Poblano-pepers en maïs, kippensoep met	82
Midden-Oosten, kipgehaktballetjes uit het	184	*Polpettini di pollo*	144
Midden-Oosten, kippen-groentesoep uit het	182	Poltava-borsjt	166
Mierikswortel uit Vojvodina, kippen-groentesoep met	161	Poolse of Tsjechische kippensoep met zuurkool	160
Minestrone met kip en pesto, groene	139	*Poule-au-pot, Henry iv*	120
Minestrone verde al pesto	139	*Qiguo ji*	217
Moldavische zure soep	170	*Quenelles à la moelle*	124
Mulligatawny van kip	228	Ragoutsoep, kippen-	126
Murgh aur adrak shorba	226	Ragoutsoep met paddestoelen en gort	128
Murgh mulligatunny shorba	228	*Riebele, farfel of tarhonya*	45
New England, kip-en-maïs-chowder uit	64	Rijst en groenten, Braziliaanse kippensoep met	83
Nigeria, kippenstoofpot met pinda's uit Sierra Leone en	194		
		Rijst en kleine gedroogde pasta	50
Nkakra	190	Rijst en peterselie, Tunesische kippensoep met	175
Nkruma-nkwan	191		
Okrasoep, Ghanese	191	Rijst of gort, Turkse kippen-yoghurtsoep met	176
Oost-Europese kippensoep	154		
Orgaanvlees, romige soep van	128	*Ristretto di cappone*	132
Oven, boerensoep uit de	95	Rivels	66
Paddestoelen en gort, ragoutsoep met	128	Rode-linzensoep met kip	180
Paddestoelen-gortsoep	58	Romige kip-kerriesoep	129
Passatelli of passetini	145	Romige kippensoep met amandelen	93
Pasta en linzen of kikkererwten, pittige Marokkaanse kippensoep met	178	Romige kippensoep met karwij	125
		Romige kippensoep met maïs	208
Pasta in brodo con fegatini e piselli	134	Romige kippensoep zonder ei	93
Pasta, rijst en kleine gedroogde	50	Romige soep van orgaanvlees	128
Pastadeeg, gevulde knoedels van	44	Rouille	118
Pastaknoedels met brood en kaas	145	Royale	46
Pastaknoedels met vleesvulling	142	*Sabayon de poulet*	111

Salentejo, Kippensoep met worst en rijst uit	147	Tsjechische of Poolse kippensoep met zuurkool	160
Sancocho, Venezolaanse en Ecuadoraanse	88	Tsu bambu	216
Saucochi, Arubaanse	88	Tunesische kippensoep met rijst en peterselie	175
Savooienkool, Christers kippensoep met	105		
Scarola in brodo	135	Turkse bruiloftssoep	175
Scherpzure soep	214	Turkse kippen-yoghurtsoep met rijst of gort	176
Schuimige kippenbouillon	111	Ujházy, kippen-groentesoep	154
Sehriye çorbasi	175	Ujházyleves	154
Senegalese crème	67	Venezolaanse en Ecuadoraanse sancocho	88
Senegalese mafé	196	Vetarme kippensoep	41
Shorabit addas	180	Vleesvulling, deegflapjes met	168
Shorbet addss bel salq	182	Vleesvulling, pastaknoedels met	142
Shun Lee's Chinese basiskippensoep	206	Vojvodina, kippen-groentesoep met mierikswortel uit	161
Shun Lee's banket- of lekkerste soep	215		
Siberische pelmeni	169	Walnotensoep, Georgische	165
Sierra Leone, kippenstoofpot met pinda's uit Nigeria en	194	Waterzoi à la gantoise	108
		Waterzooi van kip	108
Slavische leverknoedels	162	Wijnsoep	133
Soep van zwarte kip of 'silkie chicken'	216	Wisconsin, bouyah van kip uit	72
Soepballetjes, Deense	103	Wontonsoep	209
Soeppotje, Chileens	88	Worst en rijst uit Salentejo, kippensoep met	147
Soepsoesjes, knapperballetjes of	48	Yam, fufu van	197
Sopa azteca	81	Yedoro shorba	188
Sopa de elote	82	Yoghurtsoep met bulgurballetjes, Armeense	177
Sopa de fideos	80	Yoghurtsoep met rijst of gort, Turkse kippen-	176
Soto ayam	219		
Soupe à la patat	196	Yunnanm, gestoomde kippensoep uit	217
Soupe gumbo	194	Zuppa alle pavese	138
Stoofpot van kip, groenten en mie, Aziatische	203	Zuppa di vino, of ginestrata	133
		Zure kippensoep met citroen en limoen	224
Stracciatelle	137	Zure soep, Moldavische	170
Tang deh	211	Zuurkool, kippensoep met	158
Tarhonya, riebele of farfel	45	Zuurkool, Poolse of Tsjechische kippensoep met	160
Tavuk çorbasi yogurtlu	176		
Tom yam gai	224	Zwarte kip of 'silkie chicken', soep van	216
Toost, croûtons en	51	Zwarte paddestoelen, kippensoep met aardappel en	221
Tori no suimono	221		
Tortellini en cappelletti	142	Zwarte pruimen, cock-a-leekie met	100
Tortillasoep, Azteekse	81	Zweedse kipknoedels met dille	106

(handwritten annotation: Sumbaanse kippensoep (pindakaas) 193)